ALLES MYTHOS!

20 populäre Irrtümer über die Antike

Ulrich Graser

ALLES MYTHOS!

20 populäre Irrtümer über die Antike

THEISS

Für Agnes

Die Deutsche Nationalbibliothek verzeichnet diese Publikation in der Deutschen Nationalbibliografie; detaillierte bibliografische Daten sind im Internet über http://dnb.d-nb.de abrufbar.

Der Konrad Theiss Verlag ist ein Imprint der WBG

Die Herausgabe des Werkes wurde durch die Vereinsmitglieder der WBG ermöglicht.
Lektorat: Thomas Theise, Regensburg
Fachberatung: Jörg Fündling, Aachen
Satz: Satzpunkt Ursula Ewert GmbH, Bayreuth
Einbandabbildungen: © Stefan Baumann, Fotostudio Haiden & Baumann; Lordprice Collection / Alamy
Einbandgestaltung: Stefan Schmid Design, Stuttgart
Druck und Bindung: CPI – Ebner & Spiegel, Ulm
Gedruckt auf säurefreiem und alterungsbeständigem Papier
Printed in Germany

Besuchen Sie uns im Internet: www.wbg-wissenverbindet.de

ISBN 978-3-8062-2644-7

Elektronisch sind folgende Ausgaben erhältlich:
eBook (PDF): 978-3-8062-2865-6
eBook (epub): 978-3-8062-2866-3

INHALT

EINLEITUNG

Die Antike, das war die Zeit vor ungefähr zweitausend Jahren, als die alten Griechen dem Blitze schleudernden Zeus Opfer brachten, die genialen Römer ihr Weltreich aufbauten und unsere kriegerischen Vorfahren noch in den Wäldern Germaniens hausten, fernab jeder Zivilisation. Die Griechen widmeten sich vor allem der Philosophie, und Julius Caesar unterwarf ganz Gallien (hier wird mancher Asterix-Kenner einwerfen: „Ganz Gallien?"). Nebenbei fand er noch Zeit, sich in Ägypten mit der schönen Kleopatra auf ein erotisches Abenteuer einzulassen, was ihn aber auch nicht davor schützte, von Brutus in Rom erdolcht zu werden.

Alles Mythos? Alles nur halbgares Wissen? Vielleicht. Scheinbare oder tatsächliche Fakten aus der Zeit der griechisch-römischen Antike begegnen uns täglich, auch wenn wir uns dessen nicht immer bewusst sind. Wer zum Beispiel das Wort „olympisch" im Munde führt, denkt nur selten darüber nach, woher der Begriff eigentlich stammt und wofür er einst stand. Mit „Olympia" verbindet der moderne Mensch weniger einen heiligen Bezirk auf der Halbinsel Peloponnes als vielmehr ein buntes Spektakel, das alle vier Jahre die Freunde des Hochleistungssports auf der ganzen Welt fasziniert. Dieselbe Faszination ging von den Olympischen Spielen aber schon vor zweitausend und mehr Jahren aus. Das öffentliche Ansehen, das in Olympia durch sportliche Leistungen zu erwerben war, führte auch seinerzeit bereits zu vielfältigen Versuchen des Betrugs, der Manipulation und Bestechung. Am schlimmsten trieb es dabei der römische Kaiser Nero.

Von diesem notorischen Schwerenöter weiß heute jeder, dass er seine Sinne nicht ganz beieinander hatte und halb Rom abfackeln ließ. Oder stimmt das etwa nicht? Steckten die Römer, wenn sie zu Tisch lagen, wirklich immer eine Feder in den Hals, um das gerade Gegessene zu erbrechen und ungestört weitertafeln zu können? Und was hat Nero eigentlich mit dem Kolosseum zu tun? Julius Caesar wäre wohl vor Neid erblasst, hätte er diese Riesenarena noch erlebt. Das Konzept, die römische Bevölkerung mit „Brot und Spielen" ruhig zu halten, wie es der Satiriker Juvenal ausdrückte, um zu verhindern, dass sie sich allzu sehr in die Politik einmischt, hätte glatt von Caesar stammen können. Ein durchaus modernes Konzept im Übrigen, obwohl wir heute noch nicht wieder ganz so weit sind, schwer bewaffnete Kämpfer zur allgemeinen Belustigung auf Leben und Tod in eine Arena zu schicken. Bei dem Glauben freilich, jeder Gladiatorenkampf habe einen der beiden Kontrahenten unweigerlich das Leben gekostet, handelt es sich um einen populären Irrtum.

Ebenso falsch ist es anzunehmen, in der Antike hätten aktuelle Probleme wie etwa Umweltverschmutzung und Lärmbelästigung keine Rolle gespielt. Im Gegenteil. Der Umgang mit Abfällen aller Art erinnert fatal an die moderne Formel „aus den Augen, aus dem Sinn". Und schon in der Antike erhoben sich – ungehört gebliebene – Stimmen, die vor den Folgen ungezügelter Vernichtung der natürlichen Ressourcen warnten.

Einer der faszinierendsten Irrtümer über die Antike ist die sich hartnäckig haltende Vorstellung, wonach nicht nur Tempel und Statuen, sondern auch die Kleider der damaligen Menschen in erster Linie weiß gewesen seien. Der Gedanke an beinahe kitschig-bunte öffentliche Bauten und Skulpturen, an eine weitgespannte Farbpalette bei der Garderobe ist nur schwer zu vereinbaren mit all den Bildern von strahlendhellem Marmor und weißen Togen, die uns als TV-Konsumenten und Touristen den Blick auf die historische Realität verstellen. Das Bild von der Antike ändert sich eben nur langsam.

Dieses Buch beschäftigt sich mit überkommenen Vorstellungen, die zum Wissenskanon der Moderne zu gehören scheinen. Dieser speist sich nicht zuletzt aus so populären Darstellungen wie den – im Übrigen sehr zu empfehlenden – Asterix-Comics von Albert Uderzo und René Goscinny. Einige der dort besonders gepflegten Klischees kommen daher auf den folgenden Seiten auf den Prüfstand. Wer sich ungern von lieb gewordenen Vorstellungen verabschiedet, sollte den Band jetzt lieber aus der Hand legen. Alle anderen dürfen sich auf eine Entdeckungsreise durch eine Epoche eingeladen fühlen, die so viel mehr zu bieten hat als nur Griechisch und Latein, die von weitaus mehr Persönlichkeiten geprägt wurde als nur von Sokrates und Caesar und von der viel mehr in unserem heutigen Leben steckt, als man glauben mag. Oder hätten Sie gewusst, dass unser umgangssprachlicher Begriff „Moneten“ (engl. *money*) vom Tempel der Juno Moneta („mahnende Juno“) auf dem Kapitol in Rom abstammt? Dort unterhielten die Römer nämlich ihre Münzprägestätte. Die hier hergestellten Münzen erhielten im Laufe der Zeit die Bezeichnung *moneta*. Auch das Wort „Münze“ wird darauf zurückgeführt. Und nur einen Steinwurf vom Kapitol entfernt, auf dem Palatin, errichteten sich die römischen Kaiser ihren Prachtbau, ihren „Palast“, wie derlei üppige Repräsentationsgebäude in Anlehnung an den Namen des römischen Hügels seit dem Mittelalter heißen. Antike ganz praktisch.

Falsch wäre jetzt allerdings die Schlussfolgerung, dass nach der Lektüre dieses Buches alle bestehenden Ansichten über die Antike revidiert werden müssten, denn in jedem Irrtum steckt bekanntlich ein Körnchen Wahrheit.

IRRTUM 1:

Alle Gladiatoren waren Männer – und kaum einer verließ die Arena lebend

Marcus Attilius atmet schwer unter seinem Helm. Die Knochen schmerzen. Muss er seinen Kollegen jetzt töten? Wie reagiert das Publikum, was sagt der Veranstalter? Vor Attilius im Sand der Arena von Pompeji liegt der ältere, weitaus erfahrenere Gladiator Lucius Raecius Felix. Mühsam hebt er den Daumen der linken Hand – die Bitte um Begnadigung. Der Jüngere hat seinen linken Fuß auf den Hals des Gegners gesetzt. In der Rechten hält er stichbereit den *gladius*, sein bewährtes Schwert. Raecius bewegt sich nicht mehr, er stöhnt nur noch, das Ächzen wird schon schwächer. Aus einer Wunde an seiner rechten Schulter fließt Blut und vermischt sich mit dem Sand. Raecius' Helm liegt abseits. Sie sehen sich in die Augen. Attilius schluckt schwer. Dann wendet er sich zum Podium, die Entscheidung erwartend. Fanfarenstöße verstärken das rhythmische Geschrei der Zuschauer. Was rufen sie? *Iugula!* – „Stich ihn ab!" Das kommt von rechts. Doch hinter ihm hört er auch ganz deutlich ein *Mitte!* – „Lass ihn gehen!" Welche Richtung zeigt der Daumen des *editor* an, des Veranstalters der Spiele?

Marcus Attilius, den Gladiator aus Pompeji, hat es wirklich gegeben. Zwei seiner Kämpfe sind überliefert – als Graffiti-Kritzelei auf einem Grab. Gegen Lucius Raecius hatte Attilius erst seinen zweiten Kampf zu bestehen. Er muss so etwas Ähnliches wie ein Shootingstar der örtlichen Gladiatorenszene gewesen sein, denn seinen Premierenkampf hatte er ebenfalls gegen einen Veteranen gewonnen. Hilarus, aus der Gladiatorenschule des Kaisers Nero, hatte in vierzehn Kämpfen dreizehn Mal die Oberhand behalten und den Kranz des Siegers errungen. Vermutlich genoss er in der Gladiatorenszene einigen Ruhm und konnte sich auch der Bewunderung der römischen Damenwelt sicher sein. Dass Neulinge wie Attilius gegen so alte Hasen antraten, war an sich schon ungewöhnlich in römischen Arenen. Seneca schreibt, ein erfahrener Kämpfer empfand es als Beleidigung, wenn ihm ein Anfänger gegenübergestellt wurde. Üblich war, dass die Gegner nach ihrer Kampfstärke zu etwa gleichen Paarungen zusammengestellt wurden. Das hat aber nichts mit moderner Fairness zu tun, es ging dabei vor allem ums Geschäft: Nicht auszudenken, wie das Publikum reagiert, wenn der erfahrene Gladiator kurzen Prozess mit dem hoffnungslos unterlegenen Grünschnabel macht. Da tendiert der Unterhaltungswert gegen Null. Niemand will so etwas Langweiliges sehen. Einen Jungen gegen einen alten Haudegen zu setzen, birgt also ein Risiko. Dass der Newcomer aber nicht nur gleichwertig agiert, sondern auch noch den Sieg davonträgt, gleicht einer Sensation. Ein Glück für den Spielgeber, den *editor ludi*, und ein äußerst befriedigendes Spektakel für die Männer und Frauen auf den Rängen der Arena.

Ob es der junge Attilius schließlich in seinem Ansehen noch so weit gebracht hat wie der Kollege Cresces? Von diesem berichtet ein Graffiti aus Pompeji, er sei der „Herr der Mädchen" gewesen. Mit seinem Netz, das zur Ausrüstung seiner speziellen Gladiatorengattung gehörte, habe er „die Mädchen der Nacht, des Morgens und alle anderen" gefangen. Cresces' Kumpel Celadus wurde gar „Seufzen der Mädchen" gerufen, jedenfalls behauptet er das, denn all diese Inschriften fanden sich auf Säulen in der Gladiatorenkaserne von Pompeji.

Vielleicht hat ja auch Marcus Attilius sich irgendwo verewigt, ehe er seinen zweiten Kampf zu bestehen hatte. Jedes Treffen in der Arena konnte das letzte sein. Doch nicht jedes Gladiatoren-Duell musste tödlich enden. In der Zeit der späten Republik hatte es mal so eine Mode gegeben. Da setzten ehrgeizige Herren wie Julius Caesar, die sich beim Volk beliebt machen wollten, nicht nur extrem viele Gladiatorenkämpfe an, sondern stellten diese dann auch noch unter die Bedingung *sine missione* – „ohne Begnadigung". Das Volk wollte Blut sehen? Es bekam Blut. Doch Augustus, der erste Kaiser, reformierte das Gladiatorenwesen. Unter anderem verbot er Gladiatorenkämpfe ohne die Möglichkeit der Begnadigung.

Dass Gladiatoren starke Anziehungskraft auf Frauen ausübten, ist nicht zuletzt durch seriöse literarische Quellen bezeugt. Berühmtheit erlangt hat die 6. Satire des Juvenal (ca. 60 – ca. 128 n. Chr.). Darin schildert er das Schicksal der Senatorengattin Eppia, die mit einem nicht mehr ganz taufrischen Gladiator nach Ägypten durchgebrannt ist. Juvenal fragt rhetorisch: „Was war der Reiz, der Eppia entbrennen ließ?" War der gute Sergiolus mit seinem lahmen Arm, dem verwüsteten Gesicht und der vernarbten Nase doch alles andere als ein junger Paris. Aber: „Er war ein Gladiator." Aha! Jetzt ist natürlich klar, was Eppia magisch anzog: „Das Eisen ist es, das sie lieben." Und damit war bestimmt nicht der blanke Stahl gemeint. Es soll Frauen gegeben haben, die ihre Leidenschaft für einzelne Gladiatoren mit einem exquisiten Schmuckstück zum Ausdruck brachten: einer Haarnadel in Form eines Schwertes, die im Blut eines im Kampf getöteten Gladiators getränkt war …

Das pompejanische Publikum rast inzwischen. 20 000 Menschen wollen befriedigt werden. Sie sitzen in der *cavea,* dem Zuschauerraum des Amphitheaters, und verlangen gute Unterhaltung von M. Attilius und L. Raecius. Pompeji verfügt über eine der bekanntesten und besten Gladiatorenschulen *(ludus)* Italiens. Insassen der kasernenartigen Unterkünfte sind teils Kriegsgefangene, teils Sklaven und verurteilte Verbrecher – ihr Urteil lautete: *ad ludum,* „zur Gladiatorenschule". Aber auch römische Bürger sind darunter, die sich als Gladiator verdingen und die Kaserne jederzeit verlassen dürfen. So wie M. Attilius und L. Raecius – ihre Namen kennzeichnen sie als Bürger Roms. In der Spätphase der römischen Republik nahm die Zahl der freiwilligen Arena-

Kämpfer sprunghaft zu. Das ist nicht nur mit dem damals großen Bedarf an Gladiatoren zu erklären, das Leben als Gladiator versprach vielmehr, so seltsam es klingen mag, in politisch unruhigen Zeiten ein hohes Maß an Sicherheit. Das Preisgeld für erfolgreich bestandene Kämpfe war relativ hoch. Unterkunft und Verpflegung waren nicht gut, aber immer noch besser als im Leben eines mittellosen, verarmten Freien. Gladiatoren mussten schließlich in der Arena schwerste Arbeit verrichten und dabei eine gute Figur machen. Sie wurden wohl mit einer sehr fettreichen Nahrung gemästet, die zu einer entsprechenden Polsterung führte. In praktischer, berufsbezogener Hinsicht nicht unlogisch: Fettpolster boten einen gewissen Schutz vor schweren Stichwunden. Die Zahl der Kämpfe pro Jahr war an den Fingern einer Hand abzuzählen. Wer also die ersten Jahre überlebt und sich vielleicht sogar in der Öffentlichkeit einen guten Namen gemacht hatte, konnte damit rechnen, sich mit Ende zwanzig freikaufen und eine neue Existenz aufbauen zu können. Denn eines war jedem klar: Ein Gladiator, und sei er zuvor ein freier römischer Bürger gewesen, stand am unteren Ende des gesellschaftlichen Ansehens, auf einer Ebene mit Prostituierten. Der Betreiber einer Gladiatorenschule und damit Besitzer seiner Kämpfer, der *lanista*, wurde nicht selten mit einem Zuhälter verglichen, einem *leno*. Der *lanista* zog mit seiner Truppe wie mit einem Wanderzirkus durchs Land und vermietete die Gladiatoren an die Veranstalter entsprechender Arena-Spiele (*munus, pl. munera*). Jeder Kämpfer war das Produkt jahrelanger Investitionen. Der *lanista* steckte Geld in Ausbildung, Rüstung, Trainer, Kasernen und Übungsplätze. Ein toter Gladiator war gleichbedeutend mit einem wirtschaftlichen Totalausfall für seinen Besitzer. Daher handelte der Besitzer im Vorfeld der Spiele mit dem Veranstalter die Summen aus, die ihm für den jeweils möglichen Fall zustanden: Tod oder Überleben seiner Gladiatoren.

Die Meinung des Publikums spielte bei der Frage, ob ein unterlegener Kämpfer am Leben bleiben oder sterben sollte, eine wichtige, aber nicht die entscheidende Rolle. Auf keinen Fall konnte der siegreiche Gladiator selbst darüber befinden, ob er seinem Kontrahenten den Todesstoß gab, abgesehen natürlich von „Unfällen" während des Kampfes. Die letzte Entscheidung über Leben und Tod oblag dem Veranstalter, dem *editor ludi*. Ging sein Daumen nach oben, konnte der Unterlegene aufatmen: Er kam mit dem Leben davon. Die entgegengesetzte Geste jedoch (*pollice verso*, „mit gedrehtem Daumen") glich einem Todesurteil. Wobei in der Forschung umstritten ist, ob die aus modernen Filmen bekannte Daumengestik überhaupt historisch ist. In irgendeiner Weise jedoch, so viel ist verbürgt, bewegten das Publikum und der Spielgeber den Daumen und die Hand, womit der Ausgang eines Gladiatorenkampfes besiegelt wurde.

Genau darauf warten nun unsere beiden Kämpfer und das Publikum in der Arena von Pompeji. Zwölf Kämpfe hat Raecius bisher bestritten, alle siegreich. Vielleicht hatte er, ähnlich dem Hilarus, den Kampf gegen den Jungspund auf die leichte Schulter genommen. Doch Raecius ist mit sich im Reinen: Er hat alles gegeben, hat sich an die Regeln gehalten und dem Publikum einen packenden Zweikampf geboten. Dass der junge Attilius dennoch den Sieg errang, mag an einer kleinen Unachtsamkeit gelegen haben, an einem unbedachten Ausfall aus der Deckung, an einer gekonnten Täuschung des Gegners. Ihm klingt noch das blutgierige *Habet!* – „Da hat er's!" der Zuschauer im Ohr, als ihn Attilius niederstreckte. Jetzt kam es darauf an, wie sich der *editor* entscheiden würde. Und das hieß nicht zuletzt: Konnte es sich der Veranstalter, in der Regel ein städtischer Magistrat, leisten, neben den gewaltigen Fixkosten für die diesjährigen *munera* auch noch die Entschädigungszahlung für einen erfahrenen, also teuren Gladiator aufzubringen? Wer als Spielgeber bei Attilius und Raecius Felix auftrat, wissen wir nicht. Aber er wird sich vor seiner Entscheidung überlegt haben, ob er sich einen toten Raecius bis zu 10 000 Sesterzen oder sogar mehr an Schadenersatz kosten lassen würde.

Die Geschichte der Gladiatoren und ihrer Kämpfe ist noch nicht bis in die letzten Details ihrer Ursprünge und genauen Abläufe erforscht. Sicher ist nur, dass für das Jahr 264 v. Chr. die ersten Kämpfe von Gladiatoren im Rahmen einer Trauerfeier überliefert sind. Drei Paare lieferten sich Gefechte bis zum Tod. Es liegt aufgrund des Anlasses nahe, das Ritual dieser tödlichen Kämpfe in seinen Ursprüngen in Bestattungsriten zu verorten. Wahrscheinlich liegen die Wurzeln südlich von Rom in Kampanien. Aber woher auch immer sie kamen: Gladiatorenkämpfe hatten und haben keine Parallelen in anderen antiken, mittelalterlichen oder neuzeitlichen Gesellschaften. Die sportlichen Wettbewerbe in Griechenland kannten vor allem im Boxkampf und beim Pankration, dem „Allkampf", zwar auch Todesopfer, doch dass einer der beiden Kontrahenten stirbt, lag nicht in der Absicht des Wettkampfs. Dagegen gehörte es unabdingbar zum Wesen des Kampfes zweier Gladiatoren vor Publikum in der römischen Arena – zweier Männer, die von Berufs wegen miteinander kämpften, nicht etwa aus Feindschaft oder persönlicher Antipathie –, dass einer von beiden am Ende sein Leben verlor, es sei denn, er wurde begnadigt.

Dieser spezielle Reiz, der uns heute so grausam und unverständlich erscheint, erzeugte im alten Rom schnell unwiderstehliche Anziehungskraft. Bei einem Promi-Begräbnis im Jahr 216 v. Chr. ließen die Veranstalter bereits 22 Gladiatorenpaare gegeneinander antreten. Es werden wohl hauptsächlich Sklaven und Kriegsgefangene gewesen sein. Für das Jahr 183 v. Chr. sind 60 Paare überliefert, die aus Anlass einer Trauerfeier zu kämpfen hatten. Neun Jahre später sollen es 74 Gladiatoren gewesen sein, die über insgesamt drei Tage auftraten und sich gegenseitig umbrachten. Veranstalter waren jeweils die Angehörigen des Toten – Männer ohne politisches Amt zwar, doch mit dem Vorsatz, sich durch die Ausrichtung derartiger „Dienste" *(munera)* am Verstorbenen beim Volk einen Vorteil für künftige Wahlen zu verschaffen. Die *munera* fanden bis zum Ende der Republik im 1. Jahrhundert v. Chr. mitten in Rom statt, meistens auf dem Forum Romanum. Das Publikum, das schon bald nach Zigtausenden zählte, wurde zunächst auf provisorischen Holztribünen untergebracht. Die elliptische Anlage von Pompeji soll um das Jahr 70 v. Chr. gebaut worden und damit eines der ersten steinernen Amphitheater der römischen Welt gewesen sein. Die besondere Form wurde deswegen gewählt, weil sie den Zuschauern den bestmöglichen Blick auf alle Teile der Arena bot. Die größte und bedeutendste Arena der Welt, das Amphitheatrum Flavium, besser bekannt als Kolosseum, wurde erst 80 n. Chr. eröffnet – mit *munera*, die angeblich einhundert Tage dauerten.

Augustus war zur Festigung seiner eigenen Stellung als Kaiser daran gelegen, dem Senatsadel möglichst wenig Gelegenheit zu geben, sich gegenüber dem Volk zu profilieren. Daher monopolisierte er unter anderem auch die Abhaltung von *munera* für das Kaiserhaus. Gleichzeitig gab er feste Termine vor – März und Dezember –, griff in den Ablauf ein, kategorisierte abschließend die Waffengattungen; und auch die Dreiteilung der *munera* in Tierhatzen (*venationes*), Hinrichtungen von Verbrechern und Gladiatorenspiele scheint auf Augustus zurückzugehen. Für die Besucher hieß das: Spektakel pur von morgens bis abends. In der Früh wurden wilde Tiere wie Bären, Löwen, Leoparden, Luchse, Nilpferde, Elefanten und andere mehr in die Arena getrieben. Sie wurden entweder von eigens ausgebildeten *bestiarii* gejagt und getötet oder einfach aufeinander gehetzt. Augustus rühmt sich in seinem Tatenbericht, den *Res gestae*: „Tierhatzen mit afrikanischen Tieren habe ich sechsundzwanzigmal für das Volk abgehalten, wobei etwa 3500 Tiere getötet wurden." Bei den acht Gladiatorenspielen, die Augustus „für das Volk" gab, traten nach seinen Angaben „etwa 10 000 Mann" gegeneinander an. Zahlen, die spätere Cäsaren, etwa Trajan, um ein Vielfaches übertrafen. Hinrichtungen verschiedenster Art zählten zu den Unterhaltungen in der Mittagspause, zwischen Tierhatz und Gladiatorenkampf, gerne auch umrahmt von komischen Einlagen und Ballettdarbietungen. Teilweise wurden die Verurteilten ohne Rüstung oder sonstige Schutzvorrichtung einander gegenübergestellt und unter Peitschenhieben gezwungen, sich gegenseitig bis zum letzten Mann zu erschlagen. Manche sprachen auch hier von Gladiatorenkämpfen, doch der Philosoph Seneca widersprach entschieden. Diesem sinnlosen Gemetzel ging aus seiner Sicht der erzieherische Wert des echten Gladiatorenkampfes ab, die Beispielhaftigkeit stoischen Sterbens also. Diese ruhige Gelassenheit dem Tod gegenüber hatte schon Cicero so bewundert, dass er sich seinen Häschern wie ein unterlegener Gladiator zum finalen Schwerthieb präsentierte.

Doch zurück zu Marcus Attilius in Pompeji. Sicher waren die *munera*, in deren Rahmen er auftrat, seit geraumer Zeit Tagesgespräch. An den Hauswänden der 79 n. Chr. beim Ausbruch des Vesuv untergegangenen Stadt wurden etliche Graffiti mit Ankündigungen von Gladiatorenkämpfen gefunden mitsamt der Ermahnung, pünktlich zu sein, und dem Hinweis, dass es Sonnensegel geben werde. Außerdem konnte man hier schon mal lesen, wie viele Gladiatorenpaare auftreten würden – in der Provinz meist zwischen zehn und 49 Paare – und was das Rahmenprogramm bietet: Tierhatzen, Hinrichtungen, Clowns, athletische Wettkämpfe. Zwei Tage vor dem Spektakel wurden die Protagonisten auf dem örtlichen Forum vorgestellt. Es gab Programmzettel mit genauen Angaben über die Zahl der bisherigen Kämpfe und wie diese ausgegangen waren. Außerdem wurden die Paarungen und die Reihenfolge ihres Auftretens genannt, so dass jeder Zuschauer wusste, wann seine Favoriten an der Reihe sein würden. Am Vorabend hatte das Publikum während eines öffentlichen Festessens noch einmal Gelegenheit, mit den Kämpfern auf Tuchfühlung zu gehen: ein „*meet & greet*" mit den Stars gewissermaßen.

Kontaktmöglichkeiten und Bewegungsfreiheit der Gladiatoren blieben natürlich, ihrem gesellschaftlichen Status entsprechend, eng beschränkt. Spätestens seitdem der Sklave Spartacus 73 v. Chr. einen Massenausbruch aus der Gladiatorenschule von Capua angeführt und sein Sklavenheer jahrelang erfolgreich gegen die Römer geführt hatte, trug Rom ein kleines Gladiatorentrauma mit sich herum. Wiederholt wurden seither in politischen Krisenzeiten große Gladiatorenschulen verlegt oder ihre Insassen aufgeteilt, um die Wiederholung eines solchen Aufstandes zu vermeiden. Allein in Rom existierten um 100 n. Chr. vier solcher Trainingsstätten mit mehreren Tausend Kämpfern. Gelegentlich wurden die starken Männer auch zur Ausbildung von Rekruten der regulären Armee herangezogen, weil man ihre Kampfkraft, Technik und Disziplin schätzte. Die hierarchische Einteilung einer Gladiatorenschule und ihre Trainingsmethoden ähnelten nicht umsonst den entsprechenden Strukturen der Legionen. Trotz der Unmöglichkeit, als aktiver Gladiator ein normales Familienleben zu führen, sind etliche Fälle von verheirateten Arena-Kämpfern bekannt. Nur freie Bürger durften heiraten, eine Sklaven-Verbindung war nicht rechtsgültig. Wer sich als römischer Bürger zeitweise an einen *lanista* verkaufte, war also nicht mehr frei im gängigen Sinn, sondern seinem Besitzer auf Gedeih und Verderb ausgeliefert. So rechtlos wie ein Sklave oder Kriegsgefangener war er dennoch nicht.

Aus Grabinschriften sind sogar etliche Gladiatoren mit Kindern bekannt. Angeblich lebten manche mit ihren Familien in der Gladiatorenschule. Rein statistisch betrachtet konnte derjenige, der das 25. Lebensjahr erreicht hatte, auf ein Leben nach der Arena hoffen. Wer sich mit besonderer Tugend geschlagen hatte, dem winkte am Ende eines Kampfes neben dem Preisgeld sogar die Entlassung in die Freiheit. Viele dieser Freien verdingten sich anschließend erneut im *ludus* eines *lanista*, diesmal als Trainer *(doctor)*. Im 1. Jahrhundert n. Chr. scheinen nur neunzehn von zweihundert namentlich bekannten Kämpfern ihr Leben in der Arena gelassen zu haben. Freilich ist diese Zahl trügerisch: Wer schon in seinem ersten Kampf fiel, dem setzte niemand ein Denkmal. Später nahm die Sterbequote jedenfalls nachweislich wieder zu.

Bisweilen trieben sich neben professionellen Gladiatoren auch eher seltsame Gestalten als Kämpfer in der Arena herum. Die Imperatoren Caligula und Hadrian trainierten privat mit Gladiatoren, um sich fit zu halten. Kaiser Commodus trat auch öffentlich als Gladiator in Erscheinung, verewigt in dem Film „Gladiator" aus dem Jahr 2000. Nero schickte sogar Kinder und missgebildete Menschen zur Belustigung des Publikums als Kämpfer in die Arena. Nicht ungewöhnlich waren bereits zu dieser Zeit Gladiatorinnen. Kaiser Domitian veranstaltete einmal ein nächtliches Spektakel, bei dem Frauen in voller Gladiatorenrüstung gegen kleinwüchsige Menschen anzutreten hatten, nur beleuchtet von Fackeln. Der schon zitierte Juvenal konnte sich über Frauen in der Arena nur lustig machen: „Schau, mit welchem Gestöhne sie die ihr gezeigten Schwertstöße ausführt und mit welch großem Gewicht der Helm sie niederdrückt, welch große Bandage aus dichtem Bast ihre Knie umwickelt, und lach', wenn sie die Waffen ablegt und zum Pisstopf greift!" Kaiser Septimius Severus sah ob solcher Schauspiele die militärische, also männliche Tugend bedroht und verbot Gladiatorenkämpfe von Frauen. Einige Jahre zuvor hatte sich angeblich die Gattin des Kaisers Marc Aurel, Faustina, in einen Gladiator verguckt und sogar ein Kind mit ihm gezeugt – den nachmaligen Kaiser Commodus. Was einiges erklären würde. Aber bewiesen ist das Gerücht bis heute nicht.

Spätestens in der frühen Kaiserzeit hatten sich einige feste Waffengattungen von Gladiatoren herausgebildet. Der *lanista* entschied darüber, ob der einzelne Kämpfer als Thraker *(thraex)* auftreten sollte, als Murmillo, als Netzkämpfer *(retiarius)*, als Hoplomachus, Secutor oder als berittener Kämpfer *(eques)* oder ob er ihn in eine andere Gattung steckte. Meistens blieb dieser sein Kämpferleben lang dieser Klasse treu. Je nach Gattung fielen Rüstung und Bewaffnung aus. Seit Augustus war mehr oder weniger festgelegt, welche Gattungen gegeneinander anzutreten hatten. Vermutlich war sogar der Kampf selbst bestimmten Regeln unterworfen, die aber verloren sind. Ganz bestimmt nicht traten die Gladiatoren zu Beginn ihrer Kämpfe vor den Kaiser und riefen: *Ave Caesar, morituri te salutant!* – „Die dem Tod Geweihten grüßen dich!" Dieser Ausspruch bezieht sich auf eine Szene vor der Austragung einer nachgestellten Seeschlacht auf einem künstlichen See bei Rom in der Regierungszeit des Kaisers Claudius. Gesprochen haben sollen diese Worte im Angesicht des Kaisers die bei dem Spektakel eingesetzten Sklaven und Kriegsgefangenen. Sie waren zum Tode verurteilt worden und hatten sich nun gegenseitig zu massakrieren, ohne Chance auf Begnadigung. Claudius soll recht flapsig geantwortet haben: *Aut non.* – „Oder nicht". Daraufhin fühlten sich die Delinquenten begnadigt und legten ihre Waffen nieder. Ein bedauerlicher Irrtum. Es brauchte Soldaten und ihr Handwerkszeug, um die *morituri* daran zu erinnern, wozu sie eigentlich angetreten waren: zum Sterben.

Wie aber ging der Kampf unserer beiden Protagonisten Attilius und Raecius nun aus? Beide überlebten ihr Duell. Der junge *murmillo* M. Attilius wurde zum Sieger ausgerufen und strich ein gutes Preisgeld ein. Aber auch der unterlegene *thraex* L. Raecius Felix, der Glückliche, durfte die Arena lebend verlassen. Was nicht bedeutet, dass er den Kampf am Ende überlebte. Manche Kämpfer erlagen erst später ihren Wunden. Gladiatorenkämpfe fanden über Jahrhunderte ein begeistertes Publikum. Kirchenvater Augustinus schildert noch um 400 n. Chr. den unwiderstehlichen Reiz des Spektakels. Sein Protagonist Alypius lässt sich nur widerwillig in die Arena mitnehmen und sitzt mit geschlossenen Augen in der *cavea*. Dann aber macht er den Fehler, die Augen zu öffnen: „Sobald er das Blut gesehen hatte, überkam ihn auch schon die Sucht nach der wilden Lust; er wandte sich nicht etwa ab, sondern richtete gebannt seinen Blick auf das rasende Geschehen, genoss es in vollen Zügen, ohne es zu merken, ergötzte sich an dem verbrecherischen Wettstreit und berauschte sich an dem blutrünstigen Schauspiel." Dennoch trugen gerade die christlichen Vorbehalte gegen Gladiatorenkämpfe dazu bei, dass diese im Laufe des 5. Jahrhunderts verschwanden. Und mit ihnen die Gladiatoren.

IRRTUM 2:

Caesar war Stammgast im Kolosseum

Sicher hätte C. Julius Caesar (100–44) liebend gerne eigene Spiele im Kolosseum veranstaltet. Schließlich gehörten Gladiatorenkämpfe und Tierhatzen schon in seinem Amtsjahr als Ädil (65 v. Chr.) zu den herausragenden Ereignissen, welche die Römer begeisterten und im Volk nachhaltigen Eindruck hinterließen. Ganz im Sinne Caesars, der noch viel vorhatte. Um seinen Namen im Hinblick auf die weitere Ämterlaufbahn nicht in Vergessenheit geraten zu lassen, scheute der junge Beamte keine Kosten. Er soll der erste gewesen sein, der die Gladiatoren in silberne Rüstungen steckte. 320 Paare sollen gegeneinander angetreten sein – eine ungeheure, nie dagewesene Zahl von Kämpfern. Angeblich fasste der Senat in derselben Zeit einen Beschluss, der die Zahl der Gladiatoren bei den Spielen beschränkte. Nicht wegen des hohen Blutzolls natürlich, denn die Faszination des Kampfes um Leben und Tod machte ja gerade den Reiz des Spektakels aus, sondern weil dem Gremium wohl bei dem Gedanken mulmig wurde, wohin die Entwicklung führen würde, wenn sich die ehrgeizigsten Beamten gegenseitig zu übertreffen suchten beim Buhlen um die Gunst des Wahlvolkes.

Welche Befürchtungen auch immer die Senatoren gehegt haben – sie wurden von der Wirklichkeit weit übertroffen. Vorläufig jedoch noch nicht im Kolosseum. Die überaus beliebten und weit verbreiteten Geschichten der gallischen Comic-Helden Asterix und Obelix zeigen die beiden Krieger und Julius Caesar zwar immer wieder im „Zirkus“, wo der römische Diktator die beiden widerspenstigen Gallier von Gladiatoren erledigen oder wenigstens von wilden Tieren verspeisen lassen will, sehr zum Vergnügen des leicht gelangweilten Hauptstadtpublikums. Doch es gelingt ihm nicht. Oft genug gleicht dieser „Zirkus" in seiner ovalen Form und seinem Aufbau mit verschiedenen Rängen dem uns heute geläufigen Äußeren des größten aller jemals gebauten Amphitheater in Rom. In dem Abenteuer „Die Trabantenstadt" wird auf einem in Marmor gehauenen „Immobilienprospekt" sogar eine originalgetreue Abbildung des Kolosseums gezeigt und als ein geplantes „Galliseum" angepriesen. Ginge es nach den französischen Comic-Autoren Goscinny und Uderzo, hätte Caesar auch schon auf dem Palatin in einer Palastanlage mit Blick auf den Circus Maximus residiert, die tatsächlich erst die Kaiser des 1. Jahrhunderts n. Chr. schufen. Albert Uderzo orientierte sich bei seinen Rom-Ansichten ganz offensichtlich an dem berühmten Stadtmodell des antiken Roms, das im Museo della Civiltà Romana zu bewundern ist.

Die Erbauung des Kolosseums fällt aber erst ins letzte Drittel des 1. Jahrhunderts und erfolgte damit über hundert Jahre nach der Ermordung Caesars. Eigentlich müssten wir vom Flavischen Amphitheater sprechen, denn den Namen Kolosseum erhielt die Arena erst rund siebenhundert Jahre später. Zu Caesars Zeiten fanden Gladiatorenspiele und Tierhatzen meist noch auf dem Forum Romanum statt. Zu diesem Zweck wurden eigens Holztribünen aufgebaut, die nicht selten unter der Last der Zuschauer zusammenbrachen, was viele Menschen das Leben kostete. Zwar hatten die Römer mit dem Circus Maximus bereits einen festen Schauplatz für Wagenrennen, doch sträubte sich die Obrigkeit mit Händen und Füßen gegen „feste" Theater aus Stein nach griechischem Vorbild. Nicht, dass in Rom keine Theaterstücke aufgeführt worden wären, im Gegenteil, gerade Julius Caesar ließ im Jahr 46 v. Chr. aus Anlass seiner großartigen Triumphfeiern überall in der Stadt Theaterstücke aufführen, und zwar – wie römische Historiker berichten – in allen Sprachen, die in der Stadt gesprochen wurden. Nur mussten die dafür aufgestellten Holzkonstruktionen jeweils wieder eingerissen werden. Denn das Letzte, was die führende Schicht wollte, waren spontane Volksversammlungen im

Theater, wie sie aus Hellas bekannt waren. Caesars Rivale Pompeius brach als erster das Tabu, als er im Jahr 55 v. Chr. einen riesigen Theaterbau aus Stein errichten ließ und ihn kurzerhand mit einem Tempel krönte: Das ist kein Theater, sagte Pompeius, sondern ein Tempel, an dem zufällig ein Theater hängt. Die Römer liebten den großen Pompeius und ließen es ihm durchgehen.

Die Einwohner von vergleichsweise kleinen Städten wie Pompeji oder Puteoli feuerten schon seit Jahrzehnten die Gladiatoren in aus Stein gebauten Amphitheatern an, da erlaubte auch Kaiser Augustus endlich den Bau eines solchen auf dem Marsfeld in der Nähe des Pompeiustheaters (29 v. Chr.). Viel ist nicht bekannt über dessen Schicksal, nur dass es beim großen Brand von Rom 64 n. Chr. vollständig zerstört wurde. Nero ließ erneut einen hölzernen Ersatz aufstellen. Aus dem Kampf um die Kaiserwürde im Anschluss an Neros Selbstmord (68 n. Chr.) ging der Heerführer Titus Flavius Vespasianus nach einem Jahr als Sieger hervor. Er verließ dafür eigens den Schauplatz des Jüdischen Krieges in Palästina und übertrug die weitere Kriegsführung seinem Sohn Titus. Über eine Million Juden und Zigtausende Römer sollen dem äußerst brutal geführten Krieg zum Opfer gefallen sein. Titus zerstörte Jerusalem, plünderte den Tempel, und was er an Schätzen nach Rom verschleppte, bildete mindestens den Grundstock zur Finanzierung eines der ambitioniertesten und faszinierendsten Bauprojekte der gesamten römischen Antike: des Amphitheatrum Flavium.

Vespasian brauchte das Geld dringend, denn die Staatskasse war von seinen Vorgängern geplündert worden. Das Amphitheater stellte der Kaiser genau an jene Stelle zwischen den Hügeln Palatin, Esquilin und Caelius, wo Nero nach dem großen Brand des Jahres 64 die größenwahnsinnige Anlage seines Goldenen Hauses, die *domus aurea*, hingepflanzt hatte. Entsprechend überbot sich der Hofdichter Martial im Lobpreis auf die neue Arena, die dem beliebtesten Volksvergnügen eine dauerhafte Heimstatt bot: „Rom ist sich selbst wiedergegeben, und unter deiner Herrschaft, Kaiser, ist dem Volk wieder das Vergnügen gegeben, das einst dem Tyrannen gehörte." Ach, welche Freude hätte Julius Caesar an solchen Versen gehabt …

Abgesehen von seinem blutrünstigen Bestimmungszweck darf das Kolosseum als Meisterwerk antiker römischer Baukunst betrachtet werden. Zunächst mussten die unbekannten Architekten mit dem Umstand fertig werden, dass hier im Rahmen der neronischen Fantasielandschaft *domus aurea* ein künstlicher See angelegt war – also äußerst sumpfiges Gelände, nicht gerade geeignet für ein riesiges Bauwerk aus Stein, Beton und Marmor. Die Trockenlegung des Baugrunds stand somit am Beginn der Arbeiten, doch auch die Entwässerung der fertigen Arena musste von Anfang an bedacht und geplant werden. Die römischen Ingenieure leisteten gründliche Arbeit. Rings ums Kolosseum verlaufen unter dem Pflaster Rohre, die das Regenwasser aus der Arena und vom Vorplatz sammeln. In regelmäßigen Abständen kann das Wasser in einen weiteren Ringkanal abfließen, der in acht Metern Tiefe liegt. Vier Abflüsse zum Hauptsammler, versehen mit durchflussbegrenzenden Rückschlagventilen, führen das Nass schließlich der städtischen Kanalisation und dem nahegelegenen Tiber zu. Mindestens ebenso ausgeklügelt fiel die Versorgung der Arena mit Trinkwasser aus. Bis zu 28 Wasserspender standen dem Publikum zur Verfügung. Das köstliche Nass wurde mittels eines weitverzweigten Netzes von Bleirohren bis ins dritte Stockwerk geleitet. Längst sind nicht alle Rätsel gelöst, die sich dem modernen Forscher bei der Betrachtung des Kolosseums stellen.

Allein die Bauzeit von nicht einmal zehn Jahren gilt heute als ein Wunder. Vermutlich arbeiteten vier Bauhütten parallel an den vier Sektoren. Ein Heer von Ingenieuren, Bauzeichnern, Maurern, Zimmerleuten, Malern und Bildhauern schuftete jahrelang Tag und Nacht an dieser Großbaustelle im Zentrum der antiken Welt. Auf Ochsenkarren schafften sie 100 000 Kubikmeter Travertinkalk aus Tivoli heran, dreihundert Tonnen Eisenklammern, um die Steinblöcke zu verbinden, Marmorblöcke aus der Toskana; Tuff- und Ziegelsteine bezogen sie aus Rom selbst. Nicht zu reden von der Versorgung der Arbeiter und ihrer Unterbringung, worüber die Quellen ebenso wie über die verantwortlichen Planer kein Wort verlieren. Vermutlich zählten zu den namenlosen Arbeitern auch Kriegsgefangene aus dem besiegten Judäa. Und der riesige Bedarf an Baumaterialien wird der unternehmerischen Oberschicht nicht zum Schaden gereicht haben.

Vespasian erlebte zwar noch die feierliche Einweihung seines Amphitheaters im Jahr 79, doch fertig war die Arena da noch nicht. Erst sein Sohn und Nachfolger Titus eröffnete sie im Jahr darauf offiziell mit einem hundert Tage währenden blutigen Spektakel. Die Spitzen der Gesellschaft, also die kaiserliche Familie und die Senatoren, schritten durch die eigens für sie reservierten Portale ins gigantische Oval. Für das gemeine Volk standen 76 nummerierte Eingänge zur Verfügung. 188 Meter lang ist das Kolosseum und 156 Meter breit. Auf über fünfzig Meter Höhe erhob sich einst die äußere Ringmauer gen Himmel, untergliedert in vier Stockwerke. Die drei unteren waren als Arkaden mit vorgeblendeten Halbsäulen ausgeführt: dorisch, ionisch und korinthisch von unten nach oben. Das oberste Stockwerk war glatt gemauert. In den Bögen standen Marmorstatuen. Jeder Römer bekam bei freiem Eintritt ein eigenes Billett, das ihm „seinen" Eingang zuwies. Das System aus Gängen und Treppen im Inneren der Zuschauerränge ist so ausgetüftelt, dass die Arena binnen einer Viertelstunde zu füllen und binnen fünf Minuten zu leeren war. Noch heute nehmen sich Stadionbauer daran ein Vorbild.

Dem Kaiser und seinen Angehörigen stand wie im Circus Maximus ein besonderes Podium im ersten Rang zu – sehr schön nachzuvollziehen in dem Band „Asterix als Gladiator", wo der kleine Gallier auf dem sandigen Boden der Arena dem Diktator Caesar in seinem gepolsterten Marmorsessel Auge in Auge gegenübersteht. Für die Senatoren reserviert waren die besonders breit ausgeführten Sitzreihen am untersten Rand des Ovals. Darüber, auf den zweitbesten Sitzen, thronten die Mitglieder des Ritterstandes. Die Plätze für andere reiche Römer schlossen sich an, dann folgten die Sitzreihen fürs gemeine Volk. Im vierten Rang, auf hölzernen Gestellen, mussten die Frauen der Plebs Platz nehmen, die Sklaven und die Kinder. Sie waren am weitesten entfernt vom Geschehen unten in der Arena. Bis zu 50 000 Menschen, vielleicht sogar mehr wohnten den Tierhatzen, Hinrichtungen, Gladiatorenkämpfen und – in den ersten Jahren – den nachgestellten Seeschlachten im Kolosseum bei. Erst Titus' Bruder und

Nachfolger Domitian ließ das Labyrinth an Gängen, Rampen, Aufzügen und Käfigen unter dem hölzernen Arenaboden anlegen, das sich dem staunenden Besucher des Kolosseums heute darbietet. Mit dem Amphitheater hatte Vespasian zwei Fliegen mit einer Klappe geschlagen: Das einst für das Privatvergnügen Neros okkupierte Stadtviertel war dem Volk zurückgegeben, gleichzeitig war die Arena die ideale Bühne für den Imperator, mit seinem Volk in Kontakt zu treten und dessen Leidenschaft zu teilen. Wer jetzt an Staats- und Regierungschefs auf den Rängen unserer Fußballstadien denkt, liegt nicht so falsch. Als Caesar in dem oben genannten Asterix-Band bemerkt, wie sehr sich die Römer für die lustigen Gallier begeistern („Das Volk scheint zufrieden"), obwohl diese die römischen Soldaten vermöbeln, anstatt selbst geschlachtet zu werden, da schwenkt er blitzschnell um und setzt sich an die Spitze des Fan-Clubs: „Gallier! Ihr seid Helden!" Jetzt rast das Volk erst recht: „Es lebe Caesar!"

Mit seinem Versuch, die Erinnerung an Nero zu löschen, ist Vespasian übrigens auf lange Sicht gescheitert. Zur *domus aurea* hatte auch eine über dreißig Meter hohe Kolossalstatue gehört, der *colossus*, die wahrscheinlich Nero darstellte. Sie wurde unter Hadrian in der Nähe des Amphitheaters auf einem zehn Meter hohen Sockel aufgestellt, und ihre Gesichtszüge wurden über die Jahrhunderte wiederholt umgearbeitet. Ein Text, der im frühen Mittelalter anzusiedeln ist, vielleicht im 8. Jahrhundert, enthält die Prophezeiung: „So lange der Colisaeus steht, steht Rom ebenfalls. Und wenn der Colisaeus fällt, wird auch Rom fallen." Dieses Zitat bezieht die Forschung heute auf die neronische Kolossalstatue, es wurde aber schon im Mittelalter mit dem Amphitheater in Verbindung gebracht. Der ursprüngliche Name geriet darüber in Vergessenheit.

Die Abenteuer der Gallier Asterix und Obelix leben von den Klischees über das alte Rom, die Antike im Allgemeinen und die Römer unter Julius Caesar im Besonderen. Nahezu unverzichtbar für eine gelungene Asterix-Story sind die ewig erfolglosen Piraten. Wann immer sich die beiden Helden aus dem unbeugsamen Dorf an der Atlantikküste aufs Meer wagen, kreuzt unweigerlich das Schiff mit der Totenkopfflagge auf – und wird kurz darauf versenkt. Vermutlich weiß jeder Leser, dass Seeräuber zu Caesars Lebenslauf gehören: Im Alter von 25 Jahren war er in der Nähe der kleinasiatischen Küstenstadt Milet von Piraten entführt worden. Angeblich verhöhnte er seine Entführer, bot ihnen das Doppelte des verlangten Lösegeldes und führte sich angesichts seiner Lage als Geisel geradezu skandalös arrogant auf: „Er schickte ihnen Befehle, sich ruhig zu verhalten, wenn er schlafen wollte", berichtet der Historiker Plutarch. Und oft „stieß er lachend die Drohung aus, er werde sie aufknüpfen lassen" – was die Burschen sicher schüttelte, allerdings vor Lachen, nicht vor Angst. Allein: Caesar hielt Wort. Kaum in Freiheit, charterte er einige Schiffe in Milet, stöberte die Piraten auf und nahm sie gefangen. Das für ihn gezahlte Lösegeld strich er ein, die Spitzbuben ließ er ans Kreuz nageln. Als einziges Zugeständnis an die gemeinsam verbrachten 38 Tage gewährte Caesar ihnen die Gnade, zuvor erdrosselt zu werden.

So richtig aufgeräumt mit dem Unwesen der Piraterie im Mittelmeer hat dann allerdings erst einige Jahre später Pompeius. Seeräuberei hatte es schon immer gegeben: In den jahrhundertelangen Wirren, die im östlichen Mittelmeer durch die vielen Kriege um das Erbe Alexanders des Großen entstanden waren, konnten die Piraten mit ihrem Geschäftsmodell in aller Ruhe expandieren. Sie machten nicht nur Handelsrouten zur See unsicher, sondern überfielen ungeniert auch Städte in Küstennähe. Außerdem kontrollierten sie den Sklavenmarkt mit den Zentren auf Rhodos und auf Delos. Einige Staaten verbündeten sich ganz offen mit den Piraten, wenn es ihren Interessen diente. Zu der Zeit, als die Römer Pompeius mit einem außergewöhnlichen Kommando ausstatteten, im Jahr 67 v. Chr., hatte die Seeräuberei ein Ausmaß angenommen, das die Versorgung Roms zu gefährden drohte. Das Maß war voll. Pompeius säuberte systematisch das westliche Mittelmeer binnen vierzig Tagen von der Plage, dann stieß er nach Osten vor und vertrieb auch dort die Seeräuber aus ihren Bastionen. In gerade mal drei Monaten hatte er sein Ziel erreicht. Anders als Caesar nagelte Pompeius die 20 000 gefangen genommenen Piraten aber nicht ans Kreuz, vielmehr beschloss er, so Plutarch in seiner Biographie, „die Menschen von der See aufs Land zu überführen und sie durch die Gewöhnung, in festen Siedlungen zu wohnen und das Feld zu bebauen, eine friedliche Lebensart kosten zu lassen". So erhielten einige entvölkerte Städte in Kleinasien und Hellas neue Bewohner. Und obwohl es in der Zeit des Römischen Reiches immer mal wieder Piraten gab, dauerte es doch bis zum frühen Mittelalter, dass sie erneut zu einer echten Bedrohung für Küsten und Schifffahrt wurden.

Ein weiterer Topos, ohne den ein gutes Asterix-Abenteuer nicht auskommt, sind die total vertrottelten römischen Soldaten. Ihre Funktionäre bestätigen durchweg das Klischee, dass es ihnen hauptsächlich auf die Karriere und die gnadenlose Ausbeutung der Provinzbewohner zugunsten des eigenen Geldbeutels ankommt. Die einfachen Legionäre dagegen wahren zwar grundsätzlich die geforderte Disziplin, doch nur so lange, wie sie unbedingt müssen, ansonsten lassen sie den alten Julius einen guten Mann sein. In Wahrheit verkörperten die Legionen Roms über Jahrhunderte die bestausgebildete und effizienteste Armee der griechisch-römischen Antike. Lange Zeit dienten vornehmlich wehrpflichtige Bürger. Sie wurden nach ihren Vermögensverhältnissen ausgehoben und bezahlten den größten Teil ihrer Ausrüstung selbst. Doch die vielen, vor allem langwierigen Kriege gegen Karthager, Iberer und Griechen im 2. Jahrhundert führten an dessen Ende zu einschneidenden Reformen, die oft mit dem Namen des Heerführers und mehrmaligen Konsuls Gaius Marius in Verbindung gebracht werden. Vermutlich jedoch legte Marius nur fest, was sich inoffiziell bereits durchgesetzt hatte. Zum einen wurden viel stärker als früher die ärmsten Bevölkerungsschichten zum Kriegsdienst herangezogen, denn die Schicht der Ackerbürger konnte sich die jahrelange Abwesenheit des Haushaltsvorstands einfach nicht mehr leisten, zum anderen stellte der Staat jetzt weitgehend die Ausrüstung des einzelnen Soldaten. Marius führte auch den Legionsadler als Feldzeichen ein, der quasi religiöse Verehrung genoss und auf keinen Fall in Feindeshand gelangen durfte. Marcus Licinius Crassus verlor 53 v. Chr. bei Carrhae gegen die Parther Leben, Legionen und Feldzeichen. Die Römer feierten den Princeps Augustus im Jahre 20 v. Chr. daher überschwänglich, nachdem es ihm mit relativ geringem Aufwand gelungen war, die Feldzeichen von Carrhae nebst den überlebenden Gefangenen von damals zurückzugewinnen.

Die genannten Heeresreformen markierten den endgültigen Übergang von der Bürgermiliz zum Berufsheer. Den Soldaten wurden für das Ende ihrer aktiven Zeit eine ehrenhafte Entlassung mit Abfindung und ein Stück Land versprochen. Dieses Versprechen bildet den Hintergrund für die Asterix-Geschichte „Das Geschenk Caesars". Darin „belohnt" Julius Caesar einen besonders versoffenen Legionär mit dem berüchtigten kleinen gallischen Dorf. Durchsetzen musste diesen Besitzanspruch jedoch der jeweilige Feldherr. Das führte zu einer besonders engen Bindung der Truppe an ihren Befehlshaber – eine der Grundvoraussetzungen für den Bürgerkrieg in den letzten Jahrzehnten der Republik. Während der Kaiserzeit wurde die allgemeine Dienstzeit schließlich auf zwanzig Jahre erhöht. Der gemeine Soldat tat meistens fern der Heimat Dienst und wechselte häufiger den Standort. Die meisten Legionen standen im Hinterland der römischen Außengrenzen: von Schottland bis Persien, von der Nordsee bis Ägypten. Der Limes selbst wurde hauptsächlich von Hilfstruppen geschützt, den *auxilia*. Sie rekrutierten sich aus Angehörigen unterworfener Völker und Provinzbewohnern ohne Bürgerstatus. Ihre Dienstzeit betrug sogar 25 Jahre. An deren Ende winkte als Belohnung das römische Bürgerrecht.

Die dröge Routine des Lagerlebens aus Wecken, Morgenappell, Wachdienst, Waffenreinigung, Patrouillengängen, Botendiensten, militärischem Drill und einfachem Essen verschönerten sich die Legionäre nach Möglichkeit mit angenehmen Abwechslungen. Zahlreiche Legionslager besaßen ein eigenes kleines Amphitheater, in welchen die Wandertrupps der Gladiatoren auftraten. Daneben wurden derbe Komödien gegeben, eine frühe Form der psychologischen Truppenbetreuung. Jedes Legionslager zog eine zivile Siedlung nach sich, die es den Soldaten leichter machte, ihren Sold in Wein, Weib und Gesang anzulegen. Der Comic „Asterix als Legionär" lässt einiges vom Drill in Roms Armee erahnen. Die Soldaten hatten mit vollem, rund 30 Kilo schwerem Marschgepäck täglich bis zu 25 Kilometer zu marschieren. Dann galt es, in weiteren drei Stunden harter Arbeit ein Lager mit Graben, Palisaden und Zeltstadt aufzubauen. Zu jeder Legion gehörten hochspezialisierte Ingenieure. Von der Landvermessung bis zum

Straßen- und Brückenbau beherrschten sie alle notwendigen Wissenschaften. Der einfache Legionär war nicht nur Krieger, sondern vor allem auch Bauarbeiter.

Eine Stärke der römischen Armee blieb bis in die Spätantike die Fähigkeit, sich neuen Gegebenheiten anzupassen. Im 4. Jahrhundert v. Chr. gab Rom etwa die traditionelle griechische Schlachtordnung der massiven, tief gestaffelten Phalanx auf und entwickelte die Manipel-Ordnung. Mehrere kleinere taktische Einheiten, die Manipel mit 60 oder 120 Mann, rückten schachbrettartig versetzt gegen das feindliche Heer vor. Sie agierten selbstständig und bewegten sich immer dorthin, wo es am nötigsten war. So schuf sich das Heer größtmögliche Flexibilität und erwies sich schließlich selbst den griechischen Vorbildern als überlegen.

Zur Zeit Caesars änderte sich die Taktik erneut. Die Kohorte mit 480 Mann wurde nun zur Schlachten entscheidenden Einheit. Immer wieder verändert wurde auch die Ausrüstung, sowohl was den Körperschutz betrifft als auch die Waffen. Als Klassiker nahezu unverändert blieb allerdings über ein halbes Jahrtausend bis etwa zum Ende des 3. Jahrhunderts n. Chr. das Kurzschwert *gladius*. Seine rund fünfzig Zentimeter lange, beidseitig geschliffene Klinge erlaubte dem Legionär auch im Nahkampf eine für den Gegner tödliche Bewegungsfreiheit, wie der Historiker Livius schildert: Die Römer gebrauchten den *gladius* „nicht zum Schlag von oben herab, sondern zum Stoß, wozu die Spitze vortrefflich geeignet ist, stießen die Feinde in die Brust und ins Gesicht und töteten, ihnen Schlag um Schlag versetzend, die meisten ihrer Gegner." Nur gegen die unbeugsamen Gallier von der Küste Aremoricas, so scheint es, fanden die Römer kein geeignetes Mittel.

IRRTUM 3:

Dabeisein ist alles – das galt schon bei den antiken Olympischen Spielen

Olympia – eine Idee setzt sich durch: In diesem Satz steckt nicht nur nachprüfbare Wahrheit, sondern auch viel von dem Geist, der die sportlichen Wettkämpfe unter dem Banner der Olympischen Spiele bis auf den heutigen Tag beherrscht. Nicht nur um Sport ging und geht es bei Olympia, sondern auch darum, sich durchzusetzen gegen die Konkurrenz: als Individuum, als (Stadt-)Staat, als Herrscher und letztlich auch als Veranstalter im Wettstreit mit anderen Sportwettkämpfen. Unter diesem Blickwinkel betrachtet können die Spiele, welche die Bezeichnung Olympia im Namen tragen, mit Fug und Recht behaupten, über zweieinhalb Jahrtausende alle Konkurrenten aus dem Feld geschlagen zu haben.

Denn darauf kam es in Olympia schon immer an: zu siegen. Dabei zu sein galt zwar schon in der Antike als äußerst erstrebenswert, doch schon der zweite Platz war so wenig wert wie der letzte. Nur der Sieger wurde geehrt, nur sein Name blieb der Nachwelt auf den Siegerlisten erhalten und machte seinen Träger unsterblich. Nur derjenige, dessen Name auf einer solchen Liste stand und der den Siegerkranz aus Zweigen des heiligen Ölbaums aufs Haupt gesetzt bekam, konnte damit rechnen, seinen sportlichen Erfolg in klingende Münze und öffentliche Ehrungen in seiner Heimat umzusetzen.

Mit der Teilnahme an den Sportwettkämpfen von Olympia stand also einiges auf dem Spiel. Theoretisch konnte ein Olympiasieg aus einem mittellosen Bauern einen gefeierten Helden machen, der für den Rest seines Lebens materiell ausgesorgt hatte. Voraussetzung für die Teilnahme war neben körperlicher Fitness nur der Nachweis griechischer Abstammung. Letzteres wurde in römischer Zeit selbstverständlich aufgehoben. Aber auch in der Antike waren solche Aschenputtel-Märchen Mangelware. An den vier großen Wettkämpfen auf griechischem Boden teilzunehmen, dem *periodos* (Umlauf) – neben Olympia waren das die Spiele von Nemea, Delphi und Korinth –, konnten sich von vornherein nur die Angehörigen der vermögenden Schichten leisten, in erster Linie der Adel. Nur sie hatten ausreichend Zeit, sich gründlich vorzubereiten. Nur sie verfügten über die Mittel, persönliche Trainer, Ärzte und sonstige Hilfskräfte zu beschäftigen. Wer sonst hätte sich den kostspieligen Luxus der Pferdehaltung und -zucht leisten können, um an den überaus beliebten Reiter- und Wagenrennen teilzunehmen, den „hippischen" Wettbewerben (von *hippos*, Pferd)?

Wer nach einem Olympiasieg strebte, konnte nichts dem Zufall überlassen. Und doch verließen sich auch schon in der Antike nicht alle Athleten auf ihre eigene Kraft und die Qualität ihrer Vorbereitung. Der Geograph Pausanias (ca. 115–180), dem wir eine detaillierte Beschreibung der *altis*, des heiligen Hains von Olympia in Elis, und der Organisation der Spiele verdanken, schreibt voll Abscheu: „Es ist erstaunlich, wie jemand so wenig Respekt vor dem Gott von Olympia hat, dass er bei den Wettkämpfen Bestechungsgelder anbietet oder annimmt." Der Eleer Damonikos, so erzählt Pausanias, hatte sich dabei erwischen lassen, wie er den Vater vom Gegner seines Sohnes schmierte. Dieser Regelverstoß unter Vätern hatte eine hohe Geldstrafe zur Folge. Doch nicht nur das: Mit Hilfe dieser Geldbußen ließen die *hellanodikai*, die vereidigten Schiedsrichter der Spiele, Bronzestatuen des Zeus anfertigen und am Eingang zum Stadion aufstellen. Jeder sollte sehen, wozu solch schändlicher Betrug führte – sofern er aufgedeckt wurde.

Nach Pausanias wurden allerdings in der über tausendjährigen Geschichte der antiken Olympischen Spiele derartige Bestechungsfälle nicht allzu oft bekannt. Sechzehn Zanes-Statuen (Zanes, Pl. von Zeus im dorischen Dialekt) hat er im 2. Jahrhundert n. Chr. gezählt. Davon gingen jedoch allein sechs auf das Konto Athens. Die Stadt war zu ihrer Errichtung verdonnert worden, nachdem herausgekommen war, dass der Athener Kallippos seinen Gegnern im Fünfkampf den Sieg hatte abkaufen wollen. Athen weigerte sich jedoch zu zahlen, womit es indirekt auch die Autorität des Zeus in Frage stellte, des höchsten griechischen Gottes, dem die Spiele gewidmet waren. Nur ein anderer, von Athen anerkannter hoher Gott konnte die Stadt zur Räson bringen. In diesem Fall machte sich Apoll um die olympische Gerechtigkeit verdient: Die Pythia von Delphi, also das Orakel des Apoll, drohte der Stadt damit, erst dann wieder Weissagungen zu verkünden, wenn die Strafe bezahlt sei. Das wirkte offenbar.

Die sportlichen Wettkämpfe während des Kultfestes zu Ehren des Zeus in Olympia zählten zu den vier großen „panhellenischen" Spielen im klassischen Griechenland. Diese vier versprachen das größte Prestige. Die Spiele von Nemea waren ebenfalls dem Zeus gewidmet, die Pythien von Delphi galten dem Apoll, und die Isthmien von Korinth wurden zu Ehren des Meeresgottes Poseidon ausgerichtet. Im Unterschied zu heute trugen also die antiken Wettkämpfe ihrer Tradition und äußeren Form nach immer auch religiösen Charakter. Eine Teilnahme an den Olympischen Spielen kam somit einer Wallfahrt zu Zeus gleich. Ein Verstoß gegen die Regeln beleidigte den jeweiligen Gott. Für den römischen Kaiser Theodosius I., einen Christen, lieferte genau dies möglicherweise den Anlass, die Olympischen Spiele und alle ähnlichen Veranstaltungen als Ausübung „heidnischer Kulte" im Jahre 394 zu verbieten. Die genauen Umstände sind aber nicht bekannt.

Ein ambitionierter griechischer Sportler setzte sich zum Ziel, Sieger bei allen vier panhellenischen Spielen, also *periodonikes* zu werden. Vergleichbar ist dies einem heutigen Tennis-Profi, der es schafft, in einem Jahr sämtliche großen Turniere und damit den Grand Slam zu gewinnen. Diagoras von Rhodos, ein Faustkämpfer im 5. Jahrhundert v. Chr., war ein solcher Profi, der berühmteste Boxer seiner Zeit. Er boxte sich in Delphi zum Sieg, zweimal gewann er in

Nemea, vier Mal am Isthmos von Korinth, aber nur einmal in Olympia (464 v. Chr.). Unter den panhellenischen Spielen genoss Olympia das höchste Ansehen, und dies nicht nur, weil die Spiele im heiligen Hain des Zeus die vermutlich ältesten Sportveranstaltungen Griechenlands waren. Die bekannteste Siegerliste behauptet, alle Sieger seit dem Jahr 776 v. Chr. zu kennen. Das besondere Prestige eines Sieges in Olympia beruhte auch darauf, dass die Ansprüche an die Athleten hier besonders hoch waren. Spätestens im 5. Jahrhundert v. Chr., also während der klassischen Epoche Griechenlands, konnte ein reiner Amateursportler in Olympia und bei den anderen großen Wettkämpfen keinen Kranz mehr gewinnen. Wer sich bei den Kampfrichtern in Elis für die alle vier Jahre stattfindenden Spiele in der Ebene von Olympia anmeldete, hatte ein hartes Auswahlverfahren zu durchlaufen. Alle Sportler mussten sich dreißig Tage vor dem offiziellen Beginn der Wettkämpfe in die Stadt Elis begeben, rund vierzig Kilometer Luftlinie von Olympia entfernt. Hier prüften die *hellanodikai* sämtliche Anwärter buchstäblich auf Herz und Nieren.

Es ging schon damit los, dass die Athleten und ihre Trainer seit dem ausgehenden 5. Jahrhundert v. Chr. nackt vor den Schiedsrichtern anzutreten hatten. Zum Wettkampf zugelassen waren nur Männer. Eigentlich eine klare Sache, möchte man meinen, zumal die Athleten ihren Sport unbekleidet ausübten. Doch wie so oft stand auch hier ein Betrugsversuch hinter der neuen Vorschrift. Kallipateira oder Pherenike hieß die Frau, die sich als Mann verkleidet Zutritt zu den Wettkämpfen von 404 v. Chr. verschafft hatte. Nicht als Athlet, sondern als Trainer von Peisidoros, ihrem Sohn. Und tatsächlich, Peisidoros errang den Sieg. Seine Mutter geriet deshalb derartig in Euphorie, dass sie die Absperrung übersprang, welche die Trainer von der Kampfbahn trennte. Dabei ist es wohl passiert: Die Kleidung verrutschte, und Kallipateira war als Frau enttarnt. Trotzdem blieb sie straffrei, berichtet Pausanias. Zu verdanken hatte sie dies dem Respekt, den die Griechen ihrem Vater und ihren beiden Brüdern entgegenbrachten: Kallipateira/Pherenike war nämlich die Tochter jenes erwähnten Box-Champions Diagoras. Auch zwei seiner Söhne waren Olympiasieger geworden. Und jetzt der Enkel – eine wahrhaft sportliche Dynastie.

Aber zurück zum Aufnahmeverfahren für Olympia. Voraussetzung für die Teilnahme war neben griechischer Abstammung der Nachweis über zehn Monate kontinuierlichen Trainings in der gemeldeten Sportart, vom Beginn der Wettkämpfe zurückgerechnet. Doch auch wer bis dahin alle Bedingungen erfüllte, konnte nicht sicher sein, an den Start gehen zu dürfen. Während des einen Monats in Elis, der ausgefüllt war mit hartem Training und Schaukämpfen in den Sportanlagen der Stadt, fällten die Kampfrichter ihr Urteil über die Fitness des olympischen Aspiranten. Sie wiesen zurück, wer ihnen zu dick, zu dünn, zu faul oder zu wenig trainiert erschien. Sie teilten die Sportler unabhängig von ihrem genauen Alter in die Klassen der Jugend und der Erwachsenen ein. Nicht selten kämpfte ein Ringer zum Beispiel in Nemea unter den erwachsenen Männern, während es in Olympia für ihn nur zur Knabenklasse reichte. Genauso verfuhren die *hellanodikai* bei der Klassifizierung der Pferde und Wagen. Ihr Urteil, einmal gefällt, war unanfechtbar.

Was läge also näher, als dieses Urteil zu den eigenen Gunsten zu beeinflussen? Bevor wir auf den berühmtesten Bestechungsskandal der antiken Olympischen Spiele zu sprechen kommen, werfen wir noch einen Blick auf die Tradition der Unparteilichkeit. Die Zahl der Kampfrichter variierte anfangs, doch seit 348 v. Chr. scheint sie konstant bei zehn geblieben zu sein. Per Losentscheid machten die Eleer unter sich aus, wer für die Dauer einer Olympiade als *hellanodikes* die Verantwortung für die gesamte Organisation trug. Eine sehr zeitintensive Aufgabe, die natürlich wieder nur adelige Bürger übernehmen konnten. Allein die Einweisung in ihre Rechte und Pflichten dauerte Monate. Ihnen zur Seite standen Boten, Ordner, Peitschenträger, Herolde und Trompeter. Jeder Regelverstoß wurde unerbittlich geahndet, abgesehen einmal von dem besonders krassen Fall des römischen Kaisers Nero. Dazu gleich mehr.

Die Bürger von Elis, will der Historiker Herodot gehört haben, schickten einst eine Delegation nach Ägypten und ließen den Pharao Psammis fragen: „Wie können wir die Sportwettkämpfe von Olympia noch besser organisieren?“ Psammis ließ sich die Frage durch den Kopf gehen und antwortete sinngemäß: Nur wenn die Eleer sich selbst ausschlössen von den Spielen, seien sie wirklich über jeden Zweifel an ihrer Unparteilichkeit erhaben. So weit haben sie es dann zwar doch nicht kommen lassen, doch vielleicht erinnerten sie sich 372 v. Chr. an den längst verblichenen Pharao, denn in jenem Jahr gewann der Kampfrichter Troilos aus Elis gleich zwei Pferderennen. Troilos selbst war so stolz auf seinen Erfolg, dass er den berühmten Bildhauer Lysippos eine Statue von sich anfertigen ließ. Die zugehörige Inschrift, die schon Pausanias las, ist bis heute erhalten. Von da an war es allerdings den *hellanodikai* untersagt, sich als Teilnehmer bei Olympia zu bewerben.

Mit Pferden hat auch der Fall Nero zu tun, man könnte sogar sagen: Neros Fall. Denn tatsächlich landete er ziemlich unsanft im Staub Olympias, aus dem er sich freilich wie Phönix aus der Asche erhob und zum Sieger erkoren wurde. Doch der Reihe nach. Der Skandal begann damit, dass sich der römische Imperator in den Kopf gesetzt hatte, das Jahr 67 n. Chr. in Hellas zu verbringen. Nicht zum Spaß natürlich, sondern zu seinem höheren Ruhm als Künstler und – Sportler. Weil aber gerade keine panhellenischen Spiele angesagt waren, ordnete er – wozu ist man schließlich Herr der Welt? – die außerplanmäßige Abhaltung ebensolcher Spiele an. In Olympia bewarb sich Nero zum Wagenrennen mit dem Zehnspänner. Üblich waren zwei- und vierspännige Wagen. Nicht üblich, wenn auch nicht ausgeschlossen war, dass der Besitzer der Pferde sich selbst auf den Wagen stellte. Normalerweise beschäftigten die Inhaber professionelle Wagenlenker – Siegerkranz und Ruhm strichen dann selbstverständlich die Besitzer ein. Kaiser Nero indes nahm die rasante Fahrt auf der Rennbahn in eigener Person auf. Vorher verlieh er den *hellanodikai* zur Sicherheit noch das römische Bürgerrecht, garniert mit 250 000 Drachmen. Es kam, wie es kommen musste: Nero wurde aus dem Wagen geschleudert. Damit war das Rennen für ihn aber noch nicht gelaufen – er durfte wieder aufsteigen. Dass er das Ziel dennoch nicht erreichte, hinderte die Kampfrichter nicht daran, ihm den Sieg zuzusprechen. Begründung: Er hätte doch gewonnen, wenn er ins Ziel gekommen wäre …

Übrigens wird der Aufenthalt Neros in Olympia heute nicht mehr nur unter dem Vorzeichen dieser Posse gesehen, die sich auf andere Wettbewerbe ausgeweitet haben soll. Archäologen können inzwischen nachweisen, dass sich der Kaiser in die lange Riege der Wohltäter der Kultstätte einreihte. Einige unvollendet gebliebene Baustellen sind in die neronische Zeit zu datieren. Und die *hellanodikai* – dies zur Ehrenrettung der Spiele – hatten das Bestechungsgeld bis auf die letzte Drachme zurückzuzahlen.

Der besondere Wettbewerbscharakter griechischer Spiele äußerte sich nicht nur im athletisch ausgetragenen Vergleich nackter, von Kopf bis Fuß mit Olivenöl gesalbter und mit Staub eingeriebener Männer in der Kampfbahn. Die großen Spiele wurden von den Griechen immer auch als nationales Ereignis begriffen. Dafür existierte sogar ein Wort: *panegyris*, festliche Versammlung des ganzen Volkes. Olympia war nicht nur eine sportliche Leistungsschau, für mindestens so wichtig erachtet wurde die vergleichende Zurschaustellung von Reichtum, Macht, Wissen und Schönheit. Das Kult- und Sportfest von Olympia versprach alle vier Jahre einen farbenprächtigen Jahrmarkt der Eitelkeiten, eine ideale Bühne für Selbstdarsteller und den hoffnungsvollen Nachwuchs in Politik und Kunst. Während der fünf Tage sportlicher Wettbewerbe weilten Tausende von Menschen auf und neben dem heiligen Gelände der *altis*. Eine unübersehbare Zelt- und Hüttenstadt beherbergte Zuschauer, Angehörige der Athleten, offizielle und inoffizielle Delegationen, fliegende Händler, Prostituierte und ihre Zuhälter, Handwerker, Sklaven und viele mehr. Maler und Bildhauer streiften umher, stets auf der Suche nach einem Auftrag. Poeten stellten sich in Positur, deklamierten ihre Texte und hofften auf den Zuschlag für eine Siegerode wie einst der berühmte Pindar.

Vielleicht gehörte der Wettstreit der Philosophen, Dichter und Historiker sogar zum offiziellen Programm des ersten Tages, an dem auch Herolde und Trompeten um den Olivenkranz stritten. Erzählt wird von dem überragenden Erfolg des Herodot: 444 v. Chr. las er in einer Vorhalle des berühmten Zeus-Tempels aus seinen gerade entstehenden Historien. Das Publikum – darunter der zu Tränen gerührte spätere Rivale Herodots, Thukydides – war derart begeistert, dass Herodots Ruhm fortan den der Olympiasieger jenes Jahres überstrahlte. Angeblich zeigte man mit dem Finger auf ihn und raunte: „Der da ist Herodot, der die Perserkriege in ionischer Sprache beschrieben und unsere Siege verherrlicht hat.“ Eine bessere Mundpropaganda kann sich kein Autor wünschen. Held der Perserkriege war – zumindest, bis er in Ungnade fiel – der Athener Themistokles. Kurz nach den entscheidenden Schlachten von Salamis und Plataiai (480/79 v. Chr.) nutzte er im Jahr 476 v. Chr. die Bühne Olympias, sich im Glanz des noch frischen Triumphes zu sonnen. So standen, heißt es, die Spiele an diesem Tag ganz in seinem Schatten.

Einer, der selbst die berüchtigte Ruhmsucht des Themistokles in den Schatten stellte, war Alkibiades. 416 v. Chr. schickte er gleich sieben Wagen ins Rennen im olympischen Hippodrom. Er belegte mit ihnen den ersten, den zweiten und den vierten Platz: „Auch sonst habe ich alles dem Sieg entsprechend hergerichtet“, zitiert ihn Thukydides. Sofort traten einige seiner Gegner auf den Plan und behaupteten, er habe die Pferde einem Konkurrenten gestohlen. Doch Alkibiades, im Hochgefühl seines sportlichen Triumphes, ließ die Zweifler abtropfen: Einige dächten wohl, Athen sei durch den aktuellen Krieg gegen den Peloponnesischen Bund geschwächt und sie könnten ihn nun wegen seiner außergewöhnlichen Leistungen bei Olympia angreifen. Dabei lagen Wagenrennen, Pferdezucht und Olympiasiege gewissermaßen der Familie des Alkibiades im Blut. Sein Vorfahr Kimon, Vater des Marathon-Siegers Miltiades, siegte im 6. Jahrhundert v. Chr. dreimal im Hippodrom.

Kimon freilich hätte vermutlich nicht gewagt, die Selbstdarstellung so auf die Spitze zu treiben wie später Alkibiades. Dem eitelsten Pfau des klassischen Athens ging es bei allem, was er tat, offenbar nur um sich selbst. Nicht dabei zu sein war ihm wichtig, sondern zu glänzen und zu gewinnen. Laut dem Redner Isokrates begründete der Sohn des Alkibiades die Motivation seines Vaters zur Teilnahme an Olympia mit der Beobachtung, „dass die Festversammlung in Olympia von allen Menschen hoch geschätzt und bewundert wurde und dass die Griechen dort ihren Reichtum, ihre Körperkraft und ihre Erziehung zur Schau stellten ... dass die Athleten beneidet und die Heimatstädte der Sieger berühmt wurden ... dass Leistungen, die man in der Heimatstadt Athen vollbringt, zwar dem einzelnen jeweils bei seinen Mitbürgern Ansehen einbringen, dass aber die in Olympia erbrachten Leistungen den Ruhm der Heimatstadt in ganz Griechenland vermehren.“ Der Ruhm der Heimatstadt und persönliches Ansehen galten Alkibiades als zwei Seiten derselben Medaille. Deswegen kannte er auch keine Skrupel, das offizielle Athener Tafelgeschirr aus Gold und Silber bei einer privaten Sause in der *altis* als sein eigenes zu verwenden.

Olympia und die Politik – früher wie heute ein Kapitel für sich. Immer wieder wurde das angesehenste Sportfest nahezu zwangsläufig zum Schauplatz politischer und sogar militärischer Ereignisse, der vor und nach den Spielen zur An- und Abreise ausgerufenen Waffenruhe *(ekecheiria)* zum Trotz. Dafür zwei Beispiele: Der Peloponnesische Krieg ließ sich letztlich ebenso wenig von Olympia fernhalten wie zweieinhalb Jahrtausende später der Einmarsch der Sowjetunion in Afghanistan 1980. Letzterer führte zum Boykott vieler westlicher Länder. 420 v. Chr. hatten die Eleer als Herren über die Olympischen Spiele Sparta von der Teilnahme ausgeschlossen. Warum? Kurz vor Beginn des Kultfestes hatte Sparta zwei Festungen im Süden von Elis angegriffen und besetzt. So weit, so üblich. Doch in der Interpretation der Eleer galt zum Zeitpunkt des Überfalls bereits die *ekecheiria*. Sparta protestierte umgehend: Die olympischen Boten seien noch gar nicht bei ihnen aufgekreuzt gewesen, um die Waffenruhe zu verkünden. Wie hätten sie also davon wissen sollen? Doch die Herren von Elis argumentierten andersherum: Bei sich selbst verkündeten sie den Festfrieden zuerst, sagten sie, also wurde er auch hier in Elis durch den Angriff auf die Festungen von den Spartanern gebrochen. So blieb es beim Ausschluss und der Verurteilung Spartas zu einer Geldstrafe. Zur Sicherheit wurden während der Wettkämpfe sogar Wachen aufgestellt. Einer meinte jedoch, sich darüber hinwegsetzen zu können: der Rennstallbesitzer Lichas aus Sparta nämlich. Er meldete seine Gespanne kurzerhand unter thebanischer Flagge an. Doch leider hielt er die Mimikry nicht bis zum guten Ende durch. Als sein Wagenlenker als erster durchs Ziel gekommen war, ließ Lichas die Maske fallen. Daraufhin wurde er nicht nur disqualifiziert, sondern auch mit Stockhieben aus Olympia vertrieben.

Während der Wettkämpfe im Jahr 364 v. Chr. tobte sogar ein blutiger Krieg mitten in der *altis*, dem heiligen Bezirk. Die Eleer selbst rückten mit dreihundert Elite-Soldaten an. Ein erbitterter Häuserkampf überschattete die gleichzeitig ausgetragenen sportlichen Wettbewerbe. Wie das? Ganz einfach: Elis hatte im Nachgang zur Schlacht bei Leuktra 371 v. Chr. das Territorium von Olympia und damit auch den Vorsitz über die Spiele an die Arkader verloren. Diese bauten das Gelände zur Festung aus. Der Angriff während der Wettkämpfe wurde noch einmal abgewehrt. Doch schon kurz danach konnten sich die Arkader ihr Heer nicht mehr leisten und griffen ungeniert nach den Schätzen im Zeus-Heiligtum. Damit überspannten sie den Bogen selbst bei ihren Bundesgenossen. So schlossen sie mit Elis Frieden. Schon 360 v. Chr. war die gewohnte Ordnung wiederhergestellt. Fünfhundert Jahre später hallt diese Episode bei Pausanias nach. Ein Fremdenführer erzählte ihm, was er mit eigenen Augen gesehen hatte: Bei der Reparatur des Hera-Tempels in der *altis* entdeckten Arbeiter die gut erhaltene Mumie eines Hopliten. Offenbar hatte er sich, schwer verwundet, während des Häuserkampfes in den Hohlraum zwischen der Decke des Innenraums und dem Ziegeldach zurückgezogen und war dort gestorben. Ein Opfer des Kampfes um Olympia.

IRRTUM 4:

Die Griechen waren alle homosexuell

Alkibiades ließ nun wirklich nichts unversucht, Sokrates als Liebhaber auf sein Lager zu bekommen. Der Jüngere bildete sich ein – so erzählte er später anlässlich eines Symposions –, der Ältere und Weisere bemühe sich „um meine Jugendblüte". Also schickte er bei passender Gelegenheit seinen ständigen Begleiter weg, um sich ungehindert an Sokrates heranmachen zu können: „Wir waren also zusammen, ihr Männer, beide allein, und ich glaubte, er würde mit mir sogleich reden wie ein Liebender zu seinem Liebling in Einsamkeit redet, und war freudig." Und was geschah? Nichts, aber auch gar nichts von dem, was sich der jugendliche Alkibiades erwartet hatte: „Er verbrachte wie gewöhnlich den ganzen Tag im Gespräch mit mir, und dann ging er fort."

Doch Alkibiades gab nicht auf. Er lud Sokrates in die Palästra ein, die Sportstätte der Jugend, um mit ihm zu ringen und so den körperlichen Kontakt zu erzwingen. Aber auch diese List fruchtete nicht in der gewünschten Weise. So ging er denn aufs Ganze: Alkibiades setzte Sokrates von nun an mit Einladungen zum Essen so lange zu, bis dieser einwilligte. Bis spät in die Nacht erörterte das ungleiche Paar philosophische Fragen. Sokrates hatte an Alkibiades einen Narren gefressen und sah in ihm einen gelehrigen Schüler. Der jedoch dachte nur an das eine – als er Sokrates dazu überredet hatte, über Nacht zu bleiben, sah er sich schon am Ziel seiner Träume. Tollkühn schlüpfte er unter Sokrates' Decke, schlang seine Arme um ihn „und lag so die ganze Nacht". Weiter geschah ... wieder nichts.

Dieser Darstellung, die dem Dialog „Symposion“ des Platon entnommen und damit natürlich fiktiv ist, verdanken wir den Begriff der „platonischen Liebe“, wie er landläufig gebraucht wird: eine Freundschaft zwischen zwei Menschen, die erotisch aufgeladen sein kann, bei der es aber – aus welchen Gründen auch immer – nicht zu sexuellen Kontakten kommt. Weder Alkibiades noch Sokrates hätten sich im klassischen Athen ihrer homoerotischen Beziehung wegen schämen müssen. Wie Platons Dialog zeigt, ging der gebildete Hellene aus besseren Kreisen damit recht offen um. Doch der Sokrates, den Platon schildert, verfolgt mit seiner sexuellen Beherrschung andere Ziele. Diese aber sind nicht Gegenstand dieses Kapitels. Ein spätantiker Autor, der Anekdoten aus dem Leben berühmter Philosophen niederschrieb, charakterisiert den schillernden Charakter des Alkibiades mit den Worten: „Er spannte in seiner Jugend die Ehemänner ihren Frauen und dann die Frauen ihren Ehemännern aus.“ In einem Satz ist hier zusammengefasst, was es mit der angeblichen Homosexualität der alten Griechen auf sich hat. Wir werden darauf zurückkommen.

Die eingangs wiedergegebene Schilderung Platons von Alkibiades’ Bemühungen um die körperliche Liebe des Sokrates enthält viele interessante Details, die Aufschluss geben über Theorie und Praxis homoerotischer Beziehungen im klassischen Griechenland – vor allem im klassischen Athen, denn aus anderen griechischen Städten und Landschaften ist ungleich weniger Material überliefert. Gesellschaftlich akzeptiert war ein Paar männlichen Geschlechts – einen antiken Begriff für Homoerotik gibt es nicht – nur dann, wenn es sich um die Beziehung eines erwachsenen Mannes zu einem Knaben handelte. Wir sprechen also immer von Päderastie, auch „Knabenliebe“ genannt. Der Erwachsene spielte die aktive Rolle des „Liebenden“ *(erastes)*, der von ihm Begehrte hieß „Geliebter“ *(eromenos)* und blieb weitgehend passiv, was den spielerisch scheinenden Umgang mit sexuellen Gefälligkeiten nicht ausschloss. Als *eromenos* infrage kamen Knaben ab ungefähr zwölf Jahren bis zu dem Zeitpunkt, da sie in den Kreis der Erwachsenen aufgenommen wurden, dem 18. Lebensjahr, und sich ihrerseits, jetzt als *erastes*, einem Knaben zuwenden konnten. Die Liebe zwischen zwei erwachsenen Männern galt dagegen als unanständig und war öffentlich tabuisiert, sofern es sich bei dem einen der beiden nicht um einen Sklaven handelte. Wenn die Komödiendichter einen ihrer Charaktere ins Lächerliche ziehen wollten, dann unterstellten sie ihm ein Verhältnis zu einem anderen Mann, und zwar vor allem in der passiven Rolle. Dies galt als „weibliches", also verweichlichtes Verhalten und als nicht vereinbar mit dem hellenischen Bild vom vollgültigen Polisbürger. Eine berühmte Vasenmalerei, kurz nach den siegreichen Schlachten in den Perserkriegen um 465 v. Chr. entstanden, zeigt einen nackten Griechen, wie er – sein erigiertes Glied in der Hand – einem fliehenden persischen Krieger die anale Penetration androht. Eine schwerere Demütigung ist kaum vorstellbar.

Alkibiades sorgte in der geschilderten Szene dafür, dass er in seinem Werben um Sokrates' Gunst nicht beobachtet wurde: Er schickte seinen Begleiter weg, denn die von ihm eingenommene Rolle stand Alkibiades gar nicht zu, ja barg sogar erhebliche Gefahren. Er setzte sich nämlich dem Verdacht aus, sich für eine möglicherweise materielle Gegenleistung prostituiert zu haben – ein gesellschaftlich nicht akzeptiertes, wenngleich weit verbreitetes Verhalten.

Das bisher Geschilderte wirft viele Fragen auf. Zum Beispiel: Wo hört Knabenliebe auf, wo fängt Prostitution an? Welche Moral liegt einem Erziehungsideal zugrunde, das Kinder jahrelanger Homoerotik aussetzt? Und wie passen die homosexuellen Abenteuer eines erwachsenen *erastes* mit halbwüchsigen Knaben mit seiner Pflicht zur Ehe und zur Zeugung neuer Polisbürger zusammen? Einem Athener der klassischen und der vorausgehenden archaischen Zeit wären diese Fragen höchst merkwürdig erschienen, mehr noch: Sie hätten sich ihm gar nicht gestellt. Dem antiken Menschen war die Vorstellung einer Sexualität, die sich nur auf ein einziges Geschlecht richtet, und zwar vor allem auf das jeweils andere, fremd. Die „Sündhaftigkeit des Fleisches" im christlichen Sinne musste erst noch erfunden werden. Als suspekt galten allenfalls ein Übermaß an geschlechtlicher Betätigung und das Überschreiten von Standesgrenzen. Der legendäre athenische Gesetzgeber Solon hielt zum Beispiel zu Beginn des 6. Jahrhunderts v. Chr. eigens fest, dass einem Sklaven die Liebe zu einem frei geborenen Knaben verboten war.

Allzu toll, wie oben erwähnt, trieb es auch der erwachsene Alkibiades. Die attische Ehefrau der adeligen Oberschicht, die ihre Zeit abgeschirmt im eigenen Heim zubrachte und für dieses zu sorgen hatte, musste von Haus aus gegenüber den sexuellen Bedürfnissen des Gatten große Toleranz aufbringen. Ein Gerichtsredner drückte es im 4. Jahrhundert v. Chr. zugespitzt so aus: „Wir haben Hetären zum Vergnügen, Konkubinen für die Bedürfnisse des Alltags und Ehefrauen, um legitime Kinder zu zeugen und eine zuverlässige Aufsicht über das ganze Hauswesen zu haben." Alkibiades' Gattin Hipparete allerdings war es irgendwann leid, dass ihr Mann ständig Hetären ins Haus schleppte oder gegen jede Konvention brave Bürgersfrauen verführte. Sie zog kurzerhand zu ihrem Vater und schickte dem Lüstling den Scheidungsbrief. Genauer: Sie musste das Schriftstück laut Gesetz persönlich beim Archon, einem städtischen Beamten, abgeben. Diese Vorschrift, so philosophiert der Historiker Plutarch mehr als fünfhundert Jahre später, hatte wohl genau den Sinn, den sich Alkibiades jetzt zunutze machte: Er erschien ebenfalls vor dem Archon, legte sich die heftig zappelnde Hipparete über die Schulter und trug sie in aller Seelenruhe nach Hause, ohne dass jemand gewagt hätte einzuschreiten. Aus dem liebreizenden Jungen, der Frauen ihre Ehemänner ausgespannt hatte, war eben jener einflussreiche Mann geworden, der Frauen ihren Männern wegnahm.

Mit Hipparete hatte Alkibiades eine gute Partie gemacht, denn die Tochter aus vornehmem Hause brachte die ungeheure Summe von zehn Talenten als Mitgift in die Ehe. Und kaum war ein Kind geboren, forderte der Vater erneut zehn Talente vom Schwiegervater, weil es angeblich im Ehevertrag so festgehalten war. Die künftigen Gattinnen hatten bei der Anbahnung einer Ehe nichts zu melden. Die attische Frau kam mit zwölf bis fünfzehn Jahren unter die Haube – Jungfräulichkeit war Pflicht und in diesem Alter noch allgemein zu erwarten. In den gehobenen Kreisen, aus denen die meisten unserer Nachrichten stammen, fristete die Frau fortan ein sehr zurückgezogenes Leben. Die Außenwelt erblickte sie nur zu seltenen Gelegenheiten. „Für die Frau ist es schicklicher, im Haus zu bleiben, als sich draußen herumzutreiben", schreibt Xenophon in seinem hauswirtschaftlichen Ratgeber.

Männlichen Besuch durfte sie schon gar nicht empfangen, abgesehen von Verwandten. So hatte der Gatte die größtmögliche Sicherheit, dass ihm kein fremdes Kind untergeschoben wurde. Die Frau managte den Haushalt, spann Wolle und webte Kleider. Eigene Töchter unterrichtete sie in genau diesen Fertigkeiten, die sie selbst von ihrer Mutter gelernt hatte. Kinder zu gebären war überhaupt der wichtigste Zweck einer Ehe im klassischen Athen. Zärtliche Zuneigung der Eheleute zueinander, Seelenverwandtschaft oder gar Liebe gehörten nicht zur erforderlichen Grundausstattung. Vom Mann forderte auch niemand eheliche Treue – dass er seine sexuelle Befriedigung außerhalb der staatlich sanktionierten Zweckgemeinschaft suchte, war normal: „Du nimmst doch gewiss nicht an", raunte Sokrates laut Xenophon seinem Sohn zu, „dass die Menschen um der Liebeslust willen Kinder zeugen, da ja die Straßen und Bordelle genug Möglichkeiten bieten, diese zu erfüllen". Die Frau als nicht rechtsfähiges Subjekt blieb in sexueller wie in ökonomischer und juristischer Hinsicht zeitlebens von ihrem Mann abhängig. Immerhin konnte sie die Scheidung verlangen, siehe Hipparete. Dann standen Vater oder Brüder als Vormund bereit. Im Falle einer Scheidung musste der Mann sogar die Mitgift zurückzahlen – was manchen davon abhielt, diesen Schritt zu vollziehen, selbst wenn er gute Gründe vorzubringen hatte.

Aus staatlicher Sicht hatte die Ehe den Fortbestand der Polis und deren Funktionsfähigkeit zu garantieren. Bis zur Mitte des 5. Jahrhunderts v. Chr. musste zumindest der Mann athenischer Bürger sein, um eine gültige Ehe eingehen und legitime Kinder zeugen zu können. Unter dem Einfluss des starken Mannes Perikles wurde die Vorschrift verschärft: Auch die Mutter musste jetzt aus Athen stammen. Damit wurde einerseits der Kreis derer, die Anspruch auf das attische Bürgerrecht hatten, kleiner, andererseits wurden die bestehenden Strukturen gefestigt, und Töchter, deren Familien keine hohen Summen als Mitgift aufbringen konnten, hatten nun bessere Heiratschancen. Bezeichnenderweise war es gerade Perikles, der unter dem von ihm erwirkten Gesetz zu leiden hatte. In zweiter Ehe war er mit Aspasia verheiratet, einer Frau aus Milet. Ihr gemeinsamer Sohn galt daher als unehelich. Doch Perikles erwirkte eine Ausnahmeregelung ...

Söhne wurden grundsätzlich getrennt von den Töchtern erzogen. Wohlhabende Familien organisierten Privatlehrer für ihren männlichen Nachwuchs. Ein jugendlicher Athener bekam nur in Ausnahmefällen eine Altersgenossin von gleichem Stand zu Gesicht. Er selbst dachte erst im Alter von etwa dreißig Jahren daran, sich zu vermählen – zu einem Zeitpunkt also, da er sich anschickte, vom Vater den Hausstand zu übernehmen oder selbst einen zu gründen. Eine Wirtschafterin musste her und eine Mutter für die ersehnten legitimen Nachkommen.

In diesem reifen Alter verfügte der vornehme Athener bereits über einen reichen sexuellen Erfahrungsschatz, erworben im Umgang mit Männern, Knaben und Frauen. Als Zwölfjähriger war er selbst das erste Mal zum Objekt der Begierde geworden. Der Knabe wurde mehr oder weniger zur Schau gestellt, auf dass sich ein älterer Mann für ihn interessieren und ihn unter seine Fittiche nehmen möge. Die Anbahnung solcher päderastischer Verhältnisse spielte sich in der Palästra ab, auf dem Sportplatz des Gymnasions. Die Jungen rangen dort miteinander, maßen ihre Kräfte in sportlicher Betätigung – und sie taten dies nackt. Zahlreiche Vasenbilder der klassischen Epoche zeigen, wie erwachsene Männer, kenntlich gemacht durch ihre kräftige Statur und ihren Bartwuchs, um die zartgliedrigen, gelockten und bartlosen Jünglinge buhlen. Die Zahl der Liebhaber war natürlich größer als die der Knaben, daher bemühten sich die Erwachsenen, die kleinen Jungs nicht nur mit Versprechungen, sondern auch mit Geschenken für sich einzunehmen. Dabei galt es gewisse Grenzen einzuhalten, um nicht in den Verdacht der Prostitution zu geraten. Bessere Familien wie die des jungen Alkibiades stellten ihren Kindern deshalb eine Aufsichtsperson zur Seite, einen „Pädagogen“, der ein Auge darauf haben sollte, mit wem sich der Jüngling einließ. Denn nicht jedes verlockende Angebot entsprang lauteren Motiven, und schnell war der gute Ruf ruiniert. Der Grat zwischen erwünschtem Liebesverhältnis und schändlicher Prostitution war denkbar schmal.

Aus dem 2. Jahrhundert n. Chr. stammt ein griechisches Epigramm, das anschaulich macht, welche Anziehungskraft Knaben auf die potenziellen Liebhaber ausübten: „Zählt ein Knabe zwölf Jahre, dann macht er mir Freude, und wenn er / schon im dreizehnten steht, zieht er noch stärker mich an. / Doch im vierzehnten ist er die süßere Blüte der Liebe, / fängt er das fünfzehnte an, beut er noch schönere Lust.“

Die Sinnlichkeit steigerte sich bis zum siebzehnten Lebensjahr, spätestens dann aber war Schluss. Bartwuchs oder Haare im Intimbereich waren nicht vereinbar mit der Rolle des Geliebten. Im Gegenteil: Wer auf der Schwelle zum Erwachsenenalter stand, konnte selbst schon als *erastes* einen *eromenos* erwählen. Vasenmalereien und mehr oder weniger eindeutige Äußerungen in der Literatur machen deutlich, dass die griechische Knabenliebe durchaus nicht immer – wie bei Sokrates und Alkibiades – platonisch blieb. Doch werden die Jünglinge stets als der passive Teil des Verhältnisses dargestellt, der eine sexuelle Handlung des *erastes* hinnimmt, ohne selbst sichtbar erregt zu sein. Xenophon verglich die Knabenliebe mit der Praxis der Frauenliebe und urteilte: „Der Knabe teilt mit dem Mann nicht die Wonnen des Liebesgenusses, sondern sieht nüchternen Sinnes einen von Liebe Berauschten.“ Mit anderen Worten: Das Kind ließ es über sich ergehen. Aristoteles bezeichnete die Päderastie übrigens als „eine Art Krankheit“. Damit steht er in seiner Zeit – dem 4. Jahrhundert v. Chr. – eher allein. Heute würden wir von sexuellem Missbrauch sprechen.

Den eigentlichen Sinn eines päderastischen Verhältnisses sahen die Griechen offiziell aber nicht in der Befriedigung ihrer Lust. Sie stellten vielmehr den „pädagogischen Eros“ in den Mittelpunkt: Die vornehmste Aufgabe des *erastes* bestehe darin, den *eromenos* durch sein eigenes Vorbild zur *kalokagathia* zu erziehen. Der Begriff, der so viel bedeutet wie „gut und schön sein“, fasst in einem Wort zusammen, welchem Ideal der junge Athener unter Anleitung seines *eromenos* nachzueifern hatte. Dazu gehörte unter anderem körperliche Schönheit: Antike Statuen junger Männer legen Zeugnis davon ab, wie man sich das hellenische Schönheitsideal vorzustellen hat. Aber auch Tugendhaftigkeit im Allgemeinen galt es anzustreben, sittlich tadelloses Verhalten und ein Leben, das den Werten der Polisgemeinschaft verpflichtet war. Platon erhob mit Macht die Forderung nach geistigen Inhalten: Weise und gut solle der Knabe gemacht, in der

Vernunft und der übrigen Tugend gefördert werden. Sein Mentor habe ihm „Bildung und die übrige Weisheit“ zu vermitteln. Einen seiner Protagonisten lässt der Philosoph im „Symposion“ sagen: „Ich wenigstens wüsste kein größeres Gut zu nennen, als schon früh für den Knaben einen wahren Liebenden und für den Liebenden einen Liebling. Denn was die Menschen, die schön zu leben trachten, ihr ganzes Leben leiten muss, das kann nicht die Verwandtschaft ihnen, noch Ehren, noch Reichtum, noch irgend etwas anderes so schön verleihen wie der Eros.“

Eros in seiner päderastischen Variante stand sogar Pate für die Gründungslegende der attischen Demokratie. Auf der Agora, dem zentralen Marktplatz, setzten die Athener jenem Liebespaar ein Denkmal, das im Jahr 514 v. Chr. einen Mordanschlag auf Hipparchos verübt hatte, den Sohn und Nachfolger des Tyrannen Peisistratos. Weder Harmodios noch Aristogeiton hatten dabei überlebt. Auch die Demokratie stellte sich nicht sofort ein, denn Hipparchos' Bruder Hippias konnte sich noch vier Jahre halten. Überhaupt hatten die beiden mit Politik nichts am Hut, es ging ihnen darum, den Hipparchos für seine sexuellen Nachstellungen gegenüber dem jugendlichen Harmodios zu bestrafen. Trotzdem erhob sie der athenische Mythos alsbald zu Symbolfiguren für Demokratie und Freiheit. Als der persische Großkönig Xerxes dreißig Jahre später Athen plünderte und dem Erdboden gleichmachte, ließ er auch das Standbild des berühmten Liebespaares nach Susa transportieren. Die Athener schufen nach der Vertreibung der Perser aus Griechenland flugs eine neue Figurengruppe für ihre Heroen. Alexander der Große ließ das Original schließlich weitere hundertfünzig Jahre später an seinen Ursprungsort zurückbringen, als er selbst Susa eingenommen hatte.

Problematisch in der Praxis der Knabenliebe blieb stets der sexuelle Aspekt. Erwachsene, die sich allzu großzügig um Jünglinge mühten, sahen sich schnell dem Verdacht ausgesetzt, nur das schnelle Vergnügen zu suchen, den pädagogischen Charakter der Beziehung aber zu missachten: „Viele von den Verliebten“, lässt Platon einen Sophisten sagen, „begehren schon nach deinem Leib, bevor sie noch deinen Charakter und deine Gewohnheiten kennen, so dass man sich stets unsicher fragt: Werden sie noch deine Freunde bleiben, wenn ihre Begierde an deinem Leib satt geworden ist?“ Auf der anderen Seite machten sich Knaben und junge Männer der Prostitution verdächtig, wenn sie die homoerotische Beziehung zu einem Mann suchten und vielleicht sogar in materieller Hinsicht ausnützten. Das bekam noch in der zweiten Hälfte des 4. Jahrhunderts v. Chr. der athenische Politiker Timarchos zu spüren, dem von Jugend an der Ruf eines äußerst lockeren Lebenswandels vorausging. Sein politischer Gegner Aischines überzeugte das Gericht davon, dass sich Timarchos prostituiert habe, ohne dafür einen handfesten Beweis liefern zu können. Das Urteil hatte zur Folge, dass Timarchos jede politische Betätigung verboten wurde. Aischines hatte in seiner Rede unter anderem ausgeführt, dass er aus reicher Erfahrung sehr wohl wisse, wie ein päderastisches Verhältnis zu handhaben sei. Nicht die Beziehung an sich galt also als unschicklich – somit war die Verurteilung auch nicht einer bestimmten Sexualmoral geschuldet –, zum Verhängnis wurde Timarchos vielmehr, dass es Aischines gelungen war, seine Zuverlässigkeit als Polisbürger infrage zu stellen.

Eine homoerotische Beziehung wurde neben dem Makedonenkönig Philipp II. auch dessen Sohn Alexander dem Großen nachgesagt. Die Gelehrten sind sich nicht einig, doch schon die zeitgenössischen Quellen deuten in ihrer Wortwahl an, dass Alexander und Hephaistion nicht nur Kriegskameraden waren, sondern wohl auch ein Liebespaar. Ein unmögliches Verhältnis also, wenn es denn so gewesen wäre. Nach dem Tod seines Freundes brach Alexander physisch und psychisch zusammen. Er ließ Hephaistion schließlich als Heroen verehren und plante den Bau zweier Tempel zu dessen Ehren.

Ähnlich verhielt sich der römische Kaiser Hadrian, nachdem sein über alles geliebter Gefährte Antinoos 130 n. Chr. unter nie geklärten Umständen im Nil ertrunken war. Des Kaisers offen zur Schau gestellte Trauer überstieg bei weitem die für seine Schwester, die etwa zur selben Zeit starb. Hadrians Umgebung wunderte sich nicht über das Verhältnis der beiden, das noch akzeptabel war, obwohl in Rom und Griechenland zu dieser Zeit Monogamie und strikte Heterosexualität im öffentlichen Ansehen schon überwogen. Antinoos’ Vergöttlichung und die Einführung eines reichsweiten Kultes zu seinen Ehren lösten dann allerdings erhebliche Verwunderung aus.

Noch mehr Anstoß mit homosexuellen Verhältnissen erregte Kaiser Nero. Offenbar gab er überhaupt nichts auf die schon in klassisch-griechischer Zeit gepflegte Haltung, wonach einem erwachsenen Mann die passive Rolle des Weiblichen nicht zieme. Nero feierte sogar zwei Hochzeiten mit Männern. Den ersten Gatten, einen Freigelassenen, ließ er kastrieren und nannte ihn gern beim Namen seiner geliebten Frau Poppaea, die er durch einen Fußtritt in den schwangeren Bauch umgebracht hatte. Auf die Spitze trieb er es mit dem zweiten Gatten: Nero gab ganz offiziell die Ehefrau, wie Tacitus empört mitteilt: „Der Imperator wurde in einen Brautschleier gehüllt und Vogelschauer wurden geschickt. Man sah die Mitgift, das Ehelager und die Hochzeitsfackeln, kurz alles, was sogar, wenn es sich um eine Frau handelt, die Nacht verhüllt."

IRRTUM 5:

Die Antike war die hohe Zeit der Intellektuellen – nur Philosophie, Kultur, gutes Benehmen und Tugend zählten

Kaiser Augustus, das ist allgemein bekannt, trieb als erbitterter Kriegsherr seinen Gegner Marcus Antonius so lange vor sich her, bis er ihn endgültig besiegt hatte. Diesem blieb nichts anderes übrig als der Freitod, wollte er nicht in die Gewalt des neuen ersten Mannes Roms kommen. Anschließend festigte Augustus seine Stellung im Staat als *princeps* und etablierte neben dem Kaisertum die *pax Romana*, eine lang andauernde Periode des Friedens in Italien und den unterworfenen Provinzen. Was nicht jeder weiß: Augustus frönte leidenschaftlich dem Würfelspiel. In Briefen legte er sogar regelmäßig Rechenschaft darüber ab, an wen er wieder einmal welche Summen verloren hatte. Dabei war das Würfeln um Geld gesetzlich verboten. Aber was kümmerte das den Kaiser?

Im Übrigen würfelte auch Marcus Antonius – sogar im Beisein der ägyptischen Königin Kleopatra, seiner Verbündeten und Gefährtin in Alexandria. Ein begeisterter Anhänger des Würfelspiels war indes schon Alexander der Große gewesen, der Gründer Alexandrias: Er ist der erste namentlich bekannte Würfler. Wir dürfen also annehmen, dass die Spielsucht, über die wir Moderne uns noch immer beklagen, durchaus weit in die griechische Vergangenheit zurückreicht. Und nicht nur dieses Laster.

Den alten Griechen, so die gängige Anschauung, verdanken wir unsere Zivilisation, unser Wissen um die letzten Dinge, die Grundlagen aller Philosophie, die Demokratie und unsere Freiheit sowieso. Vor zweieinhalbtausend Jahren ergründeten weise Männer im östlichen Mittelmeergebiet die Bausteine der Natur, indem sie die Gestirne beobachteten, Feuer, Wasser und Luft analysierten und dabei herausfanden, dass alles mit allem zusammenhängt. Außerdem suchten, fanden und erklärten sie für alle Zeit die Gesetzmäßigkeiten des menschlichen Wesens, stets eingedenk der Mahnungen des Orakels von Delphi: „Erkenne dich selbst!“, und: „Nichts im Übermaß!“ Sie dürsteten nach tieferer Erkenntnis und strebten in erster Linie nach geistiger Nahrung. Alles andere, was zum griechischen Teil der Grundlagen des Abendlandes gehört, wurde von genialen Feldherren, begnadeten Künstlern und überragenden Architekten geschaffen. Viele Römer wandelten später auf den Spuren der Hellenen, wenn man auch, bei allem Verdienst, konstatieren muss: Unter Roms Herrschaft setzte, leider, schon der allgemeine Sittenverfall ein. Weshalb ein US-amerikanischer Film in den 1960er Jahren auf Deutsch nicht ganz zu Unrecht den Titel erhielt: „Toll trieben es die alten Römer“.

So weit das gängige Bild. Und wie war es wirklich? Wahrscheinlich genau so wie beschrieben, aber auch ganz anders. Das ist ja das Schöne in der Geschichte des Menschen: seine Widersprüche, die Doppelmoral, die Grautöne im Schwarz und Weiß der offiziellen Überlieferung. Nicht umsonst haben noch heute mediale Schlüssellochformate, die das Private ins Öffentliche ziehen, die besten Zugriffsraten, die höchsten Auflagen. Wobei der Promifaktor eine wichtige Rolle spielt. Das wusste schon Plutarch: Die „Manieren der Großen“ sind interessant für die breite Masse. Man will hören und sich daran ergötzen, wie und was sie essen und trinken, wen sie lieben, wie sie sich vergnügen und ob und was sie arbeiten. In der Spätantike schrieb ein unbekannter Autor über die Attraktivität von *„imperial news“*: „Die kleinen Dinge des Alltags, die sich im Palastinneren zutragen, ziehen die Augen und Ohren der neugierigen Menschennatur um so stärker auf sich, als sie sich im Verborgenen abspielen.“ In seiner Lobpreisung des Kaisers Trajan formuliert Plinius der Jüngere das bis heute gültige Gesetz, dem sich die Prominenz zu unterwerfen hat: „Das Besondere an einer prominenten Position ist, dass sich nichts auf Dauer verheimlichen lässt. So öffnen sich nicht nur die Wohnungen, sondern auch die Schlafzimmer der Kaiser, ihre intimsten Gemächer und bringen alle Geheimnisse an die Öffentlichkeit.“ Wobei zweierlei zu ergänzen ist: Die Öffentlichkeit, an welche die vermeintlichen Geheimnisse dringen, ist selbst Teil der von ihr moralisch verurteilten Gesamtsituation. Und: Ein nicht geringer Teil der Prominenz, damals wie heute, breitet Klatsch und Tratsch aus eigenem Interesse auf dem großen Markt der Öffentlichkeit aus.

Dass aber schon die alten Philosophen wie die Löcher soffen, wie ein moderner deutscher Schlager weiß, muss nicht unbedingt falsch sein. Ein gutes Beispiel hierfür liefert der berühmteste Philosoph der Antike, Sokrates aus Athen. In Platons Dialog „Symposion“ („Das Gastmahl“) liegt er mit einer illustren Schar prominenter Athener zu Tisch, um den am Vortag errungenen Erfolg des Tragödiendichters Agathon gebührend zu feiern. Weil alle vom gestrigen Zechgelage noch stark mitgenommen sind, beschließen sie, heute möglichst wenig zu trinken, „nur so nach Behagen“. Den Sokrates aber nehmen sie von der Abmachung aus, „denn der ist auf beides eingerichtet“. Alsdann hebt der nur mäßig vom Alkohol unterstützte philosophische Disput an. Man diskutiert die Natur des Eros, wobei wie immer Sokrates die gelehrtesten Gedanken beisteuert. Da platzt Alkibiades ins Haus, der Hallodri. Gestützt auf die Flötenspielerin und einige seiner Freunde wankt er ins Zimmer, bekränzt mit Efeu, Veilchen und vielen Bändern, und krakeelt mit belegter Zunge: „Ihr Leute, seid gegrüßt; wollt ihr einen sehr stark angetrunkenen Mann als Mitzecher aufnehmen!“ Alkibiades befand sich offenbar auf einer Tour um die Häuser, wie sie damals nach einem guten Gastmahl üblicherweise unternommen wurde. Die Prozession der angetrunkenen Zecher hieß *komos*. Alkibiades und seine Kumpel blieben an diesem Abend nicht die einzigen, die erfolgreich Einlass begehrten ins Haus des Agathon. So mutierte der weitgehend nüchterne Philosophenzirkel im Handumdrehen zu einer Runde scharfer Trinker. Einige schliefen ein, manche gingen einfach irgendwann nach Hause. Nur Sokrates trank und diskutierte unbeirrt weiter bis in den Morgen hinein. Als er feststellte, dass ihm niemand mehr zuhörte, „nachdem er sie so in den Schlaf geredet" hatte, stand er auf, ging wie immer ins Lyzeum, seine bevorzugte Sport- und Aufenthaltsstätte, nahm ein Bad und verbrachte dort mit seinen üblichen Beschäftigungen den Tag.

Apropos Alkibiades. Der nachmals berühmt-berüchtigte Feldherr – er wechselte im Peloponnesischen Krieg mehrfach die Fronten – ließ auch im Privatleben keinen Skandal aus. Plutarch überliefert uns in seinen Parallelbiographien etliche Anekdötchen, deren Wahrheitsgehalt er selbst bezweifelte. Er hätte sie also auch weglassen können. Weil sie aber aufs Trefflichste den Charakter des Alkibiades wiederzugeben schienen, konnte Plutarch wohl nicht anders. So soll Alkibiades seinem besonders schönen, großen und teuren Hund den Schwanz abgeschnitten haben. Von seinen Freunden wurde er dafür heftig gescholten: Man rede deswegen schlecht über ihn. Das war natürlich unvorteilhaft in einer Gesellschaft, in der das öffentliche Ansehen wichtig war für die politische Karriere. Doch Alkibiades lachte nur: „Dann geschieht ja gerade, was ich will", sagte er. Die Athener sollten sich über den Schwanz seines Hundes das Maul zerreißen, „damit sie nicht noch Schlimmeres über mich reden". Lieber banale als wirklich schlechte oder gar keine Nachrichten – ein durchaus moderner PR-Ansatz.

Anders liegt der Fall bei den ersten Hippies der Weltgeschichte. Auch sie finden wir in Athen, im Umkreis des Sokrates. Dessen Schüler Antisthenes gilt als Begründer der philosophischen Richtung der Kyniker. Ganz im Gegensatz zu Alkibiades pries Antisthenes den Wert harter Arbeit und genügsamen Lebens, kritisierte den Hang zum Luxus und die Anhäufung materieller Güter. In aller Öffentlichkeit rügte er die Athener dafür, dass sie zwar für den Krieg die Untauglichen aussortierten, in der Politik jedoch nicht. Als Antisthenes' berühmtester Schüler ist Diogenes von Sinope als „Diogenes in der Tonne" bekannt geworden. Von ihm sind in erster Linie Anekdoten überliefert, deren Wahrheitsgehalt seit jeher mehr als umstritten ist. Mit Wanderstab, Rucksack und Essensschale spazierte er durch das Hellas des vierten vorchristlichen Jahrhunderts und pries die Bedürfnislosigkeit als Grundbedingung für ein glückliches Leben: „Die Sklaven dienen ihren Herren und die Nichtsnutze ihren Begierden." Wer nichts brauche, der könne auch nichts verlieren. Nur die natürlichen Bedürfnisse, die einem von der Natur diktiert werden, ließ er gelten. Angeblich warf Diogenes Trinkbecher und Essensschale weg, als er sah, wie ein Kind Wasser aus der hohlen Hand trank und ein anderes seinen Linsenbrei aus der Höhlung eines Brotstückes aß. Auf den Spuren des Diogenes wandelte der Schauspieler und Musiker Kris Kristofferson zweieinhalbtausend Jahre später in der Hochzeit der Hippie-Bewegung. Im Song „Me And Bobby McGee" dichtete er: „Freiheit ist nur ein anderes Wort für den Zustand, nichts mehr zu verlieren zu haben."

Wegen Erregung öffentlichen Ärgernisses würde Diogenes heute mit Sicherheit als Exhibitionist verhaftet werden, wenn die Nachricht zutrifft, dass er häufig öffentlich an seinem Geschlechtsteil manipulierte. Er selbst sagte dazu nur: „Wie schön wäre es doch, wenn man auch durch das Reiben des Bauches das Hungergefühl vertreiben könnte."

All dies könnte einen auf den Gedanken bringen, Diogenes habe als erklärter Außenseiter der Gesellschaft und vor allem als scharfer Kritiker der regierenden Klassen mit ihrem Hang zur Genuss- und Gefallsucht keine große Resonanz erfahren. Doch genau das Gegenteil ist der Fall. Plutarch setzt dem Ansehen des Diogenes mit der berühmten Alexander-Szene die Krone auf: Gerade hatten die Griechen in Korinth beschlossen, mit dem Makedonen-König Alexander als Anführer gegen das Persische Reich zu ziehen. Alles, was Rang und Namen hatte, kam, dem jugendlichen Feldherrn zu gratulieren und ihm seine Reverenz zu erweisen – nur Diogenes nicht, der doch in Korinth lebte. Da ging Alexander höchstselbst zu ihm hin und gewährte ihm eine Bitte. Diogenes, der sich gerade gesonnt hatte, antwortete, er habe nur eine kleine Bitte: „Geh mir ein wenig aus der Sonne!" Von dieser ungeheuerlichen Frechheit, so geht die Legende weiter, sei Alexander nicht beleidigt, sondern schwer beeindruckt gewesen: „Wenn ich nicht Alexander wäre, wollte ich Diogenes sein." Die Geschichte wäre anders verlaufen, hätte sich dieser Wunsch erfüllt.

Einige Schüler des Diogenes aber trieben es mit der öffentlich zur Schau gestellten Bedürfnislosigkeit noch weiter. Krates von Theben zum Beispiel verschenkte seinen ererbten Besitz und zog mit seiner Frau von Tür zu Tür, um die Lehre vom richtigen Leben zu verbreiten. Die beiden vollzogen, so heißt es, auch den Geschlechtsakt in aller Öffentlichkeit. Einer ihrer Schüler hieß Monimos aus Syrakus. Er befreite sich aus dem Sklavenstand, indem er Wahnsinn vortäuschte. Dann schloss er sich als eine Art antiker Bettelmönch mit Wanderstab und Lumpenkutte in Korinth den Kynikern an und erklärte, dass man nichts mit Sicherheit wissen könne. In Habitus und Auftreten schwankten die Kyniker zwischen dem Status von Politclowns, die provozierten um der Provokation willen, und dem von Hofnarren und Wanderpredigern, die der besseren Gesellschaft den Spiegel vorhielten. Sie setzten sich öffentlichem Spott aus, weil sie sich an keine Konvention hielten, und attackierten die Gesellschaft ihrerseits unverhohlen. Die Bezeichnung „Hund" (griech. *kyon*), die Diogenes für seine Lebensweise als armer Herumstreuner erhielt, trug er als Ehrenbezeichnung. Sie gab der ganzen Bewegung ihren Namen (*kynismos*) und findet sich als „Zynismus" im heutigen Sprachgebrauch wieder. Als ihm bei einer Einladung wie einem Hund ein Knochen hingeworfen wurde, soll Diogenes sein Gewand gelupft und den Knochenspender in der Art eines Hundes angepinkelt haben ...

Apropos Selbstbeherrschung: Der Jähzorn des Makedonen Alexander ist hinlänglich bekannt. Er ging so weit, dass er im Suff Kleitos tötete, einen Freund und Offizier, der ihm einst in der Schlacht das Leben gerettet hatte. Doch schon zuvor war Alexander aufgefallen, wie sehr seine hohen Befehlshaber nach der Eroberung der persischen Zentrale Susa dem Luxus frönten – ganz gegen die Philosophie des Diogenes. Plutarch schreibt, die Männer in Alexanders Umgebung ergaben sich „gänzlich der Üppigkeit" und einem Leben des „protzenhaften Luxus". Einer trug silberne Nägel in seinen Schuhen, ein anderer ließ sich für sein tägliches Training mit vielen Kamelen Sand aus Ägypten bringen. Zum Baden verwendeten sie so viel Myrrhenöl „wie früher nicht einmal gewöhnliches Öl" und ließen sich von ganzen Heerscharen von Masseuren und Kammerdienern verwöhnen. „Wisst ihr nicht", sagte Alexander, „dass das A und O des Sieges für uns ist: nicht dasselbe zu tun wie die Besiegten?"

Plutarch vergleicht Alexander in seinen Parallelbiographien mit Julius Caesar. Von diesem ist vor allem auch der skrupellose Umgang mit Geld bekannt, wenn es darum ging, die eigenen Ziele zu erreichen. Meistens gab er dann Geld mit vollen Händen aus, wenn es nicht sein eigenes war. Im Hause Caesars ereignete sich aber auch ein Vorfall, der 62 v. Chr. für den größten Skandal des Jahres sorgte: In der Nacht zum 5. Dezember war es Caesars Frau Pompeia zugefallen, die Mysterienfeier für die *Bona Dea*, die „Gute Göttin", auszurichten. Nur Frauen waren zugelassen, selbst der Hausherr hatte sich für diese Nacht woanders einzuquartieren. Doch Publius Clodius Pulcher, ein Politiker der senatskritischen popularen Richtung, schlich sich, als Frau verkleidet, in die hochgeheime Zeremonie ein und wurde prompt entdeckt. Sofort machte das Gerücht die Runde, der schöne Clodius habe mit Pompeia ein Techtelmechtel beginnen wollen. Caesar, in diesem Jahr Prätor mit Drang zu Höherem, schickte seiner Gattin umgehend den Scheidungsbrief. Begründung des notorischen Ehebrechers: Er könne keine Frau unter seinem Dach dulden, „auf der auch nur der Schatten eines Argwohns liegt".

Clodius selbst war damals schon weitaus weniger zimperlich. Im selben Jahr hatte er Fulvia geehelicht, eine Frau, der eine schillernde Zukunft bevorstand. Clodius Pulcher ging als Chef eines popularen Schlägertrupps in die Geschichte ein, der auf den Straßen Roms im Sinne Caesars Terror verbreitete. Bei einer Auseinandersetzung mit einer Bande im Dienst der konservativen Senatsfraktion ließ er 52 v. Chr. sein Leben. Cicero verteidigte den mutmaßlichen Mörder, erwirkte aber keinen Freispruch. Die Schuld für diese Schlappe schob der eitle Redner der Fulvia in die Schuhe: Ihr mitleiderregender Auftritt vor Gericht habe seinen Sieg verhindert. Fortan bekämpfte Cicero Fulvia, wo und wann immer es ging.

Auch Fulvias nächster Gemahl zeichnete sich zum Ärger Ciceros als Parteigänger Caesars aus und starb in dessen Diensten. Schließlich heiratete sie Marcus Antonius. Als der sich mit Octavianus, dem Neffen Caesars und späteren Kaiser Augustus, nach kurzem Bürgerkrieg geeinigt hatte, setzte er Cicero ganz oben auf seine Todesliste. Die folgende Szene ist nur bei einem einzigen Autor überliefert, nämlich bei Cassius Dio, der die Geschichte zweihundertsiebzig Jahre später aufschrieb: Antonius ließ Kopf und Hände des Cicero auf der Rednertribüne des Forum Romanum ausstellen, um ihn posthum zu demütigen. Doch Fulvia beließ es nicht dabei: Laut Cassius Dio beschimpfte und bespuckte sie Ciceros Haupt und durchbohrte als Krönung des Spektakels dessen Zunge mit ihrer Haarnadel.

Mag sein, dass Cassius Dio an diesem Punkt seiner achtzigbändigen „Römischen Geschichte" einer obskuren Quelle aufsaß. Vielleicht schenkte er ihr aber auch deswegen Glauben, weil er als hoher römischer Beamter – Konsul in den Jahren 205 und 229 – in moralischer Hinsicht weitaus spektakulärere Verfehlungen gewohnt war. In den Senat aufgenommen worden war Dio unter Kaiser Commodus (180–192), dem nach allgemeiner Ansicht missratenen Sohn des „guten" Kaisers Marc Aurel. Marc Aurels Gattin Faustina gebar angeblich bis zu dreizehn Kinder, von denen die meisten die ersten Lebensjahre nicht überstanden. Nachgesagt wurde ihr aber auch eine fatale Begeisterung für Gladiatoren. Ihr Sohn Commodus gab selbst gern den Arenakämpfer – ob nur in privaten Vorstellungen oder in aller Öffentlichkeit, darüber gehen die Meinungen der Gelehrten auseinander. Als Bösewicht schaffte er es jedenfalls in den überaus erfolgreichen Sandalenfilm „Gladiator". Von der sicheren Kaiserloge aus ergötzte sich Commodus oft und gern daran, wilde Tiere zu erlegen. Einmal sollen es hundert Bären an einem einzigen Tag gewesen sein, dann hundert Löwen. Mit Wurfsicheln köpfte er Strauße. Es bereitete ihm Vergnügen, wenn die Tiere ohne Kopf weiterliefen, heißt es. Das römische Publikum jubelte Commodus dabei zu. Erst als er meinte, in der Arena nackt den Gladiator geben zu müssen, habe es den Römern gereicht, so Cassius Dio.

Die wenigsten römischen Imperatoren vermochten es zu Lebzeiten, ein wirklich positives Image von sich aufzubauen. Wenn wir Heutigen zu wissen glauben, dass ein Kaiser „gut“ oder „schlecht“ war, muss das nichts damit zu tun haben, was die Mehrheit der Zeitgenossen meinte. Denen war es herzlich egal, was die hohen Herrschaften in ihren Gemächern trieben oder wie sie mit ihren Spitzenkräften in Bürokratie und Militär umgingen, so lange Rom groß blieb, die Versorgung mit Brot und Spielen gewährleistet war und die Grenzen gesichert blieben.

218 n. Chr. jedoch kam ein vierzehnjähriges Spielkind mit dem Beinamen Elagabal auf den Thron, das zumindest in kulinarischer Hinsicht alles Dagewesene in den Schatten stellte. Und das war nicht leicht. Hatte doch schon Seneca zu Neros Zeiten geklagt: „Die Römer erbrechen sich, um zu essen, und sie essen, um sich zu erbrechen.“ Doch Elagabal, der mit achtzehn Jahren von Mörderhand endete, wird von einer für ihre Phantasie berüchtigten spätantiken Quelle bescheinigt: „Sein einziger Lebensinhalt bestand im Aufspüren neuer Genüsse.“ Als erster ließ er „Gehacktes aus Fischen, aus verschiedenen Austernarten und anderen derartigen Seemuscheln, aus Heuschreckenkrebsen, Hummern und Meerzwiebeln“ zubereiten. Sommers hatten sich die Speisen auf der Tafel täglich nach einer anderen Farbe zu richten: heute blau, morgen meergrün, übermorgen laubgrün. Während Commodus aus reiner Mordlust Strauße köpfte, setzte Elagabal seinen Gästen bei einer einzigen Mahlzeit sechshundert Straußenköpfe vor, deren Hirn verzehrt werden sollte. Gern platzierte er Gäste, auf die er gerade nicht gut zu sprechen war, auf Schläuche, aus denen er dann die Luft abließ, so dass die Herrschaften „mitten im Essen unter den Tisch befördert wurden“.

Gastmähler dieses Kaisers kosteten selten weniger als hunderttausend Sesterzen – in etwa das Jahreseinkommen eines hohen Militäroffiziers. Doch der junge Mann war auch bereit, bis zu drei Millionen Sesterzen springen zu lassen, wenn sich das Ergebnis sehen lassen konnte. Elagabal soll auch die Idee zu verdanken sein, jeden Teil des Gastmahls in einem anderen Hause einzunehmen: „Jeder seiner Freunde hatte einen Gang zu liefern; obwohl nun der eine auf dem

Kapitol wohnte, ein anderer auf dem Palatin, ein dritter auf dem Damm, ein vierter auf dem Caelius, ein fünfter jenseits des Tibers und so weiter, so mussten gleichwohl der Reihe nach in den betreffenden Stadthäusern die einzelnen Gänge aufgetragen und die Wohnungen aller Beteiligten aufgesucht werden." Ein Tag allein reichte da kaum, „da man zwischen den einzelnen Gängen auch badete und sich mit Frauen vergnügte". Bis zu zweiundzwanzig Gänge, so geht die Fama, konnte ein Gastmahl des Elagabal umfassen. Trimalchio, der aufschneiderische und verschwenderische Gastgeber des berühmten Gastmahls in Petrons satirischem Roman „Satyrica", der zur Zeit des Nero spielt, wäre vor Neid vermutlich nackt in den Tiber gesprungen – aber nicht ohne ausgelassene Henkersmahlzeit, versteht sich.

Die Sitte, sich eine Feder in den Hals zu stecken, um den Brechreiz auszulösen – worauf Seneca mit oben genanntem Zitat anspielt –, erscheint uns als Inbegriff römischer Dekadenz. Wer wie Caesar zu mehreren Abendessen pro Tag eingeladen war, hatte die Wahl zwischen unhöflicher Nahrungsverweigerung oder eben künstlichem Erbrechen. Ein moderner Mythos ist allerdings, die verkommenen Römer hätten dafür eigene „Speiräume", *vomitoria*, in ihre Häuser gebaut. Die gab es zwar tatsächlich: im Amphitheater, aber was sie ausspien, waren die Zuschauer – die *vomitoria* waren schlicht die Ein- und Ausgänge auf den Tribünen.

Kaiser Claudius (41–54) wurde die vornehme Unsitte zum Verhängnis. Zeitlebens hatte er mit Blähungen und Magenschmerzen zu kämpfen. Um sich gegen erstere zu wehren, gestattete er per Edikt das Ablassen der Magenwinde beim Essen. Petrons Trimalchio hatte auch dafür eine Begründung: „Die Blähungen steigen sonst zu Kopf und erzeugen einen Fluss im ganzen Körper." Verspürte Claudius aber Schmerzen im Magen, ließ er sich, wie damals üblich, mit Hilfe einer Feder zum Erbrechen bringen. Die definitiv letzte Feder allerdings hatte sein Leibarzt auf Geheiß der kaiserlichen Ehefrau Agrippina „mit einem schnell wirkenden Gift eingestrichen" (Tacitus). Hernach spürte Claudius gar nichts mehr.

IRRTUM 6:

In der Antike sprach man Griechisch oder Latein

Rettiche, Zwiebeln und Knoblauch im Wert von 1600 Talenten verspeisten die Arbeiter, die zur Zeit des Pharaos Cheops (um 2600 v. Chr.) im Schweiße ihres Angesichts im Verlauf von zwanzig Jahren die große Pyramide von Gizeh errichteten. Das berichtet uns der griechische Geschichtsschreiber Herodot. Mit eigenen Augen las er Mitte des 5. Jahrhunderts v. Chr. die genannten Daten von einem der zweieinhalb Millionen Steinblöcke ab, aus welchen die Pyramide zusammengesetzt war. Das heißt: Eigentlich las nicht er die Daten ab, sondern ein Dolmetscher. Denn die „ägyptische Schrift", die Hieroglyphen, konnte der zwar weitgereiste, aber doch nicht polyglotte Herodot nicht selbst entziffern. So bediente er sich, wie er schreibt, eines Übersetzers, der offenbar gleichzeitig die Rolle eines Fremdenführers übernahm, wie es ihn heute noch gibt.

Der Einheimische sprach mit dem hellenischen Völkerkundler und Historiker anscheinend in dessen Muttersprache Griechisch. Herodot war neugierig genug nachzufragen, weshalb sein Führer die fremde Zunge so gut beherrsche. Dolmetscher waren seinerzeit zwar nicht unbekannt – Herodot erwähnt, wenn auch nicht namentlich, in seinem Werk mehrfach Übersetzer, deren Dienste seine Protagonisten in Anspruch nahmen, wenn sie auf die Vertreter fremder Volksstämme trafen –, doch das Beherrschen einer Fremdsprache gehörte in der Antike selbst für einen gebildeten Griechen durchaus nicht zur intellektuellen Grundausstattung. Man könnte auch sagen: gerade nicht für einen Griechen, wie wir noch sehen werden.

Ein zweisprachiger Ägypter – das musste also erklärt werden. Und so gibt Herodot die Geschichte des Pharaos Psammetich I. wieder. Dieser habe einst, im 7. Jahrhundert v. Chr., mit Hilfe ionischer und karischer, also Griechisch sprechender Söldner die Herrschaft über ganz Ägypten erlangt. Aus Dankbarkeit habe er den Griechen dann im Nildelta Siedlungsstätten zugewiesen. Mehr noch: „Er schickte ägyptische Knaben zu ihnen, um die hellenische Sprache zu erlernen, und von diesen stammen die jetzigen Dolmetscher in Ägypten her." Herodot zählt die professionellen Übersetzer gar zu einem der sieben Stände, aus welchen sich die ägyptische Gesellschaft zusammensetzt. Wir sehen: Die Fremdenführer im Land der Pharaonen haben den Mann aus Halikarnassos mächtig beeindruckt.

Die Vorstellung also, Griechisch und Latein seien die einzigen Sprachen des Altertums gewesen, geht weit an der historischen Realität vorbei. Nicht umsonst sind sowohl die „babylonische Sprachverwirrung" als auch das Pfingstfest Nachrichten aus der Antike. Das erstgenannte biblische Ereignis will erklären, wie es dazu kam, dass die Menschen in so vielen unterschiedlichen Sprachen reden. Der Grund liegt demnach in der menschlichen Natur selbst: Die Erdenbewohner fordern Gott heraus mit der Absicht, einen Turm zu bauen, der bis in den Himmel reicht. Diesen Hochmut bestraft Gott, indem er unter den Menschen ein heilloses sprachliches Durcheinander stiftet. Zu Pfingsten nach Jesu Tod dagegen sendet Gott den Heiligen Geist, der mit Hilfe seiner Feuerzungen die Menschen in die Lage versetzt, in fremden Sprachen zu predigen und so die frohe Botschaft von der Auferstehung Christi in allen Ländern zu verkünden. Wären Griechisch und Latein die einzigen Sprachen gewesen, derer sich die christlichen Prediger hätten bedienen müssen, ergäbe das sogenannte Pfingstwunder inhaltlich keinen Sinn.

Tatsächlich wurden in der damals bekannten Welt zahlreiche unterschiedliche Sprachen gesprochen – vielleicht mehr, als heute auf demselben Gebiet lebendig sind. Ein Berber aus Nordafrika wird sich zur Zeit Herodots genauso schwergetan haben, einen Kelten aus dem

Gebiet des heutigen Frankreichs zu verstehen, wie ein Kilikier aus Kleinasien, der einem Etrusker aus der Toskana begegnete. So gehörten sprachkundige Männer zur Entourage eines jeden Eroberers, hießen sie nun Kyros, Dareios, Alexander der Große oder Caesar. Wobei die grundsätzliche Frage, auf welche Weise sich Völker verschiedener Zunge untereinander verständigten, in der antiken Literatur nicht diskutiert wird. Wir sind daher auf gelegentliche Hinweise wie auf jenen bei Herodot angewiesen. Plutarch erwähnt, dass Alexander sich beim Vorstoß ins Herz des Persischen Reiches nach Persepolis auf die Hilfe eines ortskundigen und „zweisprachigen Mannes" stützte. Der hatte einen Lykier zum Vater und eine Perserin zur Mutter. Vorboten Alexanders trafen jenseits des Indus auf die sogenannten „nackten Weisen", die Gymnosophisten. Heute würden wir sie als Brahmanen bezeichnen, als hinduistische Priester, die in strenger Askese lebten. Alexander, der wissbegierige Schüler des Aristoteles, wollte etwas über ihre Philosophie erfahren. Doch gestalteten sich die Gespräche offenbar schwierig: Die griechischen Worte der Makedonen wurden zunächst ins Aramäische übersetzt, sodann weiter ins Baktrische, ehe sie schließlich mit dem dritten Dolmetscher den Weg ins Indische fanden. Wie tief der philosophische Austausch angesichts solcher Sprachprobleme gehen konnte, sei dahingestellt.

Die Weltreiche der Perser, Alexanders oder der Römer trugen jedenfalls – so viel ist gewiss – in größerem Umfang als das nicht wörtlich zu nehmende Pfingstwunder der Apostelgeschichte zu einer Länder und Kontinente übergreifenden sprachlichen Einheit bei. Auf dem Territorium des Persischen Reiches beispielsweise, das mit großem Recht ein Vielvölker- und damit auch ein vielsprachiges Reich genannt werden kann, bildete sich zwischen dem 6. und 4. Jahrhundert das Aramäische als Lingua franca, als einheitliche Verwaltungs- und Verkehrssprache heraus. Die Forschung nennt es sogar offiziell „Reichsaramäisch". Es verbreitete sich zwischen Indus und Kleinasien, zwischen Kaukasus und Ägypten, und auch in Palästina zur Zeit Jesu wurde Aramäisch gesprochen und geschrieben.

Großkönig Dareios I. (521–486) ahnte davon noch nichts. Er ließ daher die große, weithin sichtbare Inschrift auf einem Felsen bei Behistun, mit welcher er seine gewaltsam erzwungene Thronbesteigung rechtfertigte, lieber in drei der zu seiner Zeit prestigeträchtigsten Sprachen verfassen: Elamisch, Babylonisch und Altpersisch. Elamiter, Babylonier und Perser waren nämlich die ältesten und wichtigsten das Perserreich tragenden Völker.

Der Athener Stratege Themistokles, strahlender Sieger über die Perser bei Salamis (480 v. Chr.), hinterließ nicht nur wegen seiner zupackenden Tatkraft bleibenden Eindruck bei seinen Landsleuten und den Geschichtsschreibern. Er fiel auch dadurch aus dem Rahmen, dass er als einer der ganz wenigen Griechen der klassischen Zeit eine Fremdsprache erlernte – und zwar ausgerechnet das Persische. Ein gutes Jahrzehnt, nachdem er Hellas vor den Persern gerettet hatte, musste er selbst beim Feind Zuflucht suchen, um nicht in der Heimat wegen angeblicher Kollaboration verurteilt und hingerichtet zu werden. Themistokles beließ es aber nicht dabei, in Susa um Aufnahme zu bitten. Plutarch berichtet ausdrücklich, dass er, um mit dem Großkönig in dessen eigener Sprache parlieren zu können, Persisch lernte. Es handelt sich um denselben Themistokles, der angeblich einst den Dolmetscher einer persischen Gesandtschaft gegen alle diplomatischen Regeln hinrichten ließ, weil dieser es gewagt habe, die griechische Sprache „für die Befehle eines Barbaren zu missbrauchen".

Bis um die Mitte des 4. Jahrhunderts n. Chr. hielten sich im Persischen Reich und seinen Nachfolgestaaten neben dem Aramäischen zahlreiche regionale Kleinsprachen: Isaurisch, Pisidisch, Sidetisch, Lykisch, Karisch, Phrygisch und viele andere mehr – allein in Kleinasien. In Ägypten etwa wurde im einfachen Volk bis in die Spätantike die demotische Form der Landessprache gesprochen und geschrieben. Es handelt sich dabei um eine Wortschöpfung Herodots: demotisch (griech. *demos*, Volk) bedeutet „volkstümlich". Die entsprechende Schrift erinnert ein wenig an die Hieroglyphen.

Ägypten war schon immer etwas Besonderes. Demotisch hielt sich am Nil daher auch dann noch als volkstümliche Sprache, als in anderen Reichsteilen längst Griechisch als die neue Lingua franca Einzug gehalten hatte. Letzteres drängte die vielen kleinen Sprachen Anatoliens allmählich an den Rand. Alexanders Rachefeldzug durch Asien läutete somit den Siegeszug des Griechischen in Kleinasien und im Nahen Osten ein. In den Diadochenreichen spielten die Hellenen mit ihrer Sprache und Kultur die dominierende Rolle. Das griechische Element durchsetzte allmählich alle Lebensbereiche. Griechisch in seiner Form als Koine (gesprochen Koiné), als Gemeinsprache, entwickelte sich rasch und dauerhaft zur allgemein verwendeten Umgangssprache vor allem im östlichen Mittelmeerraum. Nicht umsonst wird diese historische Epoche als „Hellenismus“ bezeichnet.

Der Gebrauch der Koine überdauerte selbst die jahrhundertelange römische Herrschaft, die sich im östlichen Mittelmeer spätestens zur Mitte des 2. Jahrhunderts v. Chr. anbahnte. Neidlos erkannten die Römer an, dass die Griechen ihnen kulturell überlegen waren. Zwar gab es zunächst noch verzweifelte Versuche, den Primat des Lateinischen durchzusetzen – römische Magistrate wollten partout in ihrer eigenen Sprache mit den besetzten Griechen verhandeln –, doch da die Hellenen sich weigerten, die Sprache der Besatzer zu erlernen, und der Umweg über Dolmetscher zu umständlich war, gaben die pragmatischen Römer schon bald nach. Der Osten sprach also Griechisch, wenn auch mit immer stärkeren lateinischen Einflüssen. Schließlich konnten Fachbegriffe wie etwa der militärische Rang des „Centurio“ nicht einfach „übersetzt“ werden. Daher sprachen die Durchschnittsgriechen vom *kenturion*, während die Bildungsbürger bis weit in die Kaiserzeit versuchten, der eigenen Sprache zu ihrem vermeintlichen Recht zu verhelfen: Da musste der *imperator* dann eben *autokrator* genannt werden.

Auch das römische Recht öffnete sich erst in spätantiken Zeiten der griechischen Sprache. Die Parteien durften ihre Positionen vor Gericht zwar durchaus auf Griechisch darlegen, die Urteile hatten jedoch, das legte Augustus fest, in Latein abgefasst zu sein. Diese Regel war der komplizierten juristischen Sprache geschuldet. Die Römer fürchteten lange Zeit, keine adäquate griechische Übersetzung zu finden, mithin also keine Rechtssicherheit herstellen zu können. Ein weiterer wichtiger Bereich, der strikt lateinischsprachig blieb, war das Militärwesen. Wo auch immer römische Soldaten standen, wurde die Sprache der

Römer verwendet. Was nicht bedeuten muss, dass sich alle Legionäre auf Latein unterhalten hätten, denn sie stammten ja aus allen Ecken des Römischen Reiches. Es reichte für die Zwecke der Armee im Prinzip vollkommen aus, wenn sie die notwendigen Befehle verstanden. Schriftstücke einfacher Soldaten, die am Hadrianswall gefunden wurden, zeigen allerdings, dass durchaus auch kompliziertere Sachverhalte auf Latein beschrieben und verstanden werden konnten.

Auf dem italienischen Stiefel setzte sich bis zum Beginn der Kaiserzeit Latein als Gemeinsprache und als Sprache öffentlicher Inschriften durch – auf Kosten zahlreicher anderer italischer Sprachen wie Umbrisch nördlich von Rom oder Oskisch in Kampanien. Zu Lasten auch des Messapischen, einer indoeuropäischen Sprache, die in Apulien und Kalabrien gesprochen wurde. Über Verbreitung und Gebrauch dieser Sprachen im Alltag ist wenig bekannt. Die großen griechischen Kolonien Unteritaliens und Siziliens, hellenisch seit dem 7. Jahrhundert v. Chr. und früher, konnten ihre Sprache noch eine Weile vor der Romanisierung bewahren. Noch heute existieren in Südkalabrien und in Apulien griechische Sprachinseln. Die Wissenschaft rätselt, worauf dieses Phänomen zurückzuführen ist: auf eine ungebrochene Kontinuität seit der archaischen Zeit, auf eine von Kaiser Augustus bewusst angestoßene Renaissance des hellenischen Elements vor der Haustür oder auf die lange byzantinische Herrschaft zwischen dem 6. und 11. Jahrhundert n. Chr.?

Bis zum Beginn des 3. vorchristlichen Jahrhunderts wurde in ganz Norditalien Keltisch gesprochen. Gallisches Siedlungsgebiet erstreckte sich von den heutigen Marken über die Emiglia-Romagna bis zum Piemont, von Istrien über das Trentino bis Mailand. Hier lebten neben vielen anderen solche vergessenen Volksstämme wie die Salasser und die Lepontier. Den wenigen erhaltenen Inschriften zufolge sprachen sie einen keltischen Dialekt, der vielleicht von den Ligurern beeinflusst war, einem noch älteren Volk. Für ihre Schrift benutzten die norditalienischen Gallier möglicherweise das etruskische Alphabet. Viel mehr ist jedoch nicht bekannt, denn die römische Eroberung kam schnell und fiel äußerst gründlich aus. Teils wurden römische Kolonien gegründet, teils wurde die ursprüngliche Bevölkerung vernichtet, vertrieben oder in die Sklaverei verkauft. Bereits im 2. Jahrhundert v. Chr. schreibt der griechische Historiker Polybios, nur noch am Alpenrand existierten einige keltische Siedlungen. Zur Zeit Caesars war die Romanisierung dort vollständig abgeschlossen. Die Bewohner der Gallia Cisalpina, auch Transpadana genannt, erhielten 49 v. Chr. das römische Bürgerrecht. Bald galt die Poebene nicht mehr als Provinz, sondern als Teil Italiens.

Der erste Gegner, der Roms unbedingten Willen zur Expansion zu spüren bekam, waren die etruskischen Nachbarn des Tiber-Städtchens, das sich rund um den Kapitolshügel eingerichtet hatte. Bekanntlich behielten die Römer die Oberhand, das Etruskische verschwand. Einzelheiten sind bis heute ungeklärt. Die jüngste datierbare etruskische Inschrift stammt aus dem Jahr 10 v. Chr. Doch wissen wir auch, dass der römische Kaiser Claudius (41–54) noch vor seiner Zeit als Augustus ein etruskisches Wörterbuch sowie eine Geschichte der Etrusker verfasst hat. Wann die etruskische Sprache also komplett aus Italien verschwand, bleibt offen.

Die Straßen der Hauptstadt Rom müssen schon sehr bald von fremden Zungen erfüllt gewesen sein. Spätestens die großen Kriege des 2. Jahrhunderts v. Chr. gegen Karthager und Griechen führten dazu, dass Hunderttausende als Sklaven nach Italien verschleppt wurden, ein großer Teil natürlich nach Rom. Hier lebten außerdem Thraker, Illyrer, Iberer, Gallier, Numider, Juden, Syrer, Ägypter und zahlreiche andere. Der griechische Grammatiker Athenaios aus Ägypten meinte im 3. Jahrhundert n. Chr.: „Man könnte auf einen Blick alle Städte der Welt hier vertreten sehen.“ Wer so spricht, der hat dabei sicher fremde Laute im Ohr. Wenn es also je einen Ort der sprichwörtlichen babylonischen Sprachverwirrung gegeben hat, dann war dies doch wohl das Rom der späten Republik und der Kaiserzeit. Doch die Römer und Griechen in Rom interessierten sich nicht für die fremden Sprachen, die innerhalb ihrer Mauern gesprochen wurden. Es gibt kaum literarische oder inschriftliche Überlieferungen dazu. Eine Ausnahme bildet wie erwähnt das Griechische.

Die Sprache der Hellenen wurde dem vornehmen Römer beinahe zur zweiten Muttersprache. Die Oberschicht erzog ihren Nachwuchs konsequent zweisprachig: Dichtung lehrte sie die Jugend anhand von Homer, und für die Kunst der Rhetorik nahm sich nicht nur Cicero die Reden des Demosthenes zum Vorbild. Kaiser Tiberius soll im Senat auf Griechisch debattiert haben. Welche Philhellenen die Römer waren, lässt sich mit einer wohl nicht zufällig eingestreuten Notiz bei Plutarch illustrieren, der in seiner Pompeius-Biographie schildert, wie Caesar in der Nacht zum 11. Januar 49 v. Chr. vor dem Grenzfluss Rubico innehält und zögert weiterzumarschieren. Überquert er den Fluss, bedeutet es Bürgerkrieg. Schließlich ringt er sich zu der folgenschweren Entscheidung durch und begleitet sie mit der unsterblichen Wendung: „Der Würfel ist gefallen" – nein, so eben nicht. Denn laut Plutarch sagte Caesar „auf Griechisch: Der Würfel soll geworfen sein."

Andersherum fiel es einem gebildeten Griechen schwer zuzugeben, dass er Latein besser beherrschte als unbedingt nötig. Spätantike griechische Autoren und Funktionsträger wie der Historiker Ammianus Marcellinus sprachen und schrieben Latein wie ihre Muttersprache. Doch die griechische Elite stellte sich gern unwissend. So beherrschte Plutarch (45–120), römischer Bürger aus dem griechischen Boiotien und hochgeachtet bei der kaiserlichen Familie, insbesondere bei der flavischen Dynastie (69–96), die Sprache der Römer sehr wohl. Eine rühmliche Ausnahme. Doch ging sein Eifer nicht so weit, dass er auf Latein geschrieben hätte. Der berühmte Mediziner Galen aus Pergamon (ca. 130–ca. 216), Leibarzt der Kaiser Commodus und Septimius Severus, äußerte sich recht abfällig über andere Sprachen: Griechisch, formulierte er, sei einfach am besten zum Schreiben geeignet. Es sei allgemein verbreitet, wohllautend und schlichtweg menschlich. Nichtgriechische Sprachen dagegen seien zu vergleichen mit Lauten von Schweinen, Fröschen, Raben und Dohlen.

Wir wissen natürlich nicht, welche Weltgegend Galen dabei besonders im Ohr gehabt hat. Rom, Alexandria und andere antike Großstädte, die er bereiste, boten ihm sicher ausreichend Hörstoff. In Nordafrika beispielsweise, auf Malta, Sizilien, Sardinien und in Südfrankreich – überall dort, wo der römische Erzfeind Karthago aus den Jahrhunderten seiner Vorherrschaft im westlichen Mittelmeerraum Spuren hinterlassen hatte, hielt sich noch lange Zeit die Sprache der

Punier. Davon legen noch heute zweisprachige Inschriften Zeugnis ab. Reiche Funde haben die Archäologen vor allem in der Stadt Leptis Magna in der römischen Provinz Africa gemacht. Die älteste punisch-lateinische Inschrift der Stadt, des wichtigsten römischen Umschlagplatzes für Löwen und Elefanten, aber auch Getreide, stammt aus dem Jahr 8 v. Chr. Den Kaisern Augustus und Tiberius, dem „Kronprinzen" Germanicus sowie dessen zu diesem Zeitpunkt längst verstorbenem Vater Drusus ist eine zweisprachige Weihinschrift aus dem Jahr 19 n. Chr. gewidmet. Den Höhepunkt seiner Bedeutung erlebte Leptis Magna aber im Jahr 193 n. Chr. mit der erfolgreichen Usurpation des Kaiserthrons durch Septimius Severus, der aus Leptis stammte. Er verlieh der Stadt das *ius Italicum*, die finanzielle Gleichstellung mit dem Kernland Italien, und damit die weitgehende Befreiung von Abgaben. Der erste nordafrikanische Kaiser wird in einer biographischen Skizze aus späterer Zeit für seine ausgezeichneten Latein- und Griechischkenntnisse gerühmt. Seine Muttersprache jedoch soll das Punische gewesen sein. Punische Inschriften sind in Nordafrika bis ins 5. Jahrhundert belegt, wobei man sich teilweise sogar der griechischen Schrift bediente. Einer der wenigen römischen Autoren, die Auskunft über die Sprache des gemeinen Volkes geben, ist der Kirchenvater Augustinus (354–430). Als Bischof von Hippo Regius im heutigen Algerien bestätigt er den archäologischen Befund. Große Teile der Bevölkerung sprachen selbst zu seiner Zeit, nach jahrhundertelanger Vorherrschaft der Römer, noch Punisch.

Augustinus starb, als seine Stadt von den einen germanischen Dialekt sprechenden Vandalen belagert und kurz darauf erobert wurde. Ein Jahrhundert vandalischer Herrschaft in Nordafrika schloss sich an. Danach scheint auch die punische Sprache verschwunden zu sein. Auf ihrem Weg nach Afrika waren die Vandalen Jahrzehnte zuvor durch das weitgehend romanisierte Gallien und durch die Iberische Halbinsel gezogen. Auf dem Gebiet des heutigen Frankreichs hatte Latein die keltischen Dialekte zu diesem späten Zeitpunkt längst verdrängt, von einzelnen latinisierten Begriffen und Namen abgesehen – so sind etwa Ortsnamen, die auf *-dunum* oder *-durum* enden, keltischen Ursprungs. Die gesprochene Sprache der Menschen zwischen

Ärmelkanal und französischer Riviera, zwischen Rhein und Biskaya, das „Vulgärlatein", hatte sich längst aufgemacht, eine neue Form zu finden, deren Erbin später Französisch genannt werden wird. Derselbe Befund gilt für Spanien und das Spanische, für Portugal und das Portugiesische. Vorrömische Sprachen wie Lusitanisch oder Keltiberisch amalgamierten sich, sofern noch Reste vorhanden waren, mit der neuen Sprache. Die einzige Sprache, die bis auf den heutigen Tag allen Anfechtungen trotzt, ist das Baskische. Es wird aktuell von rund 700 000 Menschen beidseits der Pyrenäen gesprochen und gehört nicht zur indoeuropäischen Sprachfamilie. Einige wenige Inschriften aus der Antike transportieren Personen- und Götternamen, deren Ursprung als baskisch gedeutet wird. So ist es wahrscheinlich, dass diese vorrömische Sprache, obwohl nicht schriftlich überliefert, in schwer zugänglichen Gegenden die Romanisierung überdauerte. Wenn dieser Befund zutrifft, dann stellt sich die Frage: Wie viele andere Sprachen muss die griechisch-römische Antike wohl gekannt haben, von denen uns rein gar nichts überliefert ist, weil ihre Träger nicht zur Schriftlichkeit fanden, ehe sie von kulturell weiterentwickelten Völkern aufgesogen wurden?

Es versteht sich von selbst, dass das Italienische eine aus dem Lateinischen entwickelte Sprache ist. Aber wie sprachen eigentlich die alten Römer? Redeten sie so gelehrt, wie Cicero schrieb? Das sicher nicht, wie wir schon aus den antiken Quellen selbst herauslesen können. Nicht nur, dass das ciceronische Hochlatein mit seiner Entstehung in Schönheit erstarrte und über die nächsten Jahrhunderte immer wieder als erstrebenswertes Ideal hochgehalten wurde, wir wissen sogar über die reale Aussprache des Lateinischen recht gut Bescheid, weil sich Grammatiker wie etwa Terentianus Maurus (Ende 2. Jh. n. Chr.) ausführlich dazu geäußert haben. So ist bekannt, dass Cicero eben nicht „Tsitsero" hieß und Caesar nicht „Tsäsar": Die Römer sprachen den Buchstaben „c" vielmehr wie „k" aus, allerdings nicht behaucht wie im Deutschen. Also lagen „Kikero" und „Kaisar" im Clinch miteinander. Wenn der Römer ein „c" behaucht sprechen wollte, etwa in Fremdwörtern, sprach er es wie in „schola": sk(h)ola. Sein „ae" klang wie ein „ai" und entsprechend das „oe" wie „oi". Allerdings lehren uns die Graffiti von Pompeji, wie sich die Sprache des Volkes von derjenigen der Gelehrten trennte. Nicht selten steht hier ein einfaches „e“, wo ein „ae“ zu erwarten wäre. Am Ausgang der Antike mischte sich ins „c“ dann ein Zischlaut. Da war der Weg nicht mehr weit zum „Tsäsar“, zum „Tschesare“ und zum „Sisar“ ...

IRRTUM 7:

In der Antike speiste man ganz entspannt im Liegen

Die Vorstellung, seinen Körper über mehrere Stunden einseitig auf eine Liege zu betten, gestützt auf den linken Unterarm, während mit den Fingern der rechten Hand köstliche, in handliche Happen geschnittene Speisen genossen und Unmengen von Wein aus flachen Trinkschalen in sich hineingeschüttet werden – diese Vorstellung mag dem einen oder anderen von uns Heutigen einen wohligen Schauer erzeugen. Die meisten jedoch würden diese antiquierte Form der Tischsitte, wollten sie einen Versuch wagen, vermutlich nicht allzu lange durchhalten. Liegt es an unseren modernen Wohlstandsleibern, dass wir einem Gelage im wörtlichen Sinne nichts Rechtes mehr abzugewinnen vermögen? Oder sind die Nachrichten aus dem Altertum, die uns weismachen wollen, der antike Mensch habe sich grundsätzlich zum Zwecke der Nahrungsaufnahme zu Tisch gelegt, übertrieben?

Die alten Griechen erweisen sich als recht knauserig in der Schilderung ihrer Sitten und Gebräuche bei Tisch. Wir hören davon in den homerischen Epen, in den dramatischen Werken des klassischen Hellas und gelegentlich in Geschichtswerken und philosophischen Abhandlungen. Am ausführlichsten schildert um 300 n. Chr. Athenaios von Naukratis das Alltagsleben seiner griechischen Vorfahren, indem er zahlreiche Schriften der Altvorderen zitiert. Dabei konzentriert er sich notgedrungen auf eine bestimmte soziale Schicht – die Reichen, Vornehmen, die in der Lage waren, Schriftliches zu hinterlassen oder als Staatsmänner Geschichte zu machen. Mobiliar und Brauch der großen Masse bleiben dagegen oft im Unklaren. Kein Wunder, denn Publikum und Leser wussten ja, wie es bei ihnen zuhause zuging, und mussten darüber nicht aufgeklärt werden. Aufschluss über Zeremonien und Gebrauchsgegenstände der verschiedenen Mahlzeiten geben daher in erster Linie archäologische Zeugnisse, vor allem die Vasenmalerei, obwohl auch hier nur Alltag und Freizeit einer dünnen Oberschicht abgebildet sind und wir nicht sicher wissen, inwieweit die Darstellungen der Realität nachempfunden oder der Fantasie entsprungen sind.

Eines jedenfalls scheint gewiss: Die ganz alten Griechen betteten sich zum Mahl noch nicht auf Liegen. Für den klassischen Hellenen galten die Helden Homers ja als real existiert habende Heroen, und Achill wie Menelaos, Odysseus wie Agamemnon lagen nicht zu Tisch, sondern sie saßen wie du und ich auf Stühlen und Hockern. Zwischen der mythischen Vergangenheit und der griechischen Klassik brachen in der Tischkultur der hellenischen Upper Class aber offenbar neue Zeiten an, jedenfalls bei deren männlichen Vertretern. Diese legten sich auf den Fußboden und ließen sich mit Speis und Trank bewirten. Die Körperhaltung glich ausweislich bildlicher Darstellungen eher einem halb aufrechten Sitzen. Die Beine waren zur Seite hin ausgestreckt, das rechte Bein winkelte man auch schon mal an. Um es sich dabei so bequem wie möglich zu machen, legte man Teppiche auf dem Boden aus, nahm Kissen zu Hilfe, um den Brustbereich hochzustützen, und deckte sich bis zum Oberkörper zu. Der Dichter Alkman liefert im 7. Jahrhundert v. Chr. den ersten literarischen Hinweis auf ein neues Möbelstück: „Sieben Liegen und ebenso viele Tische, bekrönt mit Mohn-, Leinsamen- und Sesambrot …“

Die griechische Liege, die *kline*, war ein eigens fürs Essen konstruiertes Möbelstück. Nehmen wir die Vasenbilder als bare Münze, dann lag der vornehme Grieche recht hoch zu Tisch, und zwar meistens allein. Gesellschaft leistete ihm auf der Bettstatt allenfalls eine Gefährtin, bei der es sich aber nicht um seine Ehefrau handelte, oder ein bartloser Jüngling. Beiden gemeinsam war die Aufgabe, dem Mann während der Mahlzeit einen mehr oder minder intimen Dienst zu leisten. Die Dame des Hauses blieb für alle, die nicht zur Familie zählten, normalerweise unsichtbar und speiste andernorts. Die offiziellen Gelage fanden nicht zufällig in einem Gemach statt, das den Namen *andron* erhielt, also „Männerzimmer". Dessen Grundriss, so weit die Archäologen dies anhand der spärlich überlieferten Ruinen feststellen können, war in klassischer Zeit nach der Zahl der unterzubringenden Klinen bemessen, die entlang der Wände aufgestellt wurden. Zwischen fünf und elf Klinen konnte ein Andron aufnehmen, üblicherweise waren es wohl sieben. Klar, dass die oberen Zehntausend auch in dieser Hinsicht von der Norm abwichen. Der makedonische Königspalast von Vergina soll einen Saal mit einunddreißig Liegen gehabt haben. Makedonien hatte ohnedies eine andere, etwas aufwändigere Tisch- und Bewirtungskultur als etwa Athen. Makedoniens König Alexander III., genannt der Große, musste auch in dieser Hinsicht den Vogel abschießen: Während seiner Eroberungstour durchs Persische Reich soll er regelmäßig zum Mahl in ein Zelt mit nicht weniger als einhundert Liegen geladen haben.

Vor jeder Kline war ein kleiner Tisch platziert, auf dem Sklaven die Speisen und Getränke servierten. Als sicher gilt, dass diese Personengruppe ihre Mahlzeiten ebenso wenig im Liegen einnahm wie die Frauen. Und auch das einfache Volk betrachtete das Essen im Liegen als ziemlich snobistisch. Der Komödiendichter Aristophanes griff das Thema in seinen „Wespen" auf. Ein entnervter Sohn versucht, seinem recht einfältigen Vater Etikette für den Umgang mit den besseren Kreisen Athens beizubringen: „Sohn: Leg' dich nieder und lerne, / was in Gesellschaft Brauch und guter Ton. / Vater: Wie soll ich mich denn legen? Sohn: Nun, mit Anstand! / Vater: Nun, etwa so? Sohn: Beileibe nein! Vater: Wie denn? / Sohn: Streck' aus die Bein, und als geübter Turner / leg' hübsch dich, so, aufs Polster hingegossen; / Betrachte dann die Vasen: ‚Ei wie zierlich!' / Sieh' auf zur Decke; lobe die Tapeten (…) Das Flötenmädchen bläst. (…) Vor solchen Gästen sing' dann ja recht hübsch / Dein Skolion …"

Schon gegen Ende des 5. Jahrhunderts v. Chr. galt in Athen das Liegen beim Essen nicht mehr als der letzte Schrei. Das gemeinschaftliche Essen der Regierungsmitglieder und verdienter Bürger in der Tholos, dem runden Tempel auf der Agora, fand aus alter Tradition und der sakralen Bedeutung wegen ohnehin im Sitzen statt. In anderen Gegenden der Ägäis hatte sich das Liegen zum Teil gar nicht erst durchgesetzt. Athenaios zitiert ein altes Buch über „Die Gebräuche der Kreter“, verfasst von einem gewissen Pyrgion. Dort steht kategorisch: „Die Kreter setzen sich zum Essen hin.“ Die jüngsten Männer allerdings mussten stehen und die anderen bedienen.

Das Arsenal der Griechen an Stühlen war mindestens so umfangreich wie das der Liegen. Auch hier sind wir hauptsächlich auf Abbildungen angewiesen, wie sie durch allerlei Keramik auf uns gekommen sind. Es gab Hocker, und es gab Stühle mit Lehnen. Die Füße waren mitunter kunstvoll gedrechselt oder liefen in Löwenköpfen aus, sie standen lotrecht auf dem Boden oder waren kreuzförmig gearbeitet. Wie heutzutage verfügten die Stühle teilweise über Armlehnen und waren mal reicher, mal weniger reich gestaltet. Inwieweit die Abbildungen auf Ess- und Trinkgeschirr die Wirklichkeit wiedergeben, entzieht sich unserer Kenntnis. Das gilt fürs Mobiliar ebenso wie für gewisse Sitten beim Gastmahl. Allerdings decken sich antike Illustration und literarische Überlieferung in manchen Punkten durchaus.

Zum Beispiel beim *kottabos*. Dieses Gesellschaftsspiel entspann sich im Laufe eines Symposions regelmäßig nach dem Genuss einer gewissen Menge Weins. Dabei spielte die Form des Trinkgefäßes die entscheidende Rolle. Die flache Trinkschale, die *kylix*, war zwar für den Liegenden eine Herausforderung, wenn es ums Trinken ging – den Vasenmalereien nach galt es als schick, das Gefäß mit dem in einem kleinen Teller auslaufenden, zylinderartigen Fuß cool auf der Handfläche zu balancieren –, die beiden Henkel am Rand der Schale verwandelten sie aber für die Zwecke des *kottabos* in ein ideales Spielgerät. Es galt, mit der Neige des Weins, die sich am Grund der *kylix* angesammelt hatte, ein Ziel zu treffen. Dazu hielt der Spieler seine Schale an einem der Henkel und schleuderte den Weinrest mit einer schnellen Bewegung in Richtung einer senkrecht aufgestellten Stange. Treffen musste er eine Metallscheibe, die auf halber Höhe an der Stange befestigt war. Gelang ihm dies, löste sich aufgrund der Erschütterung ein locker aufgelegtes Tellerchen von der Stangenspitze, purzelte zu Boden und streifte dabei vielleicht sogar noch die Metallscheibe. Ein leichtes „ping“ ertönte. Da war die Freude groß. Im 4. Jahrhundert v. Chr. sollen die vornehmeren Griechen auf Sizilien vom *kottabos* geradezu besessen gewesen sein ...

Im nämlichen Jahrhundert beginnt der Aufstieg Roms zur Weltmacht. Die bäuerlich geprägten Krieger aus Mittelitalien geraten zunehmend in Kontakt mit der griechischen Welt auf ihrer Halbinsel. Griechischer Götterhimmel und griechische Geschichte sind den führenden Köpfen Roms ohnehin vertraut, was aber noch lange nicht heißt, dass auch die Tischkultur der Hellenen in römischen Häusern Einzug hält. Wenn sich im frühen Rom jemand zu Tisch legt, dann allenfalls der *pater familias*, das Familienoberhaupt adliger Kreise. Alle anderen Mitglieder der Familie von der Gattin über die Kinder bis zum Gesinde sitzen an Tischen. So werden die meisten Römer ihre Mahlzeiten eingenommen haben. Das gemeinsame Mahl findet im Atrium statt, in jenem Raum, in dessen Mitte sich auch die offene Feuerstelle befindet.

Zunächst sieht der römische Speisezettel noch recht bescheiden aus: Hauptgericht ist die *puls*, ein Brei aus Emmer – einer Getreideart –, Wasser und Milch. Hinzu kommt Gemüse, roh oder gekocht. Fleisch findet eher selten den Weg auf den Tisch des Durchschnittsrömers. Zu trinken gibt es Wasser oder Wein. Aber Vorsicht: Für junge Leute und vor allem für Frauen ist Wein nach den Sitten der Alten verboten. Ein Mann darf seine Frau verstoßen – und der Legende nach sogar töten –, wenn er sie beim Weintrinken erwischt. Dieselbe Regelung gilt für Ehebruch.

Die Zeiten änderten sich, auch in Rom. Schon zu Beginn des 2. Jahrhunderts v. Chr. – die Römer hatten längst die westliche Seemacht Karthago niedergerungen und spielten auch im Osten des Mittelmeers ihre Rolle als Hegemonialmacht aus – sah sich der berühmte Zensor Cato der Ältere genötigt, Luxussteuern einzuführen, namentlich wider die *convivia tempestiva*, die „vorzeitig beginnenden Gastmähler“, sprich: die deftigen Gelage. Derselbe Cato entfernte Lucius Veturius aus dem Ritterstand, weil dieser nach Ansicht des Zensors zu fett war, um ein Pferd zu reiten: „Wie kann ein solcher Körper für den Staat nützlich sein, wenn zwischen Hals und Unterleib alles vom

Bauch überwölbt wird?“ Doch Catos Moral und Sittenstrenge war zu diesem Zeitpunkt schon längst von gestern. Je mehr Teile der Welt sich das neue Imperium einverleibte, desto länger wurde die Zutatenliste römischer Köche, desto begieriger wurde das reiche und vornehme Rom nach exotischen Gewürzen, Speisen und Getränken. Umso bereitwilliger übernahmen die neuen Herren des Mittelmeerraums aber auch die Tischkultur der von ihnen bewunderten Hellenen. Praktischerweise behielten sie die Originalbezeichnung für das Möbelstück, auf dem sie zu Tisch lagen, bei: *kline*. Speisezimmer war in besseren Kreisen nun nicht mehr das Atrium beim Herd, der ohnehin in eine eigene Küche verlegt worden war, jetzt tafelte die Gesellschaft, die auf sich hielt, im *triclinium*, dem nach der Kline benannten neuen Esszimmer. Die Zahl Drei in Triklinium ist dabei durchaus wörtlich zu nehmen, auch wenn sich auf den drei Klinen bis zu neun Menschen aufhielten. Dazu später mehr.

Wenden wir uns zunächst der Masse des Volkes zu, die weder über Kline noch Triklinium verfügte. Die minderbemittelten Bevölkerungsschichten konnten es sich auch nicht leisten, groß über die Frage nachzudenken, ob sie nun lieber die Reh- oder die Wildschweinkoteletts oder doch lieber von beidem etwas zu sich nehmen sollten. Immerhin hatte aber auch der einfache Römer etwas davon, wenn sich die oberen Zehntausend nach der alten Griechen Art die Bäuche vollschlugen. Denn zu den Pflichten der vornehmen und reichen Familienoberhäupter, der Patrone, gehörte der tägliche Empfang ihrer Klienten, derjenigen Bürger also, die aus unterschiedlichen Gründen in ihren Diensten standen, die sie in der Volksversammlung mit ihrer Stimme unterstützten und dafür von ihnen Schutz in Rechtsangelegenheiten erhielten. Wer sich in aller Frühe beim Patron einfand, erhielt von ihm die sogenannte *sportula*, wörtlich: das Körbchen, später allgemein: das Geschenk. Mit der *sportula* händigte der Patron seinen Klienten Speisen und kleine Geldgeschenke aus, die für diese Gruppe zur Lebensgrundlage wurden.

Doch dem Durchschnittsrömer stand durchaus eine Vielzahl von Verpflegungsmöglichkeiten zu Gebote. Zum einen haben diese nichts mit Gelagen auf Klinen zu tun, zum anderen muten sie uns in Zeiten von „Take-away“ und „Coffee to go“ nachgerade modern und aktuell an. Die Kleinstädte Herculaneum und Pompeji, die beim Ausbruch des Vesuvs 79 n. Chr. verschüttet und deren Einwohner dabei zu Tausenden getötet wurden, haben uns aufgrund dieser unglücklichen Umstände die Infrastruktur einer römischen Siedlung überliefert. Zum festen Inventar der geschäftigeren Straßen gehörten Imbissstände und Garküchen. Erstere entsprangen auch sprachlich direkt der griechischen Welt: *thermopolium* heißt soviel wie „Warmverkaufsstand“. In der Via dell'Abbondanza von Pompeji ist das anschauliche Beispiel eines Thermopoliums zu sehen: gemauerte Theken im zur Straße hin offenen Laden, tiefe Einlassungen in der Oberfläche, in denen Kessel mit Speisen hingen. So konnte der potenzielle Gast zunächst in die Töpfe gucken und in Ruhe auswählen. Dann ließ er sich entweder etwas zum Mitnehmen einpacken oder er begab sich, wenn es sich um eine *popina* handelte, eine Garküche, in den Gastraum und ließ sich auf einem der Stühle an einem kleinen Tisch zum Essen nieder. Dazu gab es eine Auswahl von Würsten, Schinken, Obst und Wein. Keine Kline weit und breit.

Zum besonderen Service nicht weniger *popinae* – sozusagen als Dessert – scheinen die Dienste von Prostituierten gehört zu haben. Die dafür vorgesehenen engen Räumchen enthielten nicht viel mehr als eine gemauerte Bettstatt. Richtige Gasthäuser, *tabernae*, gab es darüber hinaus auch. Außerdem stieß der Passant auf belebten Plätzen und Straßen alle paar Schritte auf mobile Köche. Sie hielten ihre einfachen Eintopfgerichte in Kesseln über einem offenen Feuer warm und verkauften sie ihrer Kundschaft in mitgebrachte Gefäße. Würstchen, Gebäck, Obst, Brot – alle erdenklichen Speisen des Alltags konnte sich der hungrige Römer in den Straßen seiner Stadt kaufen. Zumal viele vor allem aus der armen Stadtbevölkerung zuhause keine Kochgelegenheit hatten.

Der Stadtbewohner gehobenen Standes dinierte in aller Regel im Eigenheim und lud sich dorthin auch seine Freunde ein. Anders als bei den Griechen hatten die römischen Klinen kurze Beine oder waren gleich gemauert. Das klassische Triklinium sah eine hufeisenförmige Anordnung der Klinen vor, wobei in die Mitte ein niedriger Tisch zum

Abstellen von Speisen und Getränken platziert wurde. Er musste für alle Teilnehmer des Gastmahls erreichbar sein. Auf jeder Kline lagen drei Personen, der Kopf zeigte in die Mitte, man stützte sich auf den linken Arm. Kissen, Polster und Decken dienten dem Liegekomfort. Gegen Ende der Republik hatten sich die verheirateten Frauen ihren Platz im Triklinium erobert. Seit der frühen Kaiserzeit wurden auch junge Mädchen und unverheiratete Frauen zugelassen. Speiste die Familie allein, hatten Kinder und Bedienstete zu sitzen. Sofern die Zahl der Gäste, die man sich zur abendlichen *cena* eingeladen hatte, größer als neun war, ließen sich in Gebäuden mit großzügigen Räumen leicht mehrere Triklinien einrichten. In der Kaiserzeit bürgerte sich die Anordnung der Klinen in Form eines C ein, sodass von vornherein mehr als drei Klinen Platz finden konnten oder zu einer durchgehenden Liege verbunden waren.

Wer sich zu Tisch legte, streifte zunächst seine Sandalen ab und ließ sich dann von einem Sklaven die Füße waschen. Tunlichst war außerdem die Tunika ab- und ein spezielles Speisegewand anzulegen, denn das Essen mit den Fingern hinterließ im Laufe des Abends wohl oder übel seine Spuren. Auch deswegen brachte der Gast seine eigene Serviette mit. Darin eingewickelt konnte er sich am Ende sogar noch etwas von den übrig gebliebenen Leckereien mit nach Hause nehmen.

Der Ablauf einer zünftigen *cena* erinnert in der Speisenfolge frappierend an das heutige Italien. Auf die Vorspeisen (*gustatio*) folgte der Hauptgang (*primae mensae*), sodann kamen die Nachspeisen (*secundae mensae*). Als Lucius Cornelius Lentulus Niger im Jahr 63 v. Chr. sein Amt als Priester des Mars *(flamen Martialis)* antrat, gab er ein Bankett, dessen Speisezettel im Staatsarchiv aufbewahrt wurde. Vierhundert Jahre später zitiert ein spätantiker Autor daraus. An Vorspeisen zählt er auf: Tafelaustern, Lazarusklappen, Venusmuscheln, Lerchen, Poularde mit Spargel, Austern und Miesmuschel in Sauce, schwarze oder weiße Meertulpen. Der erste Hauptgang enthielt Klapp- und Miesmuscheln, Seenesseln, gebratene Feigenfresser (Singvögel), Reh- und Wildschweinkoteletts, Hühnerpasteten, Feigenfresser in Spargelsauce, Stachel- und Purpurschnecken. An dem Bankett nahm neben den Priesterinnen der Vesta auch C. Julius Caesar teil, damals frischgebackener *pontifex maximus*. Wir befinden uns im Jahr der Catilinarischen Verschwörung, im Konsulat Ciceros. Die Republik steht kurz vor dem Putsch, sie weiß es nur noch nicht. Der neue Flamen Lentulus Niger begnügt sich anlässlich seiner Amtseinführung nicht mit einem einzigen Hauptgang, sondern lässt einen zweiten auffahren: Sau-Euter natur oder geschnetzelt, Wildschweinkopf, Entenbrust und -hals gebraten, frikassierte Wildenten, Braten von phrygischen Hasen und Hühnern. Die Liste der Nachspeisen nimmt sich demgegenüber bescheiden aus: Es gab Mehlspeisen sowie Gebäck und Torten. Was uns üppig erscheinen mag, hätte in der späteren Kaiserzeit freilich kaum noch jemanden aus der besseren Gesellschaft aus dem eigenen Triklinium gelockt.

Der Sinn eines Gastmahls – zumal solchen Ausmaßes – bestand natürlich nicht allein darin, die Gäste satt zu bekommen, die Cena mit Gästen hatte vielmehr eine gesellschaftliche Funktion. Heute würde man von Networking sprechen, wenn es darum geht, bei guten Speisen und einem edlen Tropfen andere kennenzulernen, die man vielleicht einmal brauchen kann, oder bestehende Freundschaften zu pflegen und sich dabei gleichzeitig auch noch selbst darzustellen, sein Ansehen, seine gesellschaftliche Stellung ins rechte Licht zu setzen. Der Wein spielte bei derartigen Events – wie überhaupt im Leben eines jeden Römers – eine große Rolle. Den dritten Teil der *cena*, die *secundae mensae*, ließ man gern in eine *commissatio* übergehen, ein regelrechtes Saufgelage. Dazu wurde ein „Trinkkönig“ bestimmt. Dieser legte das Mischungsverhältnis von Wein und Wasser fest – unverdünnter Wein galt als Anzeichen für Alkoholismus – sowie die Frequenz, in welcher die Becher an die Lippen zu führen waren. Die Gäste wurden aufgefordert, selbst zur Unterhaltung beizutragen durch Reden, Rezitationen oder Trinksprüche. Auch dies war eine Anleihe am Brauchtum der Griechen.

Wem es dabei allmählich zu schwül wurde, ließ sich von Sklaven frische Luft zufächeln. Speziell für die *commissatio* vorbereitet waren außerdem Duftwässerchen – sie werden auch nötig gewesen sein. Der Dichter Horaz lässt in einer seiner Satiren den Gast einer aufwändigen *cena* unter anderem dies erzählen: „Zu Balatro flüstert da unser Vibidius: ‚Wenn wir nicht saufen wie die Löcher, so werden wir ungerächt sterben'; und er ruft laut nach den größeren Bechern. Vor Blässe verfärbt sich unseres Wirtes Gesicht; denn nichts fürchtet er ärger als scharfe Zecher, weil freieren Mutes die Zunge dann spottet und weil von hitzigen Weinen der feine Geschmack des Gaumens rasch abstumpft. Ganze Krüge entleeren alsbald in die irdenen Humpen Balatro wie auch Vibidius; die anderen folgen, und nur die Gäste des unteren Sofas gewähren den Weinflaschen Schonung."

Während die normale *cena*, die am Nachmittag begann, bei Dunkelheit zu Ende ging – zumindest bei traditionsbewussten Gastgebern –, konnte die *commissatio* durchaus bis zum Morgengrauen fortdauern. Nicht sicher ist, ob die Zecher auch dann noch fehlerfrei dieses Lied des Dichters Catull rezitieren konnten: „Mundschenk, Diener, vom alten Falerner, gieß mir die Becher ein mit herberem Trunk, wie es Postumias Wunsch ist, meiner Herrin, die noch trunkener ist als die trunkene Beere! Und du, Wasser, fort von hier, wohin du willst, des Weins Verderben, und verzieh' dich zu den Miesepetern: hier gibt's Bacchus pur!"

IRRTUM 8:

Im antiken Opferkult wurden ganze Viehherden sinnlos niedergemetzelt

Im Herbst des Jahres 324 v. Chr. traf Alexander der Große in Ekbatana ein, der ehemaligen persischen Residenzstadt, die er schon sechs Jahre zuvor auf der Jagd nach dem letzten Großkönig Dareios III. erobert hatte. Doch jetzt war der Rachefeldzug, den Alexander im Namen der Griechen gegen die Perser geführt hatte, längst abgeschlossen. Es galt kleinere Aufstände niederzuschlagen und politische Fragen zu klären: „Als er in Ekbatana die dringendsten Geschäfte erledigt hatte", schreibt der Historiker Plutarch, „überließ er sich aufs Neue Schauspielen und sonstigen Festlichkeiten." Wie bei Alexanders Festen üblich, wurde natürlich kräftig dem Weine zugesprochen. Dies tat auch sein geliebter Freund Hephaistion, obwohl ihm der Arzt aufgrund seines angegriffenen Gesundheitszustands gerade eine strenge Diät verordnet hatte. Kaum hatte Hephaistion einen ganzen gekochten Hahn verspeist und dazu einen großen Krug Wein geleert, wurde er sterbenskrank und hauchte gleich darauf seinen Odem aus.

„Diesen Verlust", so Plutarch weiter, „trug Alexander ohne jedes vernünftige Maß." Wir übergehen hier, dass er sich angeblich drei Tage lang einschloss und nichts zu sich nahm. Auch dass er zu Ehren Hephaistions in Babylon den teuersten Scheiterhaufen aller Zeiten errichten ließ – die Reste wurden im Jahre 1904 ausgegraben –, lassen wir beiseite. Interessant ist in unserem Zusammenhang die bei Diodor überlieferte Opferhandlung Alexanders zu Ehren seines Freundes: Weil das Orakel des Zeus-Ammon in Ägypten auf Anfrage hatte mitteilen lassen, dem Hephaistion solle wie einem Heroen geopfert werden, mussten „10 000 Tiere jeder Art" ihr Leben lassen. Alexander persönlich war der erste, der das Opfer vollzog, berichtet Diodor in seiner Universalgeschichte.

Zehntausend Tiere, sämtlich rituell geschlachtet, ausgenommen, teilweise zwar zu Ehren des Heroen auf dem Altar verbrannt, zum größten Teil aber hinterher aufgegessen – welch gigantisches Blutvergießen, welch Schauspiel, welche Völlerei. Doch Alexanders Opfer „ohne jedes vernünftige Maß" kann nicht für das Zeitalter der Antike verallgemeinert werden.

Tieropfer sind bei den Griechen seit mythischen Zeiten bekannt. Eine recht anschauliche Beschreibung liefert Homer in der Odyssee: „Da kam das Rind vom Felde ... und es kam der Schmied und hielt das eherne Gerät in Händen, die Werkzeuge der Kunst ... mit denen er das Gold bearbeitete, und es kam Athene, um die heiligen Opfer in Empfang zu nehmen. Da gab der Alte, der Rossetreiber Nestor, das Gold, und der goss es alsdann um die Hörner des Rindes, kunstgerecht, auf dass die Göttin sich freue, wenn sie die Zierde sähe. Und das Rind führten an den Hörnern Stratios und der göttliche Echephron. Und Aretos kam und brachte ihnen aus der Kammer Handwasser in einem blumenverzierten Becken und hielt in der anderen Hand Gerste in einem Korbe. Und eine scharfe Axt in der Hand, trat der im Kriege standhafte Thrasymedes neben das Rind, um zuzuschlagen, und Perseus hielt die Schale. Der Greis jedoch, der Rossetreiber Nestor, hob an mit Handwaschung und mit der Streuung der Gerste und betete viel zu Athene und warf als erste Weihgabe Haare vom Haupt des Rindes in das Feuer. [Nach dem Beten und dem Werfen der Gerste ...] trat der hochgemute Thrasymedes nahe heran und schlug, und die Axt zerhieb die Sehnen des Nackens und löste die Kraft des Rindes. Und es schrien den Opferruf die Töchter und die Schwiegertöchter und die ehrbare Gattin Nestors ... Darauf nahmen sie es von der weiträumigen Erde auf und hielten es, und Peisistratos stieß zu, der Anführer der Männer. Als aber das schwarze Blut aus ihm herausgeflossen war und das Leben seine Gebeine verlassen hatte, zerlegten sie es schnell und schnitten sogleich die Schenkel heraus, alles nach der Ordnung, und umwickelten sie mit Fett ... und legten rohes Fleisch darauf. Und der Alte verbrannte es auf Scheitern und träufte funkelnden Wein darauf ... Als aber die Schenkel verbrannt waren und sie von den inneren Teilen gekostet hatten, zerstückelten sie das andere Fleisch und spießten es auf Bratspieße und brieten es, die vorn gespitzten Bratspieße in den Händen haltend ... Doch als sie nun das äußere Fleisch gebraten und von den Spießen gezogen hatten, setzten sie sich zum Mahle nieder.“ (Übersetzung von Wolfgang Schadewaldt)

Diese Schilderung aus der archaischen Frühzeit des Griechentums enthält schon fast sämtliche Facetten der später typischen rituellen Opferhandlung. Geopfert wurde ständig und überall. An einem normalen Tag etwa in Athen müssen Hunderte von Opferfeiern vollzogen worden sein. Das betraf durchaus nicht immer nur Tiere, wie wir noch sehen werden. Anlass für ein (Tier-)Opfer konnte eine Hochzeit sein oder ein anderes besonderes Ereignis einer privaten Gesellschaft, Hoffnung auf die glückliche Rückkehr eines Familienmitglieds, die Geburt eines Kindes oder die Bitte um Glück im Krieg, um eine gute Ernte, Erfüllung in der Liebe oder allgemein die Abwendung von Unglück. Die Opferhandlung wurde im privaten Bereich vom Familienoberhaupt vollzogen. Die größten Opfer wurden in den dafür vorgesehenen Heiligtümern anlässlich wichtiger gesellschaftlicher Ereignisse wie Sport- oder Dichterwettkämpfen dargebracht, die ja im Zeichen einer Gottheit standen, aber auch im Zusammenhang mit kriegerischen Auseinandersetzungen, wenn es darum ging, sich der Gewogenheit des jeweiligen Schutzgottes zu versichern. Ein Opfer ist immer nur in Verbindung mit einem Götterkult sinnvoll. Das für den speziellen Zweck geeignete Tier wird in einer heiligen Handlung von einer fest umrissenen Gemeinschaft nach genau festgelegtem Ritus für den Gott geschlachtet, meist von einem Priester des betreffenden Götterkultes – sei es für Athena, Apoll oder irgendein anderes Mitglied des antiken Götterhimmels. Am Ende des Rituals steht immer der gemeinsame Verzehr des Fleisches. Und auch der folgt, wie wir schon bei Homer lesen konnten, bestimmten Regeln.

Blicken wir auf einen Opferritus, wie er sich in der klassischen griechischen Antike abgespielt haben könnte. Wir finden eine Festgesellschaft vor, die sich besonders herausgeputzt, ja eigens gebadet hat für den feierlichen Anlass. Den Leib schmücken die schönsten Kleider, auf dem Kopf trägt man einen aus Zweigen gewundenen Kranz. Geopfert wird heute ein Stier, das vornehmste Opfertier. Auch eine Ziege wäre möglich oder ein Schwein, ebenso ein Schaf, Huhn oder Vogel oder jeweils mehrere davon. Wie oben berichtet wollte der „maßlose" Alexander Tiere von jeder Art für sein Mega-Opfer schlachten. Eigentlich taugt fast jedes Haustier zum Opfer. Und wenn dem Meeresgott Poseidon geopfert wird, dann, in Gottes Namen, darf es auch mal ein Thunfisch sein. Hauptsache, das Tier will es selbst – geopfert werden. Klingt komisch, wird aber nach wenigen Zeilen verständlich.

Der Stier ist ebenso geschmückt wie die Gesellschaft, die ihn gleich opfern und aufessen wird. Sein Leib ist mit Binden umwickelt, die Hörner – siehe Homer – sind vergoldet. Jetzt setzt sich die Gemeinschaft in Bewegung Richtung Heiligtum, zum Altar. An der Spitze schreiten bei öffentlichen Festen die städtischen Beamten, denn sie vollziehen das Opfer im Namen der Stadtgemeinschaft, der Polis. Bei privaten Opfern führt ein junges Mädchen, eine Jungfrau, die Prozession an. Auf dem Haupt balanciert sie den Opferkorb, in dem gut verborgen unter Gerstenkörnern das Messer liegt, das den Stier ins Jenseits befördern wird. Ein Wassergefäß ist wichtig, Weihrauch und natürlich Musikanten, die auf ihren Flöten spielen.

Am Altar bildet die Opfergemeinschaft einen Kreis, der das Tier umschließt. Opferkorb und Wassergefäß gehen reihum, das Wasser fließt über alle Hände. Auch der Stier wird mit Wasser besprengt. Dabei senkt er unwillkürlich den Kopf und signalisiert so seine Zustimmung zur bevorstehenden heiligen Handlung, seinem Opfertod. Das Orakel von Delphi soll die Freiwilligkeit des Opfers gefordert haben mit dem Spruch: „Was freiwillig nickt beim Händewaschen, das, sage ich, sollst du gerechtermaßen opfern." Nickt das Rindvieh nicht gleich, dann wird ihm schon mal die Wasserschale unter die Schnauze gehalten. Jetzt kann es nicht anders: Es muss sein Haupt neigen, um ans köstliche Nass zu kommen.

Jeder Teilnehmer nimmt sich eine Handvoll Gerstenkörner aus dem Opferkorb, dann wird es still, während der Opferherr – der Priester oder der Beamte – die Arme zum Himmel hebt und laut ein feierliches Gebet spricht. Er tritt damit stellvertretend für die Opfergemeinschaft in Verbindung mit dem Gott, dem das Tier geopfert wird. Das Gebet, die Anrufung endet damit, dass alle Teilnehmer ihre zuvor in der Hand gehaltenen Gerstenkörner nach vorn werfen, auf Altar und Opfertier. Dann erst nimmt der Opferherr das Messer aus dem Korb. Er hält es verdeckt, während er auf den Stier zutritt, um ihm schnell einige Stirnhaare abzuschneiden, die er ins Feuer auf dem Altar wirft. So ist das Tier zur Opferung geweiht. Noch ist nichts Dramatisches geschehen, doch das ändert sich jetzt: Dem Stier wird mit einem kräftigen Axthieb der Schädel eingeschlagen. Er kann sich nicht mehr auf den Beinen halten, stürzt zu Boden. Derweil ist es Pflicht der umstehenden Frauen, den hohen und schrillen „Opferschrei" auszustoßen. Mit dem Messer öffnet der Opferherr die Halsschlagader des Tieres, wobei der Hals so nach oben gebogen wird, dass das Blut in hohem Bogen herausschießt – gen Himmel. Bei kleineren Tieren kommt die Axt nicht zum Einsatz, sie werden von Anfang an über den Altar gehalten, während ihnen die Kehle durchgeschnitten wird. Das Blut des Opfertiers wird in einer Schale aufgefangen und über dem Altar ausgegossen.

Der Rest ist Metzgerarbeit, folgt aber dennoch einem rituellen Drehbuch: Das Tier wird ausgenommen, gehäutet und schließlich zerteilt. Innereien wie Leber, Lunge, Milz und Nieren, vor allen anderen aber das Herz müssen zuerst im Feuer des Altars gebraten und dann von der Opfergemeinschaft verspeist werden. Sie erneuert damit ihren Bund mit der Gottheit und bekräftigt ihre Verbundenheit gegenüber der Außenwelt. So verlangt es der Ritus. Doch was bleibt von all den Köstlichkeiten eigentlich für den Gott übrig? Keine verfehlte Frage – sie wurde schon im klassischen Hellas gestellt, denn eines war ja auffallend: Die Menschen opfern ein Tier für einen bestimmten Gott, essen die guten Teile dann aber selbst. Für Apoll & Co. bleiben die Knochen übrig, von Fett ummantelt, manchmal mit kleinen Fleischstückchen verziert, mit Kuchen und Weinspritzern. Der Anteil der Götter steigt vom Scheiterhaufen auf dem Altar als Rauchsäule in den Himmel auf. Der Rauch symbolisiert die Nahrung der Götter und somit die Verbindung zwischen den Unsterblichen und den Sterblichen, die auf feste Nahrung angewiesen sind.

Fleisch war teuer, daher stand es beim einfachen Bürger nur selten auf dem Speisezettel. Eine öffentliche Opferhandlung, an der aus Rücksicht auf die religiösen Pflichten alle Mitglieder der Stadt- oder Kultgemeinschaft teilnahmen, hatte somit über die kultische Bedeutung hinaus eine ganz handfeste Funktion: die Versorgung der ärmeren Schichten mit Fleisch. Für eine Stadt mit mehreren Tausend Einwohnern reicht freilich ein einziger Stier nicht aus. Den großen öffentlichen Festen fielen deshalb zahlreiche Tiere buchstäblich zum Opfer. Hekatombe (von griech. *hekaton*, hundert) bezeichnete ursprünglich die Zahl von hundert Rindern, die geopfert wurden. Aber schon sehr bald – Fundstellen gibt es bereits bei Homer – bürgerte sich der Begriff für alle Opfer ein, bei denen eine größere Menge an Tieren geschlachtet wurde. Für die ritualisierte Schlachtung waren die Priester des jeweiligen Heiligtums zuständig, die gleichzeitig die Metzgerarbeit übernahmen. In manchen Kulten wurden sie für ihre Dienste mit besonderen Fleischportionen bedacht, oder sie durften die Häute behalten und zugunsten des Tempelschatzes verkaufen.

In Athen boten zahlreiche größere oder kleinere öffentliche Feste Anlass zu Tieropfern mit angeschlossenem Festschmaus. Der wichtigste Monat im attischen Festkalender hieß Hekatombaion und fällt im modernen Kalender auf Juni/Juli. Am 28. Hekatombaion jedes Jahres feierten die Athener ihr bedeutendstes Fest, die Panathenäen zu Ehren der Stadtgöttin Athena. Alle vier Jahre wurden mehrere Tage lang die Großen Panathenäen gefeiert mit athletischen Wettkämpfen wie bei den Olympischen Spielen und einigen attischen Spezialwettbewerben. Zum Ritus der Panathenäen gehörte als Höhepunkt die große Prozession vom Stadtteil der Töpfer, dem Kerameikos, hinauf auf die Akropolis zum Altar im Athena-Tempel. Neben den höchsten Beamten und den Priestern an der Spitze begleiteten auch Reiter und Hopliten in voller Rüstung diesen prächtigen Festzug, der im

Fries des Parthenon abgebildet ist. Zur Zeit des Attischen Seebundes im 5. Jahrhundert v. Chr. nahmen auch die verbündeten Städte an dem Festzug teil und hatten vor allem genau vorgeschriebene Weihgaben für die Schutzgöttin Athene zu erbringen: ein Rind und eine Rüstung. Wie die Festgemeinschaft durch den Ritus, das Opfer und die gemeinsame Mahlzeit ihre Verbundenheit bekräftigte, drückten die Seebundstädte mit ihrer Weihgabe ihre Verbundenheit mit oder vielmehr ihre Abhängigkeit von Athen aus. Der Gottheit eine Rüstung zu opfern gehörte im Altertum übrigens zum kultischen Alltag.

Wer nur die wichtigsten Feste des attischen Kultkalenders aufzählt, die im Verlauf eines Jahres mehr oder minder große Opfer verlangten, kommt auf mindestens dreiunddreißig. Darin sind aber noch nicht die Feste enthalten, die zusätzlich in jedem Monat zu begehen sind, zum Beispiel am 1., 2., 3., 4., 6. und 8. Tag. Dazu kommen der Zusammentritt der Volksversammlung, eines privaten Vereins oder des Rates und, und, und. Forscher schätzen heute eine Zahl von hundertzwanzig Festtagen als realistisch ein. Nicht mitgezählt sind dabei die vielen Anlässe für private Opfer – bei diesen und in speziellen Götterkulten dominierten unblutige Opfer von Nahrungsmitteln aller Art wie etwa Broten, Gemüse, Obst, Kuchen, auch fertig zubereiteten Speisen und wohlriechenden Essenzen, die in die Flammen auf dem Altar gelegt wurden.

In römischen Familien bedachte der *pater familias*, das Familienoberhaupt, die Hausgötter mit einem kleinen Teil jeder Mahlzeit, die er ihnen in einem Schälchen bereitstellte. Vom Wein goss man einen Schluck als Trankopfer, als Libation, auf den Boden. Eine andere Form, die römischen Götter teilhaben zu lassen an der Mahlzeit und ihnen gleichzeitig den schuldigen Dank abzustatten, war das Tischopfer. Dabei gingen die Nahrungsmittel auf dem Hausaltar in Flammen auf und speisten so die Unsterblichen. Fatal waren übrigens Fehler, die der Opferherr mannigfach während des Ritus begehen konnte: Roms Götter legten Wert auf Exaktheit. So hatte jede Abweichung vom vorgeschriebenen Text der Anrufung die Wiederholung des Opfers zur Folge, um die Gottheit um Himmels willen zu besänftigen. Ein Fehler lag aber auch dann vor, wenn die Eingeweide ungünstige Zeichen offenbarten. So soll der fehlende Leberlappen eines Opfertiers den nahen Tod des noch jungen Alexanders vorausgesagt haben – wie sich im Nachhinein herausstellte. Der römische Feldherr Lucius Aemilius Paullus hatte laut Plutarch das Pech, dass sich in der Nacht vor der entscheidenden Schlacht gegen die Makedonen bei Pydna im Jahre 168 v. Chr. der Mond verfinsterte. Also „brachte er dem Monde, sowie er ihn wieder rein aus dem Dunkel hervortreten sah, elf junge Rinder zum Opfer". Doch damit nicht genug: Bei Tagesanbruch brachte er dem Herakles das Stieropfer, konnte aber „bis zum zwanzigsten Tier kein günstiges Zeichen erlangen". Und was machte Aemilius Paullus? Er schlachtete weiter. „Beim einundzwanzigsten [Stier] endlich erschienen die glückverheißenden Zeichen, und zwar prophezeiten sie Sieg im Abwehrkampf." Der Römer stieß einen tiefen Seufzer der Erleichterung aus – das ist freilich Spekulation – und „gelobte nunmehr dem Gott hundert Stiere und ein heiliges Spiel" (O-Ton Plutarch). Ob der Sieg über das Makedonenheer des Königs Perseus den Innereien des einundzwanzigsten Stiers zu verdanken ist?

Viel zu verdanken hatten den Opfertieren auf jeden Fall ihre Züchter und Händler – ohne Tieropfer waren sie dem Bankrott geweiht. Um eine Vorstellung von der Größenordnung zu bekommen: Laut dem Historiker Sueton sollen vor Freude und Dankbarkeit über den Regierungsantritt des Kaisers Caligula als Nachfolger des verhassten Tiberius 37 n. Chr. allein in Rom binnen drei Monaten 160 000 Tiere geopfert worden sein. In der kleinasiatischen Provinz Bithynien wandten sich zur Zeit des Kaisers Trajan zu Beginn des 2. Jahrhunderts n. Chr. die Züchter und Verkäufer an den römischen Statthalter Plinius den Jüngeren, denn der Absatz von Opfertieren war in den Keller gerauscht, weil sich das Christentum in der Provinz immer weiter ausbreitete. Und die Christen lehnten Tieropfer ab. Plinius schildert in seinen Briefen an den Kaiser wiederholt, welche Mühe ihm die Christen machten. Ständig ließ er sich verdächtige Personen vorführen und forderte sie auf, Wein und Weihrauch für die Staatsgötter zu opfern. Folgten sie der Aufforderung, handelte es sich ganz offenbar nicht um Christen, jedenfalls keine echten. Verweigerten sie die Kulthandlung, wurden sie, sofern es sich um römische Bürger handelte, zur weiteren Behandlung nach Rom geschickt, andernfalls gleich zur Hinrichtung abgeführt. Immerhin zeitigten die Maßnahmen des Plinius so weit Erfolg, als sich der Absatz von Opfertieren erholte, weil allerorten die alten Kulte wieder praktiziert wurden.

Über zweihundert Jahre später versuchte der römische Kaiser Julian, im syrischen Antiochia während eines mehrmonatigen Aufenthalts den alten römischen Göttern wieder zu ihrem Recht zu verhelfen. Nun war Antiochia eine der bedeutendsten Großstädte des östlichen Mittelmeerraums, in der wiederholt Mitglieder des Kaiserhauses residierten, bedeutende Redner und Philosophen wirkten. Der spätantike Historiker Ammianus Marcellinus stammte aus Antiochia. Er schildert die Bemühungen Julians, das Christentum zurückzudrängen. Die mehr als 200 000 Einwohner der Stadt waren je etwa zur Hälfte Christen und Nichtchristen. Die stolze Christengemeinde führte ihren Ursprung sogar auf die Apostel Paulus und Petrus zurück. Julian befand sich mit einem großen Truppenaufgebot auf einem Feldzug gegen die persischen Sassaniden und erlebte Antiochia 362 n. Chr. in einer Zeit der Hungersnot. Seine Versuche, der Not abzuhelfen, schlugen fehl. In der Stadt machte er sich doppelt unbeliebt, als er wie schon sein Vorbild Marc Aurel Theater- und Tanzaufführungen verbieten ließ. Und dass er den altrömischen Götterkult auf die Spitze trieb, trug ebenfalls nicht zu seinem Ansehen bei. Persönlich opferte er manchmal hundert Stiere auf einmal, wie Ammian schreibt, „dazu unzählige Herden anderer Tierarten sowie weiße Vögel, die man zu Wasser und zu Land zusammengesucht hatte“. Aus der Zeit Marc Aurels, der mit Hekatomben von Opfertieren die Götter vor einem Feldzug auf seine Seite bringen wollte, ist folgendes Gedicht überliefert, den Stieren ins Maul gelegt: „Die weißen Stiere begrüßen Marcus den Kaiser: Wenn du wieder mal siegst, sind wir verloren.“

Nun hatte Paulus zwar den Verzehr von Opferfleisch erlaubt, doch nur dann, wenn der Christ nicht so genau nachfragte. Wurde er von einem Glaubensbruder ausdrücklich darauf hingewiesen, woher das Fleisch kam, sollte er es lieber bleiben lassen – um des Gewissens des anderen willen. Bei den Fleischmassen in Antiochia konnte aber kein Zweifel über die Herkunft bestehen, so dass die Christen sich zurückhielten. Auch der nichtchristliche Teil der Bevölkerung Antiochias konnte sich mit dem vielen Rindfleisch nicht anfreunden. Hier wurden eher Fisch und Geflügel verzehrt, beides war aber wegen der zahlreichen Soldaten knapp. Also stellte Julian für seine zahllosen Opferfeiern eigens Legionäre ab, die Fleischberge zu vertilgen. So lungerten die ortsfremden römischen Soldaten, die aus allen Provinzen stammten, auf den Stufen der Tempel herum, brieten und fraßen große Mengen Rindfleisch und spülten dieses mit reichlich Wein hinunter. Die Völlerei griff so sehr um sich, dass die Einheimischen sich die unzurechnungsfähigen Legionäre griffen und in die Kasernen zurückschleppten. Den Krieg gegen die Sassaniden verlor Julian übrigens im Jahr 363 genauso wie sein Leben.

IRRTUM 9:

Die Römer schufen eine überragende Kultur

Die algerische Ruinenstadt Timgad zählt seit dem Jahr 1982 zum UNESCO-Weltkulturerbe. Gegründet wurde die Siedlung um 100 n. Chr. unter dem römischen Kaiser Trajan als befestigtes Militärlager. Timgad hieß damals *Colonia Marciana Traiana Thamugadi.* In Timgad ist bis auf den heutigen Tag sehr anschaulich das rechtwinklige Straßenmuster zu erkennen, nach welchem die Römer ihre Städteneugründungen anzulegen pflegten. Das römische Theater ist sehr gut erhalten, auch das Forum. Viele Grundmauern und Säulenreste zeugen von der ehemaligen Besiedelung. Zur Ehre des namengebenden Kaisers steht noch ein stattlicher Bogenbau mit drei Toren. Im Eingang einer Thermen-Anlage liegt ein Mosaik, das von zwei Seiten zu lesen ist: Dem Eintretenden wünscht es BENE LAVA – „Bade gut!" Und wer das Bad verlässt, erfreut sich an dem Spruch SALUM LAVISSE – sinngemäß „Wünsche gut gebadet zu haben!" Timgad, seit der Spätantike ein wichtiger Bischofssitz, fiel im 7. Jahrhundert der islamischen Expansion zum Opfer und bewahrte so zugleich seine ursprüngliche römische Natur. Und obwohl seit über tausend Jahren in dieser nordafrikanischen Ruinenlandschaft keine Menschenseele mehr wohnt, ernennt die römisch-katholische Kirche noch immer einen Titularbischof von Thamugadi. Eine dauerhafte Hinterlassenschaft römischer Kultur, oder etwa nicht?

Das größte römische Theater nördlich der Alpen mit rund zehntausend Sitzplätzen befand sich aller Wahrscheinlichkeit nach in der

Provinzhauptstadt *Moguntiacum*, dem heutigen Mainz. Mit seinem Fassungsvermögen stand es dem berühmten Theater des Pompeius auf dem Marsfeld zu Rom in nichts nach. Römische Theaterbauten, Basiliken, Amphitheater jeder Größenordnung, Thermen in Militärlagern und zivilen Siedlungen oder Aquädukte über Dutzende von Kilometern – die Eifelwasserleitung nach Köln war über 95 Kilometer lang – sind nur einige der zum Teil noch heute sichtbaren Hinterlassenschaften der Römer in allen Teilen ihres ehemaligen Imperiums: vom Norden Englands bis in die afrikanische Wüste, von der portugiesischen Atlantikküste bis nach Syrien. Überall dort, wo sich die Römer festsetzten – zunächst als Eroberer mit befestigten Kastellen, später mit immer größer werdenden städtischen Siedlungen oder, wenn diese schon vorhanden waren, als Exekutivorgane der kaiserlichen Verwaltung –, drückten sie der einheimischen Bevölkerung ihren Stempel auf.

Wo immer Römer wohnten, führten sie den *„Roman way of life"* ein. Je länger die römische Präsenz dauerte, die meist durch brutale Gewalt äußerst disziplinierter Truppen herbeigeführt worden war, desto intensiver durchdrang die römische Kultur den Alltag der ehemals fremden Provinzbevölkerung. Die Romanisierung der besetzten Gebiete äußerte sich in der Anlage von neuen Städten, im Bau und Betrieb von Tempeln, Thermen und Theatern, in der Übernahme römischer Kleidermode oder römischer Ackerbaumethoden und nicht zuletzt auch im Streben der Einheimischen nach dem römischen Bürgerrecht. Wer fünfundzwanzig Jahre in den kaiserlichen Auxiliartruppen als Grenzsoldat diente, erwarb den Anspruch auf die Bezeichnung „römischer Bürger" für sich und seine Familie und damit auf eine Reihe von Privilegien in Alltag und Rechtsstatus: zum Beispiel das Tragen der Toga, Bevorzugungen im Erbrecht, Zugang zu lokalen Ämtern. Hunderttausende gingen diesen Weg. Schließlich bedeutete Romanisierung für die finanziell besser gestellten Schichten auch den Zugang zu höherer Bildung und zu Schriftlichkeit sowie Karrierechancen. Wie sehr die Römer in großen Teilen Europas die weitere kulturelle Entwicklung beeinflussten – selbst nach dem Untergang des Imperiums –, ist am augenfälligsten an den romanischen

Sprachen abzulesen, deren gemeinsame Wurzel das Latein ist: Portugiesisch, Spanisch, Französisch, Rumänisch – hier klingt Rom sogar im Namen nach –, um nur die neben dem Italienischen wichtigsten zu nennen. Aber auch Deutsche, Engländer oder Skandinavier kommen nicht ohne zahlreiche Anleihen bei der Sprache der Römer aus. Und das, obwohl die Römer schon im 5. Jahrhundert Britannien aufgaben und im größten Teil des rechtsrheinischen Germaniens nie Fuß fassen konnten, geschweige denn einen solchen als Eroberer in nordische Länder gesetzt hätten.

Was aber war an der römischen Kultur wirklich römisch? Was war griechischen Ursprungs? Dienten die Römer letztlich „nur" als Medium für die Vermittlung hellenischer Kulturleistungen? Was ist Original, was Plagiat? Das sind Fragen, die unter Althistorikern viel diskutiert werden, aber noch längst nicht beantwortet sind. Die Römer selbst waren sich der Überlegenheit griechischer Kultur und Geisteskraft stets bewusst – allzu bewusst für den Geschmack etwa eines Cato (234–149), des berühmten Zensors. Seinen Sohn warnte er ausdrücklich vor griechischer Gelehrsamkeit: „Sobald dies Volk uns seine Bücher gibt, wird es alles ruinieren." Doch zu diesem Zeitpunkt, Mitte des 2. Jahrhunderts v. Chr., war Rom längst Teil der hellenistischen Staatenwelt geworden, seine Intellektuellen reisten eifrig ins – von Rom bald darauf eroberte – Hellas, eigneten sich die griechische Sprache an und ließen ihre Sprösslinge von griechischen Lehrern unterrichten. Die Gräkomanie war nicht mehr aufzuhalten, auch nicht von konservativen Mahnern wie Cato.

Der griechische Einfluss auf Rom ist bis in die etruskische Frühzeit der Stadt am Tiber nachzuvollziehen. Etrusker wie Römer fanden in der kampanischen Stadt Kyme (lat. Cumae) das Vorbild für ihr eigenes Alphabet. Kyme war im 8. Jahrhundert v. Chr. als erste griechische Kolonie auf italischem Boden gegründet worden und wurde seinerseits zur Mutterstadt des nicht weit entfernten Neapels. In Kyme soll im 6. Jahrhundert die berühmte Seherin, die Sibylle, am Orakel des Apollon gewirkt haben. Schon bald übersiedelte dieser bedeutende Griechengott als *Apollo* in den römischen Götterhimmel. Im 3. Jahrhundert v. Chr. schrieb als erster uns bekannter Autor ein Grieche,

Diokles von Peparethos, die Gründungslegende Roms um die sagenhaften Zwillinge Romulus und Remus nieder. Er knüpfte dabei an die Aeneas-Sage an. Sie wusste schon in vorklassischer Zeit vom Trojaner-Prinzen Aeneas zu berichten, der mit einer Handvoll Gefolgsleuten aus seiner brennenden Heimatstadt hatte fliehen können, um schließlich nach einer langen Irrfahrt in Italien anzukommen. Hier wurde er, als die griechische Welt eine mythologische Nische für das Aufsteigervolk aus Mittelitalien suchte, zum Urvater Roms, zum Vorfahr der berühmten Zwillinge, und später, o Wunder, auch zum direkten Urahn des Geschlechts der durchsetzungsstarken Julier um Caesar und Augustus.

Wie sehr Rom sich bemühte, im östlichen Mittelmeerraum als gleichberechtigter Partner anerkannt zu werden, lässt sich zum Beispiel dem ersten von einem Römer verfassten Geschichtswerk entnehmen. Der Senator Quintus Fabius Pictor, Teilnehmer des Zweiten Punischen Krieges (218–201), verfasste sein Werk nicht etwa auf Latein, sondern in griechischer Sprache. Das deutet darauf hin, dass sich als Adressaten seiner Schrift nicht die eigenen Landsleute, sondern die Griechen im hellenistischen Osten angesprochen fühlen sollten. Sie sollten aus Pictors Darstellung der römischen Geschichte, die von der mythischen Frühzeit bis in die Gegenwart reichte, herauslesen, von welchen Grundsätzen und welcher politischen Ordnung sich die Römer leiten ließen. Fabius Pictor war dafür der geeignete Mann. Der Senat hatte ihn nach der schweren römischen Niederlage gegen den Karthager Hannibal bei Cannae (216 v. Chr.) mit der Bitte um Ratschlag zum Orakel von Delphi geschickt. Eine typisch hellenische Reaktion – anders hätte auch ein griechischer Stadtstaat nicht gehandelt – und ein Beweis dafür, welchen Stellenwert griechische Bildung in der führenden Schicht Roms am Ende des 3. Jahrhunderts v. Chr. bereits besaß.

Schon zu Zeiten Alexanders des Großen (356–323) hatten die Griechen im Osten von den Römern im Westen gehört. Angeblich war eine von den vielen Delegationen, die dem Makedonen kurz vor seinem Tod in Babylon ihre Aufwartung machten, aus Mittelitalien angereist, auf der Suche nach einem Verbündeten gegen Rom. So richtig ins Bewusstsein der Griechen geriet der immer mächtiger werdende künftige Rivale aber erst in dem halben Jahrzehnt zwischen 280 und 275. Damals operierte der aus dem heutigen Albanien stammende und mit dem makedonischen Königshaus verwandte Molosser-König Pyrrhos als Söldnerführer auf der Suche nach einem neuen Königreich in Italien und auf Sizilien und brachte dabei das aufstrebende Rom an den Rand der Katastrophe. Pyrrhos' Siege gegen die Römer, die so verlustreich ausfielen, dass er fürchten musste, beim nächsten „Sieg“ alles zu verlieren, sicherten dem König einen Platz im Langzeitgedächtnis der Menschheit. Für die römische Expansion auf der italischen Halbinsel war die Konfrontation mit dem griechischen Abenteurer eine Art Katalysator – Rom ging gestärkt daraus hervor.

Gut zehn Jahre später war Italien vom Nordrand des Apennins bis zum äußersten Rand des Stiefelabsatzes unter römischer Kontrolle. Das gilt insbesondere auch für die einst bedeutenden Städte der *Magna Graecia* – die griechischen Kolonien in Süditalien – wie Tarent, Kroton oder Thurioi. Rom holte sich von dort nicht nur hellenische Kunstschätze an den Tiber, sondern importierte auch kluge Köpfe. Hervorzuheben ist in diesem Zusammenhang Livius Andronicus (ca. 280/60–200) aus Tarent. Er kam als Sklave nach Rom und arbeitete nach seiner Freilassung weiter als Lehrer für Griechisch und Latein. Die Epen Homers dienten in Hellas als Grundlage für den Unterricht. In diesem Sinne übersetzte Andronicus die „Odyssee“ als „Odusia“ ins Lateinische und avancierte so zum „Begründer der Kunst der Übersetzung“ (Scevola Mariotti in: Der Kleine Pauly – Lexikon der Antike). Später wurde er offiziell damit beauftragt, Dramen in lateinischer Sprache zu verfassen und auf die römische Bühne zu bringen. Mit Livius Andronicus, einem gebürtigen Griechen, wurde daher schon im alten Rom der Beginn einer eigenständigen lateinischen Literatur verbunden.

Als Zeitgenossen des Livius und in Konkurrenz zu ihm trieben Dichter wie Naevius und Ennius die Entwicklung voran. Naevius passte die griechische Tragödie, Ennius das klassische Versmaß Homers, den Hexameter, an die Bedürfnisse des Lateins an. Plautus (ca. 250/40–184) popularisierte die griechische Neue Komödie in Italien – in der Sprache der Einheimischen. Die Begeisterung der Römer für derlei Lustspiele ging bald so weit, dass sie sogar bei Totenfeiern aufgeführt wurden. Einflussreiche Familien förderten einzelne Dramatiker und ließen sich von ihnen literarisch verewigen, so etwa Marcus Fulvius Nobilior. Der führte in den 180er Jahren v. Chr. Krieg in Griechenland und ließ von dort zahlreiche Plastiken nach Rom schaffen und in einem eigens gebauten Tempel aufstellen. Ennius huldigte ihm dafür literarisch. Catos Missbilligung war Fulvius Nobilior gewiss: Bei den Alten habe die Dichtkunst nicht in Ehren gestanden. Im Gegenteil, so Cato: Wer Reime schmiedete, galt in der guten alten Zeit als Tagedieb. Cato verteufelte die griechische Philosophie und die Philosophen gleich mit, weil sie die vornehme römische Jugend verdürben. Die sollte sich besser der Väter Sitte *(mos maiorum)* anpassen und im Rahmen der überkommenen Ordnung nach politischen und militärischen Erfolgen streben, anstatt sich von der verwirrenden Redekunst griechischer Philosophen zum Hinterfragen geltender Gesetze verleiten zu lassen.

Was der alte Cato wohl dazu gesagt hätte, dass spätere Imperatoren wie Marc Aurel oder Julian sich ausdrücklich zur griechisch geprägten Philosophie bekannten und als „Philosophenkaiser" in die Geschichte eingingen? Freilich focht Cato auf dem Schlachtfeld der Kultur einen Abwehrkampf, der auf lange Sicht nicht zu gewinnen war. Im Gegenteil, das Verseschmieden wurde bald offizieller Unterrichtsstoff. Mit Lucilius (ca. 180–103) erwuchs Rom sogar der Literat, der als Begründer der Satire gilt. Lucilius hat vermutlich in Athen an der von Platon gegründeten Akademie studiert und ging daher mit einem griechischen Bildungshintergrund ans Werk. Doch schon im 1. Jahrhundert v. Chr. feierte ihn sein Dichterkollege Horaz als *inventor generis,* als Erfinder einer neuen literarischen Gattung, die außer von Horaz selbst in der Kaiserzeit zum Beispiel von Juvenal gepflegt wurde. Unter anderem in Hexametern geißelt Lucilius in scherzhaftem Ton die Lasterhaftigkeit seiner persönlichen und politischen Gegner, macht sich über die Lokalgeschichte lustig – Rom wird gerettet, weil der führende Senator Cornelius Lupus infolge einer Magenverstimmung platzt – und karikiert die erotischen Abenteuer der römischen Oberschicht.

Die weitere Entwicklung der römischen Literaturgeschichte aufzuzeigen ist hier nicht der Ort. Marcus Tullius Cicero (106–43) blieb es jedenfalls vorbehalten, ein Jahrhundert nach dem Tod des älteren Cato mit seinen Studien die griechische Philosophie endgültig nach Rom zu holen und eine lateinische Ausdrucksweise dafür zu finden. Derselbe Cicero äußerte sich auch über die Unterschiede zwischen Römern und Griechen in ihrem Verhältnis zur Wissenschaft und den schönen Künsten, zu denen er auch die Musik rechnet. Die Griechen, sagt der berühmte Redner, waren den Römern in diesen Dingen weit überlegen: „Es war leicht, uns auf diesem Feld zu besiegen, da wir uns nicht wehrten." Was für die Musik galt, traf zum Beispiel auch auf die Geometrie zu, fährt Cicero fort. Wer sich bei den Griechen auf theoretischer Ebene mit Mathematik beschäftigte, stand in hohem Ansehen. Doch gerade hier macht Cicero den Unterschied fest: „Wir haben die Grenze dieser Wissenschaft auf die praktischen Zwecke des Messens und Rechnens verengt." Sprich: Die Römer rechneten nicht nur um der Wissenschaft willen, sondern wandten die Mathematik auch praktisch an.

Die technischen Leistungen der römischen Armee beispielsweise sind legendär. Ob Hadrianswall in England oder Obergermanisch-Rätischer Limes: Mit den dahinter stehenden Ingenieurleistungen müssen sich die Römer nicht hinter den Griechen verstecken. Zwar kann das römische Amphitheater als räumliche Verdoppelung des halbkreisförmigen griechischen Theaterbaus betrachtet werden, gleichwohl handelt es sich um eine zuerst auf römischem Boden vollzogene Entwicklung vermutlich aus dem 1. Jahrhundert v. Chr. – mit dem Kolosseum in Rom als größtem und bedeutendstem seiner Art. Gerade die Amphitheater und die Zirkusse legen Zeugnis ab von einer spezifisch römischen Spielart der Unterhaltung, die sich bis zum Übergang ins Mittelalter großer Beliebtheit erfreute. Im Unterschied zu den klassischen Sportwettkämpfen der Griechen ging es etwa bei Gladiatorenkämpfen nicht allein um Sieg oder Niederlage, vielmehr standen zur Belustigung der Massen Menschenleben auf dem Spiel, wurden Kämpfer getötet, massenweise wilde Tiere auf Menschen gehetzt oder als Schauspiel abgeschlachtet, wurden vermeintliche oder tatsächliche Verbrecher hingerichtet oder gezwungen, sich vor einem johlenden, vielleicht auch gelangweilten Publikum gegenseitig umzubringen. Landvermessung, Städte- und Straßenbau, Wasserversorgung und Abwasserentsorgung, schließlich Architektur, Brückenbau und Kriegstechnik sind Bereiche antiker Kultur, in welchen die Römer bis heute unübersehbare Spuren hinterlassen haben. Selbst wenn die Theorie – Mathematik oder Mechanik – teilweise von Griechen wie Pythagoras, Archimedes oder Euklid formuliert wurde. Wer heute in Rom vom Forum Boarium aus auf die Tiberinsel läuft, überquert die älteste erhaltene Steinbrücke der Stadt, den *Pons Fabricius* aus dem Jahr 62 v. Chr. Noch heute hält seine Konstruktion jedem Tiberhochwasser stand.

Der Grieche Strabon (ca. 63 v. Chr.–23 n. Chr.) erkannte als Geschichtsschreiber und Geograph in der Tradition Ciceros neidlos an, worin die Römer die Griechen überflügelten: „Die Römer haben vor allem für das gesorgt, was die Griechen vernachlässigt haben: für den Bau gepflasterter Straßen, Wasserleitungen und unterirdischer Kanäle, welche die Abwässer der Stadt in den Tiber leiten. Straßen, die über Land führen, haben sie gebaut und dabei Hügel durchschnitten und Einsenkungen durch Aufschüttungen ausgeglichen ... Die Römer haben früher keinen Wert auf die Schönheit der Stadt gelegt, weil es ihnen auf etwas anderes ankam, das wichtiger und notwendiger war." Strabon hätte auch sagen können: Die Römer waren von Beginn an praktischer veranlagt. Sie eroberten sich von ihrem Platz am Tiber aus Stück für Stück erst Italien, dann das westliche und das östliche Mittelmeer und griffen schließlich weit nach Norden aus. Das war nur möglich durch die Beherrschung von Boden und Raum, durch systematisch geplante und umgesetzte Infrastrukturmaßnahmen, von welchen der Straßenbau eine der nachhaltigsten ist.

Die Romanisierung der eroberten Gebiete wäre nicht gelungen ohne die massenhafte Ansiedlung römischer Bürger. Neben der beschriebenen Auswirkung auf die Entwicklung neuer Sprachen, auf Infrastruktur und Architektur von Städten und Landschaften hatte dies bis in den kulturellen Umbruch der Spätantike hinein auch den Zugang breiterer Schichten zu höherer Bildung zur Folge. Die Nachfolgestaaten des Weströmischen Reiches waren daher lange Zeit nicht nur auf die Herrschaftsstrukturen des Imperiums angewiesen, sondern auch auf dessen Eliten in Verwaltung, Politik und Kirche.

Die christliche Kirche ist ein Kind des Römischen Reiches. Ohne den einheitlichen Herrschaftsraum des Imperium Romanum, ohne die hervorragend ausgebaute Verkehrsinfrastruktur und ohne die urbanen Zentren der römisch-hellenistischen Welt wäre die vergleichsweise rasche und nachhaltige Ausbreitung des Christentums kaum möglich gewesen. Wie keine andere Institution auf der Welt gründet die römisch-katholische Kirche, deren Ämter zum Teil noch heute so heißen wie die des spätantiken Kaiserhofs, auf antiken Traditionen und somit auf römischer Kultur. Grundlage des christlichen Glaubens ist das Neue Testament, dessen Schriften im Wesentlichen im 1. Jahrhundert vor dem Hintergrund des römischen Imperiums formuliert wurden. Obwohl die verschiedenen Teile des Neuen Testaments zuerst auf Griechisch verfasst wurden und das Christentum seinen Ursprung im hellenistischen Osten hat, fand es sein Zentrum doch relativ bald dort, wo auch die weltliche Herrschaft ihre Zentrale hatte: in Rom. Als das weströmische Kaisertum erst seine Hauptstadt verließ und dann unterging, bis ein Franke namens Karl es wiederbelebte, trat die Kirche sein kulturelles Erbe an.

Das ist auch ganz wörtlich zu verstehen: In vielen Klöstern schreiben Mönche tagein, tagaus alte lateinische Texte ab – von den Klassikern bis zu christlicher Literatur. So retten sie über die nächsten Jahrhunderte, bis Karl der Große den Anstoß zur Wiederbelebung römisch-lateinischer Kultur gibt, einen kleinen, aber doch bedeutenden Teil des Welterbes der Menschheit. Was im Westen für die lateinische Literatur gilt, betrifft im Osten die Erhaltung und Vermittlung der griechischen Schriften. Der kulturelle Bruch zwischen West und Ost am Übergang von der Antike zum Mittelalter fiel so gründlich aus, dass etwa das Geschichtswerk des Herodot im Abendland bis in die Frührenaissance kaum bekannt gewesen ist und nur wenige Dutzend Menschen dort mehr als eine Handvoll griechischer Wörter verstanden.

Eine der wirkmächtigsten kulturellen Leistungen römischen Ursprungs ist die Gesetzessammlung, die Kaiser Justinian (reg. 527–65) in Konstantinopel zusammenstellen ließ. Sein Ziel war es, das in vielen älteren Schriften, Erlassen und Kommentaren verstreute römische Recht zusammenzufassen, zu aktualisieren und als allgemein gültigen Gesetzeskanon herauszugeben. Ironie der Geschichte: Keine hundertfünfzig Jahre nach Justinian geriet das Werk im griechischsprachigen Ostrom allmählich in Vergessenheit, weil selbst Juristen die lateinische Sprache nicht mehr verstanden. Im Westen versank es zunächst mit dem Kaisertum, wurde aber im Hochmittelalter in Italien zuerst an Universitäten als Rechtsquelle wiederentdeckt und schon bald zur Grundlage großer Teile der westeuropäischen Rechtsprechung. Seit dem Ende des 16. Jahrhunderts spricht man vom *Corpus Iuris Civilis*. Er beeinflusste unter anderem den *Code civil* Napoleons und galt bis zur Einführung des ebenfalls auf ihm fußenden Bürgerlichen Gesetzbuches im Jahr 1900 noch in manchen Gegenden Deutschlands.

IRRTUM 10:

Die Römer waren sehr reinlich

Körperpflege, das weiß heute jedes Kind, ist ein wesentliches Kennzeichen antiker römischer Kultur. Der Römer an sich besuchte regelmäßig, ja täglich die Thermen. Diese raffiniert angelegten Badehäuser verwöhnten die Römerinnen und Römer im ganzen Reich mit Becken unterschiedlich stark erhitzten Wassers, mit Massagen und Schwitzbädern, mit Gymnastik und sonstiger Zerstreuung. Wellness rundum. Der Eintritt war erschwinglich auch für den kleinen Mann auf der Straße. Und unter der Straße sorgte, zumindest in größeren Städten, ein ausgeklügeltes Kanalsystem für den Abtransport von Fäkalien und allem sonstigen Unrat. Gespeist wurden diese Kloaken unter anderem von großartigen wassergespülten Latrinen. Sauber und auf Hygiene bedacht war also die alte römische Welt.

So weit die Theorie. Und nun zur Praxis. Der Satiriker Juvenal neigte zwar zur Übertreibung – das liegt in der Natur der Gattung –, doch dürfte er nicht ganz an der Wahrheit vorbeigeschrieben haben, wenn er die Zustände im kaiserlichen Rom seiner Zeit – der Wende zum 2. Jahrhundert – aufs Korn nimmt. Aus seiner Feder stammt schließlich der anscheinend ewig gültige Satz: „Es ist schwer, *keine* Satire zu schreiben." Einiger Anmerkungen wert erachtete Juvenal offenbar auch die noch heute bekannte Unsitte, Abfälle aller Art einfach durchs Fenster zu entsorgen. Wer sich nächtens auf die Straßen Roms begebe, um etwa zum Abendessen auszugehen, ohne vorher sein Testament gemacht zu haben, dürfe getrost „Verdrängungskünstler" genannt werden, schreibt Juvenal. Denn: „So viele mögliche Schicksale warten da auf dich, wie in jener Nacht offene Fenster auf dich lauern, wenn du vorbeikommst.“ Zumal Roms zahlreiche mehrstöckige *insulae*, Mietshäuser, eine besondere Gefahr darstellten: „Bedenke, welche Höhe die hohen Häuser haben, von wo deinen Kopf eine Scherbe trifft.“ Das Straßenpflaster sei geradezu gezeichnet von der Wucht zerbrochenen Geschirrs: „Bete also dafür ... dass sie schon zufrieden damit sind, nur voluminöse Schüsseln über dir auszugießen.“

Über den Inhalt solcher Schüsseln müssen nicht viele Worte verloren werden. Schließlich verfügten nur wenige Wohnungen über eigene Latrinen. Und wenn doch, fehlte in der Regel ein Anschluss an die Kanalisation. Eine Senkgrube nahm die Fäkalien auf und musste von Zeit zu Zeit geleert werden. Manchmal lief die Brühe auch einfach auf die Straße. Gerade in einer *insula* lagen die Latrinen meist auf Erdgeschossniveau. Die Bewohner der oberen Stockwerke mussten sich zur Verrichtung ihrer Notdurft also entweder nach unten begeben, oder sie benutzten dafür Nachtgeschirr. Und wer will die Hand dafür ins Feuer legen, dass dessen Inhalt immer in den dafür vorgesehenen Behälter gekippt wurde? Rom zählte übrigens im 4. Jahrhundert n. Chr. mehr als vierzigtausend Mietskasernen vom Typ *insula* – derlei Fensterwürfe wurden offiziell mit strengen Strafen belegt.

Der Römer, der sich unterwegs auf den Straßen gezwungen sah, einem dringenden Bedürfnis nachzugeben, konnte unter mehreren Möglichkeiten wählen: Entweder suchte er sich eine ruhige Ecke auf der Straße oder hielt Ausschau nach einer öffentlichen Latrine. Das Rom der späteren Kaiserzeit bot hier reichlich Auswahl. Nicht weniger als 144 öffentliche Bedürfnisanstalten sind in einer Statistik aus jener Zeit festgehalten. Aussehen und Funktionsweise der römischen Latrinen sind heute relativ gut erforscht. Befremdlich kommt uns vor, dass zwischen den eng angeordneten Toilettensitzen keinerlei Sichtschutz bestand. Offenbar herrschte im Unterschied zu heute in der Bedürfnisanstalt kein allzu großes Bedürfnis nach Intimität. Im Gegenteil: In der Forschung hält sich die Überzeugung, dass größere Latrinen – in manchen Fällen mit über hundert Plätzen – geradezu als Kommunikationszentren betrachtet werden können. Die Ausscheidungen fielen in einen wasserdurchflossenen Kanal und wurden so ständig weggeschwemmt. Über die Geruchsbelästigung auf dem gar nicht so stillen Örtchen ist damit noch nichts gesagt – gerade die aber fürchtete der Römer besonders, ging er doch davon aus, dass Krankheiten vor allem durch schlechte Luft übertragen würden.

Was der Mensch im Allgemeinen und der Römer im Besonderen nicht ausstehen kann, sind andere Menschen, die an oder vor seinem Haus den Darm oder die Blase entleeren. Und doch scheint dies auch schon im Altertum an der Tagesordnung gewesen zu sein. Zeugnis davon legen Fassadenkritzeleien ab wie jene aus Pompeji, die sich an den potenziellen *stercorarius* wendet, den „Exkrementehinterlasser": „Wenn du dabei erwischt wirst, dass du der Mauer nahe kommst, gibt's unweigerlich Strafe." Ein anderer Schreiber drückte sich einen Zacken deutlicher aus, gefunden im heutigen Serbien: „Welcher Hintern eines missgünstigen Bürgers sich hier entlädt, du wirst ..." – den Rest der Botschaft vermittelt ein stilisierter Phallus. Damit war die Androhung einer Strafvergewaltigung mehr als sinnfällig, wie sie sonst Dieben und Ehebrechern vorbehalten war. So wenig die Privatsphäre bei der Benutzung einer öffentlichen Latrine eine Rolle spielte, so wichtig war sie dem privaten Hausbesitzer doch, wenn es um die Verschmutzung seines Eigentums ging. Dasselbe galt für heilige Bezirke oder die Umgebung von Götterbildern. Deren Verunreinigung mit Exkrementen wurde mit der Beleidigung der Gottheit gleichgesetzt: „Wenn jemand hier uriniert, ist ihm der Zorn des Mars sicher", steht auf den Pfeilern eines dem Kriegsgott geweihten Bogenmonuments im heutigen Tunesien.

Für das kleine Geschäft auf offener Straße stand zumindest der antiken Männerwelt seit alters eine weitere, weniger problematische Alternative offen: die *amphora in angiporto*, die „Amphore in der Gasse um die Ecke". Dabei handelte es sich um große Gefäße mit abgeschlagener Mündung. Auf diese Weise ließ sich mit dem Geschäft sogar noch ein Geschäft machen. Denn „Betreiber" der mobilen Toiletten waren in aller Regel Gerber und Tuchwalker. Beide benötigten für ihr Gewerbe unverdünnten Urin. Öffentliche Sammelstellen und die regelmäßige Entleerung entsprechender Gefäße in *insulae*, öffentlichen Gebäuden oder bei Großveranstaltungen wie den Spielen in Amphitheatern und Zirkussen – die meist über keine eigenen Latrinen verfügten – lieferten zuverlässig und kostengünstig den begehrten Rohstoff. Diesen Umstand machte sich Kaiser Vespasian zunutze: Hinsichtlich der Sauberkeit öffentlicher Straßen und Einrichtungen hatte er bereits als Ädil zur Zeit Kaiser Caligulas Erfahrungen gesammelt. Er wusste also, was er tat, als er für das Aufstellen der bewussten Amphoren eine Gebühr verlangte. Vespasians geflügeltes Wort „Geld stinkt nicht" ist in den ewigen Zitatenschatz der Menschheit eingegangen. Soll heißen: Womit du Geld einnimmst, kann niemand riechen.

Damit haben wir einen weiteren anrüchigen Punkt in der Geschichte der Antike erreicht, der in der Behandlung der politischen Ereignisse für gewöhnlich keinen Platz hat. In Rom, Athen und den vielen anderen kleineren und größeren Siedlungen muss eine Geruchsbelästigung enormen Ausmaßes geherrscht haben. Dabei spielen nicht nur menschliche Exkremente eine wichtige Rolle, durch Quellen vielfach verbürgt ist zum Beispiel, dass Abwasserkanäle und offene Gewässer ungeniert zur Entsorgung von Müll jeder Art missbraucht wurden, inklusive Bauschutt, tierischer Kadaver und menschlicher Leichen. Der Historiker Livius nannte die berühmte römische *cloaca maxima* ein „Gefäß für allen Unrat". Die Kloake mündete und mündet bis heute direkt in den Tiber, dem somit die Schmutzfracht ungeklärt und ungefiltert zum Abtransport überlassen wurde.

Schon zur Zeit des Augustus, des ersten Kaisers, hatte die Verschmutzung des Tibers einen Grad erreicht, der einen öffentlichen Eingriff erforderte. Augustus ließ das Tiberbett säubern und hoffte damit den ständigen Überschwemmungen und ihren ekelhaften Folgen beizukommen. Trat nämlich das Wasser des Tibers über die Ufer, drückte es als Folge davon auch den Inhalt der Abwasserkanäle an die Oberfläche. Man mag sich gar nicht vorstellen, welche olfaktorischen und sonstigen hygienischen Folgen ein solches Hochwasser für einen eng bebauten Siedlungsraum wie Rom hatte. Im Jahr 27 v. Chr. – Augustus hatte sich gerade zum *princeps* küren lassen, zum ersten Mann im Staat – konnten die ufernahen Häuser inklusive der Getreidespeicher wegen einer Überschwemmung nur noch mit Booten erreicht werden. Vier Jahre später machte Hochwasser die ganze untere Stadt für drei Tage schiffbar. 15 n. Chr. rissen die Fluten eines Tiber-Hochwassers Häuser und Menschen mit sich. Und 69 n. Chr. – Rom hatte gerade erst den verheerendsten seiner vielen Brände überstanden – setzte der Tiber große Teile der Stadt unter Wasser und unterspülte die Fundamente der Häuser. 371 n. Chr. folgte der traurige Höhepunkt: Nur noch die Hügel ragten aus den Fluten des Tibers hervor. Die Menschen, die sich dorthin gerettet hatten, mussten mit Hilfe von Booten versorgt werden.

Als Abfallsünder begründeten die Römer aber auch in London und anderen Metropolen eine schmutzige Tradition: das Verklappen von Abfällen aus Schiffen in Flüsse. In der Themse wurden regelrechte Deponien gefunden, die sich bis ins 1. Jahrhundert zurückdatieren ließen, also in die Zeit der römischen Eroberung Britanniens. Die jüngeren Abfälle datieren aus der frühen Neuzeit. Auch der Rhein erwies sich als Fundgrube für römischen Abfall. Am Alten Markt in Köln etwa, dem antiken Rheinhafen, förderten die Archäologen unter anderem Metalle, Glas, Keramik, Holz, Leder und Tierreste zutage, die dort ins Wasser gekippt worden waren. Aus den Augen, aus dem Sinn – dieser Verdrängungsmechanismus funktionierte also schon vor zweitausend Jahren.

Eine geregelte Abfallbeseitigung blieb im Altertum unbekannt, was nicht heißt, dass jeder seinen Dreck einfach irgendwohin kippen konnte. Allerdings kommt die Praxis dem recht nahe. Was Plinius der Ältere im 1. Jahrhundert in seiner Naturgeschichte festhielt, könnte die Präambel eines heutigen Umweltreports sein: „Wir vergiften die Flüsse und die Grundbestandteile der Natur; und wir verwandeln gerade das, was unsere Lebensgrundlage ist, in Nägel für unseren Sarg." Antike Städte, aber auch Militärkastelle waren von einem regelrechten Kranz von Abfalldeponien umgeben. Teilweise machte sich der Mensch erst gar nicht die Mühe, vor die Stadtmauer zu treten, um seine Abfälle zu entsorgen. Im norischen Iuvavum, dem heutigen Salzburg, finden sich Mülldeponien übers ganze Stadtgebiet verteilt, mit einer gewissen Konzentration entlang dem früheren Salzach-Ufer. Abfallentsorgung im Sinne eines Abtransports ist ein Schritt, den viele Römer gar nicht erst gingen. Küchenabfälle blieben häufig genug einfach an Ort und Stelle: in der Küche. Diese Aussage verdient eine Vertiefung.

In der Großküche eines Hauses beim Theater von Korinth hatten sich die im Laufe der Zeit heruntergefallenen Tierknochen im Lehmestrich einfach festgetreten. Dabei handelte es sich nicht um einige wenige Knochen, sondern immerhin um achtzehn Kilogramm. Ähnliches ist im schweizerischen Augst bei Basel zu beobachten, dem römischen Augusta Raurica. Die fünfundzwanzig Quadratmeter große Küche einer Wohnung in einer *insula* barg im Estrich nicht weniger als 13 797 Knochen, Gräten, Schuppen und Schalen. Sie entstammten Fischen, Fröschen, Hasen, Hühnern, Schweinen, Ziegen, Rindern, Schafen, Schnecken, Vögeln und weiteren, teilweise nicht mehr bestimmbaren Lebewesen. Alle waren schwarz eingefärbt. Offenbar hatten die Bewohner die Asche ihres Herdes regelmäßig auf dem Fußboden verteilt und mit den Speiseresten in den Estrich eingetreten.

Speisereste auf den Fußboden zu werfen – auch und gerade beim Mahl mit Freunden – gehörte in besseren Kreisen nachgewiesenermaßen zum guten Ton. Dafür steht neben anderen Cicero als Kronzeuge. Nach dem Essen, so schreibt er, war „der Boden schmutzig, bespritzt mit Wein, bedeckt mit verwelkten Kränzen und mit den Gräten von Fischen". Auch dafür ist ein anschauliches Beispiel überliefert: das *asároton*-Mosaik, ein Mosaikboden, dessen eingearbeitete Bilder einen noch ungefegten Boden nach dem Gastmahl darstellen. Davon sind mehr als eine Handvoll erhalten geblieben, und auch die antiken Schriftquellen erwähnen sie. Zu sehen sind Speisereste wie Trauben, Muscheln, Schnecken, Bucheckern, Krabben, Nuss- und andere Schalen, aber auch Mäuse, die sich an die Speisereste heranmachen – eine wirklichkeitsgetreue Darstellung, die es dem Betrachter schwer gemacht haben dürfte, zwischen echten Speiseresten und ihrer künstlerischen Abbildung zu unterscheiden. Die Hinterlassenschaften aus Küche und Speisesaal landeten, wie Archäologen mit einigem Erstaunen herausfanden, auch in besseren Häusern vermischt mit anderen Abfällen nicht selten in Kellerräumen, in den Innen- und Hinterhöfen, in speziellen Zimmern oder auch einfach im Garten. Eine reguläre Müllabfuhr war unbekannt, aber es gibt Hinweise darauf, dass Bauern, die tagsüber ihre Früchte auf dem Markt verkauften, abends ihre dann leeren Wagen mit organischen Abfällen beluden, um damit ihre Felder zu düngen.

Eine der beliebtesten wilden Mülldeponien scheint die öffentliche Straße gewesen zu sein. In Petrons Roman „Satyrica" klagt der Erzähler, er sei mit seinen Gefährten nach dem Gastmahl bei Trimalchio in stockdunkler Nacht ohne Schuhwerk „mit blutigen Füßen über spitze Steine und Scherben" gelaufen. Letzteres ist kein Wunder angesichts der erwähnten Entsorgung durchs Fenster. Aber auch andere antike Autoren berichten wiederholt von dem immer wieder auf den Straßen sich anhäufenden Dreck. Bis ins 3. Jahrhundert gehörte die Reinhaltung der Straßen zu den wichtigsten Pflichten einer Behörde, an deren Spitze die Ädilen standen. Doch anders als heute beschäftigten sie keinen eigenen Reinigungstrupp, vielmehr waren die Anlieger verpflichtet, ihr Straßenstück selbst zu fegen, und die Behörde kontrollierte nur, ob sie ihrer Pflicht nachkamen. Taten sie es nicht oder handelte es sich bei den Anliegern um öffentliche Einrichtungen, schrieben die Ädilen die Straßenreinigung öffentlich und zu Lasten der Anrainer aus. Private Firmen erledigten dann die Drecksarbeit. Über deren Tätigkeit ist leider nichts bekannt, vor allem nicht über die Effizienz ihres Tuns. Gesichert sind jedoch archäologische Erkenntnisse über Römerstraßen, deren Unterbau eine regelmäßige Abfolge von Schotter, Sand, Lehm und Abfall aufweist. Mit anderen Worten: Der im Laufe der Zeit festgetretene Unrat – wozu beispielsweise in Lauriacum, heute Enns in Österreich, auch Schlachtabfälle zählten – wurde immer wieder kurzerhand mit einer neuen Schotterschicht überdeckt, um die locker gewordene Piste zu befestigen.

In den besser ausgebauten Städten versuchten die Römer der Straßenverschmutzung mittels Wasser Herr zu werden. In Pompeji sind etwa die Reste sogenannter Überfallbrunnen zu bewundern, deren überlaufendes Wasser sich zwecks Reinigung immerzu auf die Fahrbahn ergoss. Entsprechend nass wird der Belag und das, was die Menschen dorthin geworfen hatten, gewesen sein. Vermutlich ist das auch der Grund für die hohen Bord- und mächtigen Trittsteine an den Straßenübergängen. Man wollte schließlich nicht auf morastigem Untergrund wandeln. Der Historiker Ammianus Marcellinus empfiehlt im 4. Jahrhundert n. Chr., auf den Straßen des syrischen Antiochias – einer bedeutenden Großstadt – die Kleider stets gut gegürtet zu tragen, da sie sonst in den Schmutz tauchten.

Wer sich von des Tages Mühe rechtschaffen staubig und beschmutzt fühlte, begab sich vielleicht für einige Stunden in die nächstbesten öffentlichen Thermen. Er ließ sich massieren, den Staub von der Haut reiben, suchte das Schwitzbad auf und legte sich zur Entspannung in Becken mit unterschiedlich stark erhitztem und mit kaltem Wasser. In den Thermen fand der Römer neben den eigentlichen Einrichtungen zur Körperpflege mancherlei Zerstreuung. So boten in den Säulenhallen Garküchen, Schankmädchen und Kuppler ihre Dienste an. Außerdem wurde hier Gymnastik betrieben, Ball gespielt und der neueste Klatsch ausgetauscht.

Wie sehr ihm als direktem Nachbarn einer Therme der Lärm des Badebetriebs auf die Nerven ging, schilderte der Philosoph und Staatsmann Seneca im 1. Jahrhundert n. Chr.: „Wenn die Kräftigeren ihre Leibesübungen treiben und dabei ihre Hanteln schwingen, wenn sie sich abarbeiten oder auch bloß so tun, dann höre ich ihr Stöhnen und, sobald sie dem angehaltenen Atem wieder seinen Lauf lassen, ihr Zischen und heftiges Keuchen ... Kommt vollends noch ein Ballspieler hinzu, der zählt, wie oft er den Ball abprallen lässt, dann ist es um mich geschehen ... Nimm ferner noch hinzu die, die unter lautem Klatschen des aufplätschernden Wassers ins Schwimmbassin springen! Denke dir noch einen Haarausrupfer, der, um sich bemerkbar zu machen, wieder und wieder seine dünne und schrille Stimme hervorpresst und erst schweigt, wenn er jemand die Haare unter den Achseln ausreißt und so einen anderen an seiner Statt schreien lässt. Endlich die verschiedenen Ausrufe des Kuchenhändlers, der Wurstverkäufer, der Zuckerplätzler und aller Kellner der Kneipen, die sämtlich in ihrer eigentümlich durchdringenden Tonweise ihre Waren anpreisen." Seneca – ein Opfer antiker Lärmverschmutzung.

Derselbe Seneca überliefert uns einen kleinen Einblick in die Badegewohnheiten der römischen Altvorderen: „Wie die Schriftsteller, die von den alten Sitten Roms berichten, uns erzählen, wusch man sich damals zwar täglich Arme und Beine, an denen natürlich der Schmutz des Tagewerkes haftete; am ganzen Körper indessen badete man sich jede Woche nur einmal.“ Seneca berichtet weiter, dass er sich im Landhaus des großen Scipio umgesehen und dabei dessen kleines, dunkles Badezimmer inspiziert habe: „In diesem Winkel also pflegte der Schrecken Karthagos sich den von ländlicher Arbeit erschöpften Körper zu reinigen.“ Heutzutage, fährt Seneca fort, „dünkt sich ein jeder armselig“, wenn die Wände seines Bades nicht von kostbarstem Stein sind, „wenn die Deckenwölbung nicht hinter Glasmosaik versteckt liegt ... ja: wenn nicht silberne Speier das Wasser spenden.“ Scipio dagegen ging nur ins Bad, um seinen Schweiß abzuwaschen: „Er badete nicht einmal täglich.“ Hier werde, so Seneca, mancher einwenden: „Ich wusste längst, dass sie Ferkel waren. Wie mögen sie gerochen haben?“ Nun, fährt der Erzieher Neros fort, sie rochen „nach Waffenübung, nach Arbeit, nach Mannhaftigkeit“. Alles Tugenden, die in seiner Zeit verloren gegangen zu sein schienen. Oft gebadet und dennoch nicht ganz sauber, so scheint Senecas Fazit zumindest über die ethisch-moralische Hygiene seiner Zeitgenossen zu lauten. Wie wir gesehen haben, ließ aber auch das Bewusstsein für die private und öffentliche Reinlichkeit durchaus zu wünschen übrig. Der Befund wird auch nicht besser dadurch, dass in Europa einige Errungenschaften der Römer wie Kanalisation, wassergespülte Toiletten oder die Trinkwasserversorgung über Fernleitungen erst in der Neuzeit durch effektivere und hygienisch einwandfreie Einrichtungen übertroffen wurden.

Auf die Diskrepanz zwischen Erkenntnis und folgerichtigem Handeln soll zum Schluss noch eine Anekdote aus der Zeit Kaiser Trajans vom Beginn des 2. Jahrhunderts n. Chr. hinweisen. Plinius der Jüngere, Statthalter von Bithynien, schildert dem Kaiser in einem Bericht die unhaltbaren hygienischen Zustände in der Stadt Amastris. Parallel zur Hauptstraße fließe „dem Namen nach zwar ein Fluss, der Realität nach aber eine sehr hässliche Kloake“. Sie sei „ungesund und von grässlichem Geruch“. Plinius schlägt daher vor, dieses Gewässer – nein: nicht etwa zu reinigen, sondern ein für allemal zuzudecken. Das, so antwortet ihm Trajan, sei „vernünftig“.

IRRTUM 11:

Griechenland war eine Demokratie – alle durften wählen und mitentscheiden

„Mardonios setzte alle Tyrannen in den ionischen Städten ab und errichtete an ihrer Stelle eine Volksherrschaft." So berichtet Herodot, der Vater der Geschichtsschreibung. In Kapitel 43 des sechsten Buches seiner „Historien" verwendet Herodot das Wort *demokratia*, um die Verfassungsform zu beschreiben, die fortan in den Griechenstädten Ioniens entlang der kleinasiatischen Küste galt. Es ist die erste Erwähnung des Begriffs „Demokratie" in der Geschichte. Der Staatsstreich von oben spielt im Jahr 492 v. Chr. Er wird vom Feldherrn des Perserkönigs Dareios I. in Szene gesetzt. Der hatte Mardonios ausgesandt, nach der Niederschlagung des Ionischen Aufstandes an der unruhigen Westflanke des Reiches endgültig für Ruhe zu sorgen und wenn möglich die Stadt Athen für ihre unverschämte Unterstützung der Aufständischen zu bestrafen. Zu letzterem kam Mardonios nicht mehr, weil sein Feldzug aufgrund widriger Umstände abgebrochen werden musste. Aber welche Verfassung auch immer er den ionischen Städten als Ersatz für die bis dahin herrschenden persischen Günstlinge oktroyierte – eine demokratische in unserem Sinne war es mit Sicherheit nicht.

Herodot aus Halikarnassos in Kleinasien ist der Historiker der Perserkriege. Als erklärter Freund des demokratischen Athens lebte und arbeitete er in dieser Stadt in den 440er Jahren für längere Zeit, ehe er nach Thurioi in Unteritalien übersiedelte, eine mit athenischer Hilfe kurz zuvor gegründete Kolonie. Thurioi wurde von ihren Gründern von Beginn an mit einer demokratischen Verfassung ausgestattet. Wenn Herodot von „Demokratie" schreibt, hatte er also vor allem den attischen Typ dieser Staatsform vor Augen. Tatsächlich gilt die athenische Demokratie, wie sie sich im 5. Jahrhundert v. Chr. entwickelte, bis heute als Mutter aller demokratischen Verfassungen. Neben allen philosophischen, literarischen und künstlerischen Errungenschaften der Epoche begründet gerade auch diese politische Leistung den positiven Ruf Athens im kollektiven Gedächtnis der Menschheit. Wobei die genannten Verdienste heute allgemein „den alten Griechen" insgesamt zugeschrieben werden. Doch ist dieser gute Ruf gerechtfertigt? Herrschte damals wirklich und überall „das Volk"? Und welche demokratischen Gemeinwesen gab es außerhalb Athens?

Beginnen wir mit der letzten Frage, die am schwersten zu beantworten ist. Thukydides, der Historiker des Peloponnesischen Krieges (431–404), lässt den führenden athenischen Feldherrn Perikles nach dem ersten Kriegsjahr vor dem versammelten Volk ausrufen: „Athen ist die Schule von Hellas." Gerade auch in innenpolitischer Hinsicht sei seine Stadt beispielgebend, sagt Perikles: „Unsere Staatsverfassung richtet sich nicht nach den Gesetzen anderer, viel eher sind wir selbst für manchen ein Vorbild, als dass wir andere nachahmten." Nachprüfen lässt sich diese Behauptung allerdings kaum, denn uns fehlen die Quellen und damit die Beweise. Nur sporadisch weisen Inschriften auf Verfassungsorgane wie etwa eine Ratsversammlung (*bulé*) hin, die auf eine mehr oder weniger demokratische – vorsichtiger gesagt: pluralistische – Staatsform schließen lassen, ohne aber genauere Auskunft über Kompetenzen, Zusammensetzung, Wahlmodus oder Amtszeit zu geben. Seit Mitte des 5. Jahrhunderts sind demokratische Verfassungen für mehrere griechische Stadtstaaten literarisch überliefert – so für Syrakus auf Sizilien und für Argos auf der Peloponnes –, doch in den meisten Fällen, schreibt der Historiker Jochen Bleicken, „haben wir davon auszugehen, dass sie nicht unabhängig von dem athenischen Beispiel entstanden sind". Eher ist das genaue Gegenteil der Fall.

Als Hegemonialmacht des Attischen Seebundes war es Athen im Grunde herzlich egal, nach welcher Verfassung sich ein Mitgliedsstaat regierte, so lange er loyal blieb und seine Pflichten erfüllte. Doch beging eine Polis den Fehler, Athen herauszufordern und den Seebund zu verlassen, folgte die Strafe auf dem Fuße: Eroberung, Besatzung, demokratische Verfassung – so lautete die Trias des Schreckens. Wobei der Hegemon keine Rücksicht darauf zu nehmen pflegte, ob in der jeweiligen Polis nun eine eher größere oder kleinere oder überhaupt eine demokratisch gesinnte Fraktion beheimatet war. Stadtstaaten, die es mehr mit dem unter der Hegemonie Spartas stehenden Machtblock hielten, orientierten sich eher an oligarchischen Verfassungsmodellen. Die Verfassung von Sparta selbst – mit zwei Königshäusern, mächtigen Beamten und einer Kriegerkaste, die alle Rechte für sich beanspruchte und gleichzeitig ein Heer an Staatssklaven niederzuhalten hatte – blieb freilich einzigartig.

Wie der Großteil der rund siebenhundertfünzig hellenischen Stadtstaaten in der klassischen Epoche politisch verfasst war, lässt sich aufgrund fehlender Überlieferung nicht exakt bestimmen. Sicher ist nur, dass die Entwicklung nicht so verlief, wie sie Platon und Aristoteles im 4. Jahrhundert v. Chr. als scheinbar zwangsläufigen „Kreislauf der Verfassungen" darstellten. Nach Platon wird die *Aristokratie*, die Herrschaft des Adels, von der Herrschaft der Besitzenden abgelöst, der *Timokratie*, auf die wiederum die *Oligarchie* folgt, die Herrschaft weniger. Die nächste Stufe in dieser Abfolge stellt die *Demokratie* dar, die Selbstverwaltung des gesamten Volkes. Die Demokratie wiederum geht über in die *Tyrannis*. Platons Schüler Aristoteles ging grundsätzlich davon aus, dass eine „gute" Staatsform zu einer „schlechten" degeneriert, worauf erneut eine „gute" folgt. Als „gut" definierte er alle Verfassungen, die aufs Gemeinwohl ausgerichtet seien, nämlich die Monarchie, die Aristokratie und die Politie, die Mehrheitsherrschaft der Besonnenen. Zu den „schlechten", dem Eigennutz verpflichteten Verfassungen zählte Aristoteles neben der Tyrannis und der Oligarchie auch die Demokratie. Die Volksherrschaft betrachtete Aristoteles, der den größeren Teil seines Lebens im demokratischen Athen verbrachte, als die Herrschaft der vielen Armen, da diese gegenüber den „Tüchtigen" und Reichen in der Mehrheit seien und diese somit dominierten.

Die wissenschaftliche Beschäftigung mit Verfassungsfragen gehört allerdings einer Zeit an, in der die notwendige Begrifflichkeit längst eingeführt war und gewisse Erfahrungen mit den verschiedenen Staatsformen vorlagen. Im 6. und 5. Jahrhundert dagegen müssen wir von einer jeweils von örtlichen Gegebenheiten geprägten, spezifischen Entwicklung des einzelnen Gemeinwesens ausgehen. Die aristokratische Welt des archaischen Zeitalters und damit der allen Griechen gemeinsame politische Horizont, vor dem Homers Epen entstanden, löste sich vor dem Hintergrund wirtschaftlicher und sozialer Krisen allmählich auf. Unterschiedliche Interessengruppen bildeten sich und kämpften um die Vorherrschaft. Wehrverfassung und politische Ordnung eines (Stadt-)Staates standen in engem Zusammenhang. Die Phalanx der Schwerbewaffneten (Hopliten) löste den Einzelkampf zwischen berittenen Adligen ab. Entsprechend forderten die Hopliten, die für ihre Ausrüstung selbst zu sorgen hatten, ihren Anteil an den Staatsgeschäften. In reichen Handelsstädten gaben Kaufleute und zu Geld gekommene Handwerker den Ton an.

Überall dort, wo das Perserreich seit der Mitte des 6. Jahrhunderts die Suprematie ausübte, kamen ausgesprochene Perserfreunde ans Ruder. Sie wurden von ihren Gegnern als „Tyrannen" bezeichnet. Hauptsächlich wohl deshalb, weil mit ihrer Herrschaft die Selbstverwaltung der Polis beschränkt war. Daneben gelangten in etlichen Stadtstaaten im Ringen der wichtigsten Familien um den bestimmenden Einfluss auch „echte" Tyrannen zur Alleinherrschaft. Kypselos von Korinth (Ende 7. Jahrhundert) und sein Sohn Periander gehören dazu, außerdem Thrasybulos von Milet (Anfang 6. Jahrhundert). Letzterer gab seinem Freund Periander den Rat, wenn er an der Macht bleiben wolle, solle er alle diejenigen ermorden, die ihm gefährlich werden könnten. Einer der bekanntesten Tyrannen der spätarchaischen Zeit ist Polykrates von Samos (ca. 538–522). Tyrannen wurden von den Zeitgenossen keineswegs nur negativ gesehen: Polykrates und Periander zum Beispiel verhalfen ihren Staaten zu großer wirtschaftlicher Blüte und starkem politischen Einfluss in ganz Hellas. Sie stützten ihre Herrschaft in der Regel auf eine ergebene Leibgarde, die nicht selten aus ortsfremden Söldnern bestand. Die traditionelle adelige Führungsschicht wurde auf diese Weise ebenso von der politischen Macht ferngehalten wie die neue wirtschaftliche Elite. Zu Beginn des 6. Jahrhundert hatte Solon, der legendäre Gesetzgeber, als gewählter Beamter (Archon) in Athen den Auftrag erhalten, das Gemeinwesen neu zu ordnen, denn die sozialen Spannungen hatten ein unerträgliches Maß erreicht. Tausende Kleinbauern hatten sich in Schuldknechtschaft – quasi in Sklaverei – verkaufen oder auswandern müssen. Das blieb nicht ohne negative Auswirkung auf die zumeist adeligen Grundbesitzer, weil sie damit ihre Arbeitskräfte verloren.

Solon sollte zwischen den Interessengruppen vermitteln. Sein Gesetzeswerk galt schon hundertfünfzig Jahre später als erster Schritt zur Demokratie, auch wenn sich dies bei näherem Hinsehen nicht halten lässt. Solon schaffte die Schuldknechtschaft attischer Bürger ab und beseitigte alle Lasten, die auf Grundstücken lagen. So schuf er die Voraussetzung für einen gesellschaftlichen Ausgleich. Die politische Teilhabe am Staat hing nach Solons Gesetzen nicht mehr von der Herkunft ab, sondern vom Besitz. In vier Vermögensklassen teilte er die Bürgerschaft ein, bemessen nach Ernteertrag in Scheffeln und Rang in der Wehrverfassung: Fünfhundertscheffler, Reiter (über dreihundert Scheffel), Soldaten in der Schlachtreihe (über zweihundert Scheffel) und Lohnarbeiter (Theten, unter zweihundert Scheffel). Der höchsten Vermögensklasse blieben die wichtigsten Ämter vorbehalten, zum Beispiel das Archontat, der Großteil des Adels fand sich bei den Reitern wieder und der handwerkliche und bäuerliche Mittelstand bei den schwerbewaffneten Hopliten. Der Adel verlor damit nicht sofort, aber langfristig gesehen seine exklusive Stellung. Wer allerdings glaubt, fortan habe in Athen Harmonie geherrscht und die Stadt sei auf dem direkten Weg zur voll ausgebildeten Demokratie gewesen, sieht sich getäuscht.

Solons Reformen führten Athen zunächst ins Chaos. Die Auseinandersetzungen zwischen den um ihre Vorrangstellung gebrachten

Adelsfamilien wurden heftiger. Zusätzlich forderten Bevölkerungsschichten, die bis dahin von der Politik ausgeschlossen gewesen waren, ihre neuen Rechte ein. Die Kämpfe mündeten Mitte des Jahrhunderts schließlich in die Tyrannis des Peisistratos, eines Adeligen, der sich mit Hilfe einer Söldnertruppe gegen alle Konkurrenten durchsetzte. Peisistratos und seine Söhne hielten den Adel wie das restliche Volk gleichermaßen von der Macht fern. Um diesen Mangel an politischer Mitwirkungsmöglichkeit auszugleichen, unternahmen die Peisistratiden mit Erfolg große Anstrengungen, das Staatsvolk auf dem Gebiet des Kultes (Panathenäen), der äußerlichen Prachtentfaltung (rege Bautätigkeit) und des wirtschaftlichen Wohlstands (Export rotfiguriger Vasenmalerei) zu integrieren.

Während dieser ganzen Zeit – die Tyrannis der Peisistratiden währte mit Unterbrechungen etwa ein halbes Jahrhundert – blieb die solonische Ordnung formell in Kraft. Nach dem Mord an Hipparchos, dem Tyrannensohn, im Jahre 514 v. Chr. – die Motive lagen im privaten Bereich –, verschärfte der überlebende Bruder Hippias das Regime. Doch offenbar überzog er damit seinen Kredit bei den Athenern. Kleisthenes aus dem Geschlecht der Alkmaioniden organisierte vom Exil aus den Umsturz. Zu diesem Zweck bestach er das Orakel von Delphi und gewann so den spartanischen König Kleomenes für eine militärische Kommandoaktion. So wurde Hippias, der letzte Peisistratide, 510 v. Chr. mit fremder Hilfe endgültig aus Athen vertrieben. Die grundlegende politische Neuordnung, die in den Folgejahren vor allem Kleisthenes durchsetzte, kann nun mit Fug und Recht als der Beginn der Entwicklung Athens zur Demokratie bezeichnet werden.

Kleisthenes erkannte, dass während der Tyrannis und unter dem Einfluss der solonischen Reformen die Adelsherrschaft alter Prägung für alle Zeiten zerstört worden war. Breite Schichten erhoben nun Anspruch auf politische Teilhabe. Zugleich hatten sich die traditionellen Bindungen der unteren Schichten an einzelne Adelshäuser aufgelöst und taugten nicht mehr als sozialer Kitt zwischen unterschiedlichen Interessenlagen. Es spricht für das politische Selbstbewusstsein der Athener, dass sie sich von Kleisthenes für einen radikalen Umsturz fast aller bisherigen Regeln ihrer Verfassung gewinnen ließen. Hatte Solon noch die „gute Ordnung“ *(eunomia)* von der „schlechten Ordnung“ *(dysnomia)* unterschieden, machte nun das Schlagwort von der „gleichen Verteilung“ von Rechten, *isonomia*, die Runde. Um allen Bürgern die Möglichkeit politischer Partizipation einzuräumen, kappte Kleisthenes endgültig die auf dem Geschlechterprinzip beruhende Verwaltungsordnung. An die Stelle der vier herkömmlichen „Phylen“ – clanartigen Strukturen, deren Grundlage eine fiktive Bindung an bestimmte Adelshäuser gebildet hatte – traten zehn neue Phylen, die nach einem komplizierten, das gesamte attische Staatsgebiet umfassenden Territorialprinzip gebildet wurden. Jede dieser zehn Phylen bestand aus je einem Drittel Stadtbevölkerung, Land- und Küstenbewohnern. Somit war von vornherein der Ausgleich zwischen unterschiedlichen Lebenserfahrungen und Interessengruppen zur Grundlage aller Entscheidungen gemacht. Jede Phyle entsandte in die *bulé*, den „Rat der 500“, fünfzig Mitglieder, die per Los bestimmt wurden. Das Mindestalter betrug dreißig Jahre, jeder Bürger konnte höchstens zweimal im Leben der *bulé* angehören.

Der Rat war gewissermaßen die geschäftsführende Regierung – organisiert nach dem Rotationsprinzip. Den Vorsitz führte jeweils für sechsunddreißig Tage die Gesamtheit aller Delegierten einer der zehn Phylen, die „Prytanie“. Der Vorsitzende der Prytanie wurde täglich neu ausgelost. Auch in der regelmäßig zusammentretenden Volksversammlung *(ekklesia)* leitete die jeweils amtierende Prytanie den Geschäftsablauf. Die *bulé* als Ganzes beriet überdies jeden Antrag an die Volksversammlung, bevor alle Athener darüber abstimmten. In der *ekklesia* hatte jeder erwachsene Mann Stimmrecht, der in der kleinsten Verwaltungseinheit, dem *demos* – den Gemeinden und Stadtvierteln des Territoriums von Attika –, als Bürger eingetragen war. Zunächst galt dies für jeden, der das achtzehnte Lebensjahr vollendet hatte, später wurde zusätzlich eine zweijährige Militärzeit verlangt.

Unberührt blieben vorerst die vier Vermögensklassen. Die *isonomia* verstand sich somit als „gleiches Recht für gleiche Klassen“. Zutritt zu den höchsten Beamtenposten, dem Archontat – von diesen gab es jährlich neun –, hatten nach wie vor nur die beiden höchsten Klassen. Der Adel blieb hier also weitgehend unter sich. Alle Archonten wechselten nach einjähriger Amtszeit für den Rest ihres Lebens in das althergebrachte, ebenfalls vom Adel dominierte Gremium des Areopag, benannt nach seinem Amtssitz auf dem Areshügel. Er führte die Aufsicht über alle öffentlichen Angelegenheiten und über die Gesetze. Außerdem hatte der Areopag die zentrale Gerichtsfunktion bei Kapitalverbrechen.

Die athenische Isonomie geriet bereits wenige Jahre nach ihrer Einrichtung zum politischen Kampfbegriff in der ägäischen Welt. Offenbar spielten die aufständischen Machthaber Ioniens gegenüber ihrer Bevölkerung mit dem Versprechen, nach einer gelungenen Befreiung von der persischen Oberhoheit den Bürgern mehr Mitwirkungsmöglichkeiten im Sinne der Isonomie zu geben. Möglicherweise bezog sich Herodot im eingangs zitierten Zusammenhang auf eine Verfassungsform ähnlicher Prägung. Wir können also vermuten, dass die Frage nach der inneren Verfassung einer Polis in ganz Hellas auf der Tagesordnung stand. In Athen jedenfalls schuf die neue Ordnung die Voraussetzung für den unaufhaltsamen Aufstieg der Stadt in nahezu jeder Hinsicht: machtpolitisch, kulturell, wirtschaftlich, bevölkerungsmäßig.

Doch der einzelne Politiker sollte nach Möglichkeit nicht zu mächtig werden. Für das Jahr 487 ist zum ersten Mal das Instrument des Scherbengerichts *(ostrakismos)* verbürgt. Die Volksversammlung machte im 5. Jahrhundert häufig von der Möglichkeit Gebrauch, Männer für zehn Jahre in die Verbannung zu schicken, indem eine Mehrheit den Namen des Betreffenden auf eine Tonscherbe *(ostrakon)* ritzte. So fielen bisweilen Richtungsentscheidungen, wenn der Protagonist einer Streitpartei temporär aus dem politischen Betrieb entfernt wurde – allerdings mit der Chance auf Rückkehr und vollständige Rehabilitierung.

Schon im Jahre 487 beschloss die Volksversammlung, das Amt der Archonten nicht mehr per Wahl, sondern per Los zu vergeben. So verlor es allmählich an Bedeutung. Dafür wuchs der Einfluss der Strategen, jener zehn Feldherren, die jährlich neu gewählt werden mussten. Da sie unbegrenzt wiedergewählt werden konnten – Phokion brachte es im 4. Jahrhundert v. Chr. auf 45 Amtszeiten –, hielten die Strategen die wirkliche Macht in Händen. Seit dem Jahr 457 wurde die dritte Vermögensklasse zum Archontat zugelassen, so dass dieses Amt weiter an Einfluss verlor.

Mit den Namen Ephialtes und Perikles verbunden ist der sogenannte radikaldemokratische Umsturz der späten 460er Jahre. Sie erreichten zunächst die weitgehende Entmachtung des Areopags und schwächten die letzte Bastion des Adels damit entscheidend. Die Kontrolle über die Beamten ging zum Beispiel auf den „Rat der 500" über. Wichtige juristische Befugnisse wurden dem schon seit Solon bestehenden Volksgericht übertragen, das aus sechstausend Personen aller Vermögensklassen bestand. Im nächsten Schritt sorgte Perikles dafür, dass die Mitglieder des Volksgerichts Tagegelder (Diäten) ausgezahlt bekamen, damit sich auch ärmere Bürger die politische Betätigung leisten konnten. Das Archontat wurde jetzt sogar für die Theten, die unterste Vermögensklasse, geöffnet. Letztere gewann an Bedeutung, je stärker Athen seine Seemacht ausbaute. Denn im Inneren der Kriegsschiffe ruderten die ärmsten Bürger. Mit jeder gewonnenen Seeschlacht wuchs ihr Ansehen, sie hatten also ein Interesse an einer aggressiven Außenpolitik. Später wurden Tagegelder in Höhe des Existenzminimums auch für die *bulé* gezahlt. Dies scheint eine Ursache für die Geringschätzung der Demokratie bei Platon und Aristoteles zu sein: Im 4. Jahrhundert wurde die attische Demokratie immer stärker von jenen bestimmt, die vor allem aus finanziellen Gründen die Versammlungen besuchten und nichts Besseres zu tun hatten, während andere dafür keine Zeit hatten oder sich eine längere Abwesenheit vom eigenen Unternehmen oder von ihrem entlegenen Bauernhof nicht leisten konnten.

Wer von der attischen Demokratie als einer Volksherrschaft spricht, muss berücksichtigen, dass tatsächlich nur ein Bruchteil der Bevölkerung die Chance hatte, sich in die Entscheidungsfindung einzubringen. In der Blütezeit Athens im 5. Jahrhundert lebten vielleicht dreihunderttausend Menschen in Attika, einem Staatsgebiet von der Größe des Saarlandes. Höchstens die Hälfte davon waren Athener, der Rest verteilte sich auf Sklaven und Metöken. Bei Letzteren handelte es sich um Fremde, die dauerhaft in Athen wohnten und meistens ein Geschäft betrieben. Sie hatten im Unterschied zu den Bürgern Steuern zu bezahlen und wurden auch zum Kriegsdienst eingezogen. Die Forschung rechnet heute mit rund vierzigtausend Metöken in klassischer Zeit: Banker, Philosophen, Handwerker, Reeder, Waffenfabrikanten – alle Berufe waren vertreten und hielten die Stadt am Laufen. Ebenso wie die Sklaven. Ihre Zahl wird auf rund einhunderttausend geschätzt – nur wenige wurden freigelassen und galten dann als Fremde, nicht als Bürger wie etwa in Rom. Politische Rechte hatten weder Sklaven noch Metöken, ganz zu schweigen von Fremden ohne „Gaststatus" und Frauen. Diese blieben männlichen Athenern ab dem zwanzigsten Lebensjahr vorbehalten, sofern sie in ihrem Heimat-Demos in die Bürgerliste eingetragen waren. Vermutlich handelte es sich um nicht mehr als dreißig- bis höchstens fünfundvierzigtausend Männer, also höchstens fünfzehn Prozent der Gesamtbevölkerung. Und kaum ein Privileg wurde sparsamer verliehen als das athenische Bürgerrecht.

Während des Peloponnesischen Krieges wurde die Demokratie zweimal zugunsten eines oligarchischen Regimes gekippt. Zweimal kam sie wieder zurück und hielt sich – mit zahlreichen Modifizierungen im einzelnen – bis nach dem Tod Alexanders des Großen 323 v. Chr. Athen glaubte die makedonische Vorherrschaft jetzt endlich wieder abstreifen zu können, schätzte aber wie so oft seine Kräfte falsch ein und unterlag 322 Alexanders europäischem Statthalter Antipatros. Hernach durften die Athener unter dem Protektorat zuerst der Makedonen, dann der Römer gewisse Gremien, Ämter und Funktionen aus demokratischer Tradition beibehalten. Mit der Herrschaft des „ganzen" Volkes war es allerdings unwiderruflich vorbei. Die hellenistischen Herrscher wie auch die römische Republik und ihre Erben kooperierten am liebsten mit einer überschaubaren Elite. „Demokratisch" konnte im Griechisch der Kaiserzeit soviel heißen wie „in gesicherten politischen Verhältnissen lebend". Nicht wenige Autoren späterer Jahrhunderte sehnten sich nach der „guten alten Zeit" der unabhängigen griechischen Staatenwelt. Der real existierenden Demokratie indes wurde kaum eine Träne nachgeweint.

IRRTUM 12:

In Rom liefen alle in weißen Togen herum

Die Delegation des Senats kommt Lucius Quinctius Cincinnatus nun wirklich ungelegen. Gerade dirigiert er einen Ochsen übers Feld. Mühsam hält er, hinter dem Tier herlaufend, den Pflug und versucht eine gerade Linie hinzubekommen, dabei aber die Pflugschar so tief in den staubtrockenen Boden einzugraben, dass eine ordentliche Furche entsteht. Schließlich gilt es mit der Hände Arbeit auf dem Feld das Überleben der Familie zu sichern. Und jetzt stehen hier vor ihm die hohen Herren aus Rom von jenseits des Tibers, fordern ihn ultimativ auf, seine Toga anzulegen „und die Weisungen des Senats zu vernehmen; daraus solle ihm und dem Staate Gutes erwachsen", wie der Historiker Livius später die Annalen zitiert.

Wir schreiben das Jahr 458 v. Chr. Die römische Republik, erst wenige Jahrzehnte alt, wird von ihren Nachbarn bedrängt. Im Heer, schreibt Livius, hatte sich „große Verzagtheit" breitgemacht. Da beschließt der Senat, den ehemaligen Konsul Cincinnatus zu Hilfe zu rufen. Als *dictator* mit weitgehenden Vollmachten ausgestattet, unabhängig vom Senat und keinerlei Gerichtsbarkeit unterworfen, soll er binnen der nächsten sechs Monate die *res publica* vor dem äußeren Feind bewahren. Doch Cincinnatus stellen sich zunächst zwei ganz profane Probleme: 1. Wo ist meine Toga? Denn ohne Toga wollen die Senatsboten ihm keinen Ton sagen. 2. Wer bestellt in meiner Abwesenheit die Felder? Während Cincinnatus die Antwort auf die zweite Frage vorerst zurückstellen muss, schickt er seine Gattin Racilia ins Haus, die Toga zu holen. Bis das kostbare Kleidungsstück seinen rechtmäßigen Träger erreicht, hat der sich auch schon leidlich von Schweiß und Staub befreien lassen. Derart gereinigt und gewandet, heißen ihn die Gesandten nun als Dictator willkommen und begleiten ihn auf einem Staatsschiff über den Tiber in die Stadt. Cincinnatus entledigte sich seiner Aufgabe übrigens nicht nur mit Bravour, sondern auch binnen sechzehn Tagen. So konnte er rasch zur Feldarbeit zurückkehren.

Nur der moderne Betrachter könnte auf die Idee kommen, in einer solchen Angelegenheit, wenn Sein oder Nichtsein des Gemeinwesens auf dem Spiel stehen, komme es doch nun wirklich nicht so darauf an, welches Kleidungsstück einer trägt. Tunika oder Toga – Hauptsache, er rettet die Republik! Nicht so im alten Rom. Cincinnatus war von den Göttern offenbar gesegnet. Nicht nur dass er ohne Zögern seine privaten den öffentlichen Angelegenheiten unterordnete, er bewies darüber hinaus den geforderten Sinn für Etikette: Ohne Toga ging ein Römer nicht außer Haus, schon gar nicht, wenn ihn dringende Staatsgeschäfte riefen.

Vergil lässt in seinem Epos „Aeneis" den Jupiter vorhersagen, die Römer würden dereinst die Welt beherrschen, und zwar als *gens togata*, als „Volk in der Toga". So groß war der Stolz der Römer auf dieses Kleidungsstück, dass sie Toga und Bürgerrecht sogar in Verbindung brachten: Nur römische Bürger waren berechtigt, die Toga zu tragen. Wer in die Verbannung geschickt wurde wie der Dichter Ovid zu Zeiten des Kaisers Augustus, der hatte sein *ius togae* verloren, sein Recht auf das Tragen des Staatskleides. Und dieses Staatskleid war weiß – jedenfalls zum größten Teil und in den meisten seiner vielen unterschiedlichen Ausführungen und fast während der gesamten römischen Antike. Daraus abzuleiten, dass in Rom und seinen Provinzen alle Leute in weißen Togen herumliefen, geht allerdings zu weit. Die antike Gesellschaft war hierarchisch aufgebaut, was sich gerade in der Kleiderordnung niederschlug. Und die war bunt.

Doch bleiben wir noch bei der Toga, der römischen Staatstracht. Mit fortschreitender Zeit wurde sie eher als Last empfunden und immer öfter schnöde zu Hause gelassen. Der berühmte römische Rhetoriklehrer Quintilian (ca. 35–96) empfahl dem ambitionierten Redner wärmstens, beim öffentlichen Auftritt auf seine Garderobe zu achten. Sie sollte nicht extravagant ausfallen, aber auch nicht nachlässig. Eine Toga müsse aber schon her. Bei dieser Gelegenheit erklärt Quintilian, wie die Toga zu tragen sei und wie sie die Alten getragen hätten. Hören wir kurz hinein: „Die Toga sollte, meiner Meinung nach, rund und maßgeschneidert sein. Andernfalls gibt es eine Reihe von Möglichkeiten, wie sie unförmig wirken kann. Die Vorderkante sollte vorzugsweise bis zur Mitte des Schienbeins reichen, während die Toga am Rücken höher sein sollte, weil ja auch der Gürtel am Rücken höher sitzt als vorn. Der Faltenwurf gelingt am besten, wenn die Toga bis zu einem Punkt etwas oberhalb der Unterkante der Tunika fällt, und sie sollte auf jeden Fall nicht unter diesen Punkt fallen. Die andere Falte, die schräg verläuft und wie ein Gürtel unter der rechten Schulter hindurchgezogen und dann über die linke geworfen wird, sollte weder zu fest noch zu locker sein. Der Teil der Toga, der zuletzt angeordnet wird, sollte eher tief fallen, weil er so besser sitzt und an seinem Platz gehalten wird." So geht es noch einige Absätze weiter.

Römer von Stand, die sich in der Kaiserzeit der althergebrachten Etikette unterwarfen, beschäftigten eigens Sklaven für das Anlegen ihrer Toga. Seit dem Ende der Republik nahm die Stoffmenge der Toga um mehr als die Hälfte zu, weil es „in" war, immer mehr Falten um den Träger zu drapieren, bis er wie eine wandelnde Statue aussah. Hatte die Garderobe noch zur Zeit Ciceros sorgfältig gefaltet über Nacht in Schränke oder Truhen gepasst, konnte die Toga zur „Zwischenlagerung" hundert Jahre später nur noch auf Schneiderpuppen drapiert werden ... oder musste gleich in die Wäsche. Kleine Bleigewichte zogen die Zipfel in die Länge wie in heutigen Vorhängen und Gardinen. Kurz vor 200 n.Chr. kam der nächste Trend auf: Die schräg über die Brust drapierten Falten sollten sich nicht mehr bauschen, sondern brettsteif und scharfkantig übereinander liegen. So schreibt an der Wende zum 3. Jahrhundert der Anwalt und christliche Schriftsteller Tertullian: „Früher, als die Togatracht noch einfach war, brauchte man keinen Künstler *(artifex)*, der am Vortage kam, um Falten zu legen und sie elegant glatt zu streichen und die ganze gefaltete Stoffmasse in eine Art Presse zu bringen. Dann am nächsten Tag, wenn die Toga angelegt wird, muss der *artifex* beim Anlegen behilflich sein, damit alles richtig drapiert wird.“ Tertullian schildert dann die verschlungenen Wege des Toga-Anlegens und schließt leicht frustriert mit der Frage: „Hat man ein Gewand oder ein Gepäck?“ Die Frage war durchaus berechtigt. Immerhin trug man einen Wollteppich von rund sechs Metern Länge und zweieinhalb Metern Breite mit sich herum.

Charakteristikum dieses Kleidungsstücks, dessen Urform die Römer einst von den Etruskern abgekupfert hatten, war der von Quintilian angesprochene gerundete Saum. Die Grundform der meisten anderen antiken Kleider bildete nämlich ein Rechteck – beispielsweise bei der Tunika, die am ehesten mit einem langen T-Shirt zu vergleichen ist. Während die ärmeren Bevölkerungsschichten und die Sklaven in der Regel nur die Tunika trugen, diente sie vornehmeren Römern lediglich als eine Art Untergewand. Die Altvorderen freilich trugen in der Öffentlichkeit die Toga ohne Tunika. So blieben rechte Schulter und rechter Arm nackt, während die linke Körperhälfte inklusive linker Arm von einem kunstvoll drapierten Wollwulst verdeckt wurde. Schon im 2. Jahrhundert v. Chr. allerdings scheint sich die Tunika als Untergewand weitgehend durchgesetzt zu haben, wie Statuen aus dieser Zeit vermuten lassen. Als der sittenstrenge jüngere Cato in der untergehenden Republik ohne Tunika auf dem Forum Romanum auftauchte, musste er seinen seltsamen Aufzug mit Hinweis auf ebenso „bekleidete“ Statuen älteren Datums rechtfertigen. Mit dem Ende der Republik scheint allgemein die Lust des Römers auf seine Toga gelitten zu haben, denn Augustus, der erste Kaiser, hielt es für angemessen, Kleidervorschriften zu erlassen: Die Ädilen hatten nun darauf zu achten, dass Personen von Stand wenigstens auf dem Forum und in seinem Umfeld die Toga trugen.

Wobei Toga natürlich nicht gleich Toga war. Die Alltags-Toga des erwachsenen Mannes, die *toga virilis,* blieb wie erwähnt in aller Regel weiß – je nach Wollqualität mehr oder weniger cremefarben und oft erst durch die Schwefeldämpfe der Wäscherei zum Strahlen gebracht – und hieß deshalb auch *toga pura*. Der heranwachsende frei geborene Römer wickelte sich in die *toga praetexta*. Ihr Kennzeichen: ein breiter

Purpurstreifen am Saum. Purpur war auch in der Antike ein extrem teurer Farbstoff, so dass vor allem die Sprößlinge begüterter Bürger die *toga praetexta* getragen haben werden. Zum Zeichen seines Eintritts ins Erwachsenenalter legte der junge Mann diese Toga zwischen dem 15. und 17. Lebensjahr während einer feierlichen Zeremonie zum Bacchus-Fest am 17. März nieder und war fortan berechtigt, die *toga virilis* zu tragen. Damit zeigte er zugleich aller Welt, dass er ein vollgültiger römischer Bürger geworden war. Die Redewendung „die *toga praetexta* ablegen" bedeutete zu Zeiten Ciceros „erwachsen werden".

Dieselben jungen Männer, die die *toga praetexta* mit dem breiten Purpurstreifen ablegten, bemühten sich nach einigen Jahren des obligatorischen Militärdienstes erneut darum, dieses Kleidungsstück anlegen zu dürfen: als Priester nämlich oder als Beamter, als Quästor zum Beispiel, als Ädil oder als Prätor. Kleider machen Leute – auf das alte Rom trifft dieser Spruch in besonderem Maße zu: Zeig' mir, was du am Leib trägst, und ich sage dir, wer du bist. Standesunterschiede, Reichtum, Status im öffentlichen Leben – an der Kleidung sollst du sie erkennen. So hatten sich die Bewerber um eine der angesprochenen Magistraturen bis zu ihrer Wahl in eine blütenweiße Toga zu werfen, die *toga candida*, auf dass ihr Status jedem sofort ins Auge falle. Bis zum heutigen Tag leitet sich von dieser besonderen römischen Eigenart der Begriff „Kandidat" ab.

Wenn der Römer trauerte, drapierte er die graue bis schwarze *toga pulla* um seinen Leib. Eine purpurfarbene, mit goldenen Sternen verzierte Toga stand dem erfolgreichen Feldherrn zu, wenn er in Rom seinen Triumph feierte. Im 3. Jahrhundert, als allen freien Bewohnern des Reichsgebiets das römische Bürgerrecht verliehen wurde, war die Toga ihrer ursprünglichen Bedeutung endgültig beraubt. Bis ins 6. Jahrhundert mussten sich allerdings noch die Senatoren mit ihr herumplagen, weil das Gesetz es von ihnen verlangte. Die Konsuln trugen zu dieser Zeit eine besonders kunstvoll gearbeitete und überaus bunte Toga, die *toga picta*. Sie wurde ihnen vom Kaiser aufgrund ihrer Würde als höchste Beamte verliehen. Der Kaiser selbst warf sich schon mal in eine vollständig purpurfarbene Toga – eine unmäßig teure Robe und gerade deswegen standesgemäß.

Standesunterschiede machte der Römer auch mit seinem Schuhwerk deutlich. Ein Senator beispielsweise trug den *calceus senatorius*, den Senatorenschuh. Es handelte sich nicht etwa um eine Sandale, sondern um einen geschlossenen Schuh aus weichem Leder, das rot oder schwarz eingefärbt war. Die Höhe des Schaftes, der bis zur halben Wade reichte, sein besonderes Riemenwerk und die Farbe machten jedem römischen Passanten klar, mit welchem Kaliber er es bei dem Schuhträger zu tun hatte. Handelte es sich gar um einen Patrizier, schmückten zusätzlich Elfenbeinschnallen in Halbmondform die Riemen – „du trägst deine edle Herkunft an den Knöcheln herum", spottete der Grieche Herodes Atticus über seinen innig mit ihm verfeindeten Schwager. Wer übrigens die römische Eigenart, soziale Unterschiede mittels der Kleidung auszudrücken, mit Kopfschütteln quittiert, möge sich in Erinnerung rufen, wie noch heute schon im Kindesalter Klamotten für soziale Botschaften eingesetzt werden. Und welche Marke hat noch gleich der Kinderwagen von nebenan?

Die Tunika ersetzte schon recht bald die umständliche Toga als Alltagsgewand. Frauen trugen sie bis zu den Knöcheln, Männer etwa knielang. Sie noch weiter oben enden zu lassen, galt als unanständig. Auf Höhe der Hüfte banden Männer wie Frauen einen Gürtel um den Leib und schürzten die Tunika darüber. Sklaven ließen, wie Mosaike zeigen, bei der Arbeit manchmal eine Schulter frei, um mehr Bewegungsfreiheit zu haben. Seit der frühen Kaiserzeit trugen die Römer unter der Tunika oft noch ein weiteres Gewand, die *tunica inferior* oder *subucula,* eine Art Unterhemd. Angeblich war Kaiser Augustus so verfroren, dass er im Winter sogar vier Tuniken übereinander trug. Um den Hals wickelte er zusätzlich einen Wollschal, stieg in eine bis übers Knie reichende enge Hose und hielt die Unterschenkel mit Wickelgamaschen nach Art der Jäger warm. Leider wurde er nicht in diesem Aufzug in Marmor oder Bronze verewigt. Die Tunika wurde von Sklaven ebenso getragen wie von Adligen, wobei die unteren Schichten gröbere, widerstandsfähigere Wolle in gedeckteren Farben trugen. Neben dem feineren Stoff legten senatorischer Adel wie Ritterstand auch hier großen Wert auf ihre Standeszeichen: Weiß hatte ihre Tunika zu sein und senkrechte Purpurstreifen von der Schulter bis zum Saum aufzuweisen. Wobei der Streifen der senatorischen Tunika *(latus clavus)* mit rund zehn Zentimetern deutlich breiter ausfiel als derjenige der Ritter *(latus angusticlavus)* mit nur drei Zentimetern. Der kleine, aber feine Unterschied – augenfällig gemacht durch wenige Quadratzentimeter Farbe.

Farbe auf die Straßen Roms brachten außerdem viele andere Kleidungsstücke, die der gemeine wie der vornehme Römer in seinem Wäschefach liegen hatte. Zum Beispiel das *pallium,* bei den Frauen die *palla.* Wegen seiner Verwandtschaft zum griechischen *himation* genierte sich der Römer zunächst, diesen praktischen, aus einem rechteckigen Tuch bestehenden Wollmantel regelmäßig zu tragen. Doch je unbeliebter und faltenreicher die schwerfällige Toga wurde, umso häufiger war auf den Straßen das *pallium* zu sehen. Man schwang es sich einfach um den Körper und hatte so gut wie gar nicht auf den Faltenwurf zu achten. Außerdem leuchtete es je nach persönlicher Vorliebe und Kassenlage in allen Farben des Regenbogens.

Besonders beliebt war offenbar auch hier, wie ein Cicero-Fragment nahelegt, die Purpurfarbe. Der Purpurfarbstoff wurde schon seit archaischer Zeit vor allem an der phönizischen Küste des heutigen Libanons aus dem Sekret winziger Drüsenkörper in den Atemwegen der Purpurschnecke gewonnen – die Phönizier verdanken sogar ihren Namen der griechischen Bezeichnung für die Farbe Purpur. Um anderthalb Gramm Farbstoff zu gewinnen, mussten rund zwölftausend Schnecken lebend gefangen und ihre Drüsen ausgequetscht werden, wie Plinius der Ältere schreibt. Ein aufwändiges Färbeverfahren schloss sich an. Wieviel Sekret nötig war, um ein Gewand zu färben, ist in der Forschung umstritten. In älteren Berechnungen ging man davon aus, dass für ein Kilogramm Wolle zweihundert Gramm Farbe benötigt werden. Heute stellen Forscher fest, für ein Kilo Wolle genüge die Farbe von zehntausend Schnecken. Wie auch immer: Wenn in Deutschland jemand ein Gramm Purpurfarbstoff erwerben möchte, muss er heute mit Kosten von rund zweitausend Euro rechnen. Es ist also leicht nachzuvollziehen, dass Purpur im alten Rom in erster Linie der Zurschaustellung von Reichtum und Macht diente – ob nun zu Recht oder lediglich angemaßt. Martial schreibt im späten

1. Jahrhundert n. Chr., für die Luxus-Ausführung beliebter Mäntel in Purpur hätten nicht wenige reiche Römer bis zu zehntausend Sesterze bezahlt. Zum Vergleich: Zu dieser Zeit verdiente ein einfacher Legionär in der römischen Armee etwas mehr als drei Sesterze am Tag.

Die Römerinnen trugen in der Frühzeit ebenfalls die Toga über der knöchellangen Tunika. Doch schon in den letzten beiden Jahrhunderten der Republik galt die Toga für die Frau als ausgesprochen zwielichtiges Kleidungsstück – eher Prostituierten angemessen oder des Ehebruchs überführten Frauen. Ehrbare Damen legten über ihrer Tunika die *stola* an, ein langes Kleid mit einem Leder- oder Pelzsaum. Die Stola sandte, wie könnte es anders sein, ebenfalls ein soziales Signal aus: Hier schreitet eine verheiratete, anständige Frau – nicht zu haben. Anders als bei der Toga war das Tragen der Stola nicht an das römische Bürgerrecht gebunden, sondern eher an den gesellschaftlichen Stand und die finanziellen Möglichkeiten ihrer Besitzerin. Das Kleid blieb auch nicht weiß wie die klassische Toga, sondern verlangte geradezu nach Farbe.

Der Dichter Ovid besang die Farbigkeit weiblicher Garderobe im alten Rom mit diesen Worten: „Ein Frauenkleid braucht, um geschmackvoll zu sein, nicht eine echte teure Purpurfarbe aufzuweisen. Da ist vielmehr das Blau des wolkenlosen Himmels, die goldene Naturfarbe der Wolle, das Meergrün der wallenden Flut, das Gelb des Safran ..." Fresken aus Pompeji offenbaren die ganze Farbenpracht römischer Garderobe. In der Öffentlichkeit verzichtete auch die römische Frau auf Sandalen. Ihre geschlossenen Schuhe aus weichem Leder waren entweder weiß oder gefärbt und wurden gern mit Edelsteinen, Perlen oder besonders dekorativer Stickerei verziert. Manchmal ist die Antike offenbar gar nicht so weit von der sogenannten Moderne entfernt ...

Nur weil Purpur so teuer war, musste die weniger begüterte Römerin allerdings nicht auf rote Farbe verzichten. Trächtige Schildlausweibchen von der Kermes- und der Scharlach-Eiche, die in Südeuropa und im östlichen Mittelmeerraum wächst, spendeten ebenso roten Farbstoff wie die Wurzel des Färberkrapps, von den Römern aufgrund dieser Eigenschaft *rubia* genannt. Nach Plinius dem Älteren wurde *rubia tinctorum* in der Gegend um Rom angebaut. Mehr scheinen als sein: Nach diesem ewig gültigen Grundsatz verfuhren auch die alten Römer, wenn sie ein wenig vom teuren Purpurfarbstoff mit viel Material der günstigen, quasi um die Ecke wachsenden *rubia* streckten. Gelb gefärbt wurde zum Beispiel, siehe Ovid, mit Safran. Der Schleier der Braut zur Hochzeit und die Gewänder der Priesterinnen der Vesta wurden mit dem Gelb des Gilbkrauts eingefärbt. Färberwaid lieferte blauen Farbstoff. Ohne Farbzusatz kam die Wolle aus, die aus dem apulischen Canusium ihren Weg in römische Haushalte fand. Sie war von Haus aus rot oder braun. Rötlich schimmerte auch importierte asiatische Wolle, während die Wolle aus Pollentia ihrer schwarzen Farbe wegen gekauft wurde. Baumwolle aus Indien kannten die Römer auch schon, sogar mit dem typischen Indigo-Blau gefärbt. Den wenigen Funden von Textilresten nach zu urteilen, spielte Baumwolle in der antiken Zeit des Mittelmeerraumes jedoch eine eher untergeordnete Rolle.

Was trugen Römer und Römerin eigentlich drunter? Auch diese Frage ist selbstverständlich erforscht. Berühmt geworden ist der lederne Lendenschurz aus Britannien, der im Museum of London zu bewundern ist. Er war an einer Seite mit Schnüren zu binden und diente sowohl Frauen wie Männern als Unterhose, *subligaculum* genannt. Für die Herren wird es meist das einzige Kleidungsstück unter der Tunika gewesen sein. Einfache Leute und Sklaven trugen bei schwerer körperlicher Arbeit vermutlich nur das *subligaculum*. Bekannt ist auch die einfachere Form des Lendenschurzes: Ein hosenartig drapiertes Stück Stoff, das durch den Schritt gezogen und in der Taille mit einem Gürtel gebunden oder einfach im Bund befestigt wurde. Die Damen trugen, wie auch auf Mosaiken und Fresken überliefert, ein bindenartiges Oberteil zur Stütze der Brust, den Vorläufer des BH. Es hieß *fascia pectoralis*, „Brustbinde". Zusammen mit dem *subligaculum* erscheint die Kombination auf bildlichen Darstellungen wie ein antiker Bikini.

Je weiter entfernt von Italien, desto stärker konnten sich auch in der Tracht regionale Traditionen halten. Als Quellen kommen hier – zum Beispiel im Raum nördlich der Alpen – vor allem Grabsteine in Betracht, auf denen sich Verstorbene in dem für sie typischen Gewand darstellen ließen – oder in der Tracht, in der die Nachwelt sie in Erinnerung behalten sollte. Dabei fällt bei den Männern wiederum häufig die Toga auf. Sie diente wohl in erster Linie als „Ausweis“ für den eigenen Status. Die Botschaft: Dieser Verstorbene war ein römischer Bürger, kein Sklave. Eigenständigkeit in der Tracht zeigte dagegen das keltische Ehepaar Menimane und Blussus im Mainz des 1. Jahrhunderts n. Chr. Die regionale Verbreitung ihres Kleidungsstils wird durch andere Darstellungen im Mittelrheingebiet bestätigt. Menimane trägt eine langärmelige Bluse, die an Oberkörper und Armen eng anliegt. Der Schlitz am Halsausschnitt wird von einer Fibel zusammengehalten – was eine Römerin vermieden hätte. Als Oberbekleidung identifiziert die Forschung ein zylindrisch geschnittenes Gewand, das mit einem griechischen *peplos* zu vergleichen ist. Unrömisch auch hier: Zwei Fibeln halten es über den Schultern zusammen, mit einer weiteren Spange ist es an die Bluse geheftet. Und schließlich trägt Menimane einen Umhang, wie er auch aus Rom bekannt ist, wo er *palla* hieß und über die Schultern geworfen wurde. Menimane jedoch steckte auch diesen über der Schulter mit einer Fibel fest.

Blussus trägt über seiner Tunika eine Art Poncho mit Kapuze, eine *paenula*. Typisch für die Gegend ist ein dicker Schal um den Hals. Gallische Männer und Frauen trugen ihre Tunika übrigens in der Regel ohne Gürtel. Dafür war sie weiter geschnitten und hatte lange Ärmel. Offizielle Bildwerke wie etwa Grabsteine mit figürlicher Darstellung konnte sich nur eine bestimmte Schicht leisten. Und die zielte mit der Wahl des abgebildeten Gewandes auf eine bestimmte Aussage, die sie und ihr Leben in Bezug zu Rom setzte: Mal war die Kleidung deshalb eher römisch geprägt, mal eher der regionalen Tradition verpflichtet. Textilreste mit Rückständen pflanzlicher Färbemittel bestätigen aber auch hier die eingangs getroffene Feststellung: Der antike Mensch liebte es bunt, im römischen Kernland wie in der entlegenen Provinz.

Was der Römer an sich vermied, waren lange, bis zu den Knöcheln reichende Hosen. Die Trajanssäule liefert viele anschauliche Beispiele für „Barbaren“ mit langen Hosen: Daker vor allem aus dem heutigen Rumänien, von Kaiser Trajan unterworfen. Aber auch Germanen liebten das lange Beinkleid. Sie trugen es im Vergleich zu den Dakern enger geschnitten und zogen eine kurze Tunika mit langen Ärmeln darüber. Fast genauso gekleidet, nur etwas fantasievoller und vermutlich bunter, mit Bordüren hier und Knoten da, waren die Herren im syrischen Palmyra. Eine Art von Hosen, die aber keinesfalls so genannt werden durften, zogen sich die Reiter der römischen Armee über, ehe sie sich in den Sattel schwangen. Die *feminalia*, „Oberschenkelschützer", reichten gerade so übers Knie. Unter der Tunika getragen, blieben diese Leggings unsichtbar. Eine Tatsache, die sich wie erwähnt der verfrorene Augustus zunutze machte, ohne vor seiner Umgebung als unrömisch gekleidet dazustehen.

IRRTUM 13:

Sklaven waren arm und rechtlos

Wie kann ein Sklave nur so undankbar sein! Zugegeben: Im strengen Sinne ist Phormion zwar kein Sklave mehr – genau genommen ist er ein Freigelassener und überdies als wichtiger Bankier einer der reichsten Männer Athens in der Mitte des 4. Jahrhunderts v. Chr. Doch Apollodoros, leiblicher Sohn der Gattin jenes Ex-Sklaven und selbst steinreich, führt zwei Jahrzehnte lang erbitterte juristische Gefechte gegen ihn, der früher seinem Vater Pasion gehörte. Es geht um Erbschaftsfragen. Apollodoros fordert in seinen erhalten gebliebenen Gerichtsreden von Phormion, er möge doch ihm gegenüber, dem Sohn von Phormions ehemaligem Herrn, ein wenig mehr der geforderten Dankesschuld abtragen. Das sei wohl nicht zu viel verlangt. Denn, so Apollodoros: „Wenn diesen Menschen seinerzeit, als er zum Verkauf angeboten wurde, ein Koch oder irgendein anderer Handwerker gekauft hätte, stünde es nach Erlernung dieses Berufs bei weitem nicht so gut um ihn." Da Pasion aber dem Phormion, nachdem er ihn gekauft hatte, nicht nur Lesen und Schreiben beigebracht habe, sondern auch den Bankiersberuf „und ihm die Aufsicht über große Geldsummen anvertraute, wurde er wohlhabend." Apollodoros hebt dabei auf die besondere Rechtsstellung eines ehemaligen Sklaven im Athen jener Zeit ab: Freigelassene waren dem Freilasser gegenüber noch für eine gewisse Zeit zu Diensten verpflichtet. Die genauen Umstände liegen im Dunkeln. Wichtig ist jedoch: Für Sklaven in antiken Gesellschaften gab es durchaus die Möglichkeit, nicht nur den Status des Unfreien abzulegen, sondern darüber hinaus auch finanziell, gesellschaftlich und politisch Karriere zu machen. Es kam dabei allerdings schon sehr darauf an, zu welchem Herrn und in welche Funktion einen das Schicksal verschlug.

Bleiben wir gleich bei der oben geschilderten Familie. Pasion, der Bankier und Vater des Apollodoros, hatte selbst eine Vergangenheit als Sklave. Ungewöhnlich für die damalige Zeit: Pasion war im Besitz des attischen Bürgerrechts. Mit diesem Privileg gingen die Athener normalerweise sehr sparsam um. Vielleicht ist die Großzügigkeit ja auch den schwierigen Umständen nach dem unrühmlichen Ende des Peloponnesischen Krieges geschuldet. Um 400 v. Chr. dehnt Pasion seine Geschäftstätigkeit noch aus und betreibt neben einer Bank auch noch eine Schildfabrikation – im klassischen Griechenland eine kriegswichtige und damit systemrelevante Unternehmung. Als er um 370 v. Chr. stirbt, übernimmt der Freigelassene Phormion die Bank als Pächter. Gemäß Testament ehelicht er darüber hinaus Pasions Witwe und schlittert so in den jahrzehntelangen Streit mit Apollodoros …

Phormion hätte es schlimmer treffen können. Wäre er nicht so anstellig gewesen, sondern vielleicht ein wenig unzufrieden und aufsässig – wer weiß, am Ende wäre er in den staatlichen Silberbergwerken von Laureion an der Südspitze Attikas gelandet. Mit der Drohung, sie in die lebensfeindliche Welt der Bergwerke oder in die monotone Arbeit der Mühlen zu schicken, konnten sowohl griechische wie auch römische Herren ihre Sklaven am nachhaltigsten beeindrucken und somit in Schach halten. Denn der Einsatz in den Minen, seien es die von Laureion oder in römischer Zeit die spanischen Bergwerke, kam der raschen „Vernichtung durch Arbeit" gleich. Die Lebenserwartung in den Stollen und an den giftspuckenden Schmelzöfen betrug im besten Fall wenige Jahre. In dieser Zeit hatten die Arbeiter, unter denen sich zumindest in Athen nicht wenige Freie befanden, ein Maximum an Profit zu schürfen.

Der berühmte Athener Politiker und Feldherr Nikias (ca. 470–413) beschäftigte nicht weniger als eintausend Sklaven in den Silberminen. Wahrscheinlich bekam er nie auch nur einen zu Gesicht, denn er hatte keine Zeit, sich um sein Geschäft zu kümmern – schließlich gab es Wichtigeres zu tun: Kriege zu führen beispielsweise, und die sind bekanntlich teuer. Deswegen leistete er sich mit Sosias einen thrakischen Sklaven als Minenaufseher. Sosias kostete ihn in der Anschaffung ein ganzes Talent, sechstausend Drachmen, und damit bis zu dreißigmal mehr als ein durchschnittlich qualifizierter Sklave. Doch die spektakuläre Investition, die sich sogar literarisch niederschlug, rentierte sich offenbar. Sosias betrieb das Minengeschäft auf eigene Rechnung und hatte dem Nikias dafür täglich je Arbeiter einen Obolos abzugeben, das Sechstel einer Drachme. Mit anderen Worten: Nach sechsunddreißig Arbeitstagen hatte sich die Investition in Sosias bereits amortisiert. Ein lohnendes Geschäft also, nur darf man nicht nach den menschlichen Kosten fragen. Zu Sosias' Pflichten gehörte es nämlich auch, die Zahl der Sklaven konstant zu halten. Wie er das machte, blieb ihm überlassen. Nikias ging es allein um den Profit.

Ist die Sklaverei so alt wie die Menschheit? Das ist schwer nachzuweisen. Jedenfalls ist es nicht übertrieben zu behaupten, sie sei so alt wie die schriftliche Überlieferung. Orientalische Keilschrifttexte aus dem frühen 3. Jahrtausend v. Chr. belegen bereits die Existenz von Menschen, die sich im Eigentum anderer Menschen oder von Institutionen befanden. Sie arbeiteten in der privaten Hauswirtschaft, in öffentlichen Palästen oder Tempeln, im Handwerk, im Acker- und Gartenbau. In Unfreiheit geraten waren sie entweder durch Schuldknechtschaft, durch Kriegsgefangenschaft, Deportation – oder sie wurden bereits als Kinder von Sklaven geboren. Damit sind bereits für diese frühe Zeit nahezu alle wichtigen Ursachen für den Sklavenstatus genannt. Sklaven tragen im alten Orient Brandmale oder Tätowierungen, die ihren Status kennzeichnen, oder eine bestimmte Haartracht. Ihr Herr kann beliebig über sie verfügen: sie verkaufen, vermieten, freilassen oder vererben. Er darf sie nach Belieben züchtigen, aber nicht töten. Ab dem 9. Jahrhundert v. Chr. sagen uns die mesopotamischen Quellen, dass bevollmächtigte Sklaven selbstständig Geschäfte führen durften. Und Kinder, die aus Ehen von Freien und Sklaven hervorgingen, galten in der Regel nicht mehr als Sklaven.

Im pharaonischen Ägypten gehörten zu einem Haushalt zwischen zwei und zehn Unfreie als Sklaven, wobei die im Haus eingesetzten

Arbeitskräfte in der Regel weiblich waren. Die Männer arbeiteten im Handwerk, in der Viehzucht und auf den Feldern. Ägyptische Staatssklaven, meist Kriegsgefangene, Sträflinge oder Deportierte, trugen ein Brandmal und wurden nicht verkauft, allenfalls für den Einsatz in der Landwirtschaft an Tempel ausgeliehen. Tontäfelchen aus der mykenischen Kultur des frühen Griechenland (15.–12. Jh.) kennen ebenfalls Unfreie unterschiedlichen Status. Den Namen nach zu urteilen stammten sie aus der gesamten Ägäis, dem Einzugsbereich mykenischer Handels- und Kriegsaktivitäten. Auch Kaufsklaverei lässt sich für diese Epoche nachweisen, aus der allerdings genauere Nachrichten über das Sklavenwesen fehlen.

Einige Jahrhunderte später, zur Entstehungszeit von Homers Epen „Ilias" und „Odyssee", gehören Unfreie selbstverständlich zu vornehmen Haushalten. Fünfzig Sklavinnen zählte der Haushalt des Odysseus, dreißig Sklaven arbeiteten für ihn unter dem Befehl von drei weiteren als Aufseher für Rinder, Ziegen und Schweine auf den Weiden. Die nackten Zahlen sind hierbei nicht entscheidend, wichtig für den Zusammenhang ist die Größenordnung: Die Mehrzahl der Sklaven war weiblich. Krieg und Piraterie, so scheint es, sind damals die Hauptquellen für den Nachschub. Bis zu zwanzig Ochsen, so behauptet jedenfalls Homer, kostete ein guter Sklave. Seine Helden sollten es wissen: Sklavenhandel war vermutlich eine Spezialität der Mykener, ehe nach dem Zusammenbruch ihrer Kultur die Phönizier und andere den Markt übernahmen.

Als Übel empfunden und in allen antiken Gesellschaften bekämpft – mit insgesamt wenig Erfolg – wurde der Selbstverkauf in die Sklaverei. Eine der Regeln, die der athenische Gesetzgeber Solon zu Beginn des 6. Jahrhunderts v. Chr. aufstellte, verbot daher die Schuldknechtschaft. Wegen wirtschaftlichen Misserfolgs sollten sich Bürger nicht bei anderen Bürgern als Unfreie verdingen müssen – oder als „Konkursmasse" in deren Eigentum übergehen –, die sie womöglich noch ins Ausland verkauften. Solons Gesetz machte in griechischen Gemeinwesen Schule. Selbstverständlich heißt das nicht, dass damit die Institution der Sklaverei in Frage gestellt oder etwa für die Rechte von Unfreien Partei ergriffen worden wäre, es ging lediglich darum, athenische Bürger vor der Unfreiheit zu schützen. Auch in der klassischen Zeit war es – von Ausnahmen abgesehen – unüblich, Griechen zu versklaven. Das erste bekannte schriftlich fixierte Gesetzeswerk Roms, das Zwölftafelgesetz (450 v. Chr.), kennt eine Vorschrift, die in eine ähnliche Richtung zielt: Zahlungsunfähige Schuldner, so heißt es dort, sollten nicht zu Schuldknechten gemacht werden. Stattdessen solle man sie lieber ins Ausland verkaufen.

Im letzten Jahrzehnt des Peloponnesischen Krieges berichtet dessen Chronist Thukydides von „mindestens 20 000 Sklaven", die den Athenern davongelaufen seien, die meisten gut ausgebildete Handwerker. Sie liefen allerdings nicht direkt in die Freiheit, sondern in die Arme der Feinde Athens. Und von dort wurden die meisten von ihnen über den Sklavenmarkt in Theben erneut verkauft – sicher zu einem guten Preis angesichts ihrer Qualifikation. Die attische Wirtschaft dagegen muss dieser Aderlass schwer getroffen haben. Allein für die rege Bautätigkeit und den hochspezialisierten Schiffbau benötigte Athen beständig große Mengen an qualifizierten Arbeitskräften. Gegen Ende des Peloponnesischen Krieges, als sich die Griechen unüblicherweise auch schon mal gegenseitig versklavten, gingen die Athener sogar so weit, die Ruderbänke auf ihren Kriegsschiffen für Sklaven zu öffnen. Den Überlebenden winkte die Freilassung.

Eigentlich widersprach diese Vorgehensweise dem Anspruch, dass nur freie Bürger für die freie Polis in den Krieg ziehen konnten. Erklärbar ist sie daher nur aus der Notsituation, in der bekanntlich der Zweck jedes Mittel heiligt. Der Tyrann Dionysios I. von Syrakus sah sich 397 v. Chr. im Kampf gegen karthagische Einheiten ebenfalls in einer äußerst brenzligen Lage. Wie zuvor die Athener spielte er mit dem angenommenen Freiheitswillen der Sklaven. Allerdings setzte er die Freilassung nicht als Belohnung aus, sondern machte sie zur Bedingung für den Kriegsdienst: Zehntausend Menschen entließ er so aus der Knechtschaft – wie später die Römer im Kampf gegen Hannibal. Wie viele von ihnen mit dem Leben davonkamen, ist nicht bekannt. Jedenfalls waren sie dem Stadtherrn hernach zur Dankbarkeit verpflichtet. Grund dazu bestand keineswegs immer – der Plan eines politischen Abenteurers oder einer belagerten Stadt, „die Sklaven zu bewaffnen“, markiert in der antiken Geschichte immer das letzte Aufbäumen vor dem blutigen Ende.

Die oben geschilderten Beispiele des Pasion und des Phormion zeigen, wie es Sklaven auch ohne militärische Notsituation gelingen konnte, nicht nur die Freiheit zu erlangen, sondern auch noch Karriere zu machen. Sie sind allerdings nicht als typische Fälle zu betrachten. Typisch an ihnen ist allenfalls die Tatsache, dass es sich um Spezialisten in einem bestimmten Bereich handelte. Wie Apollodoros in seiner Klage schildert, hatten natürlich auch Sklaven in Handwerksberufen die Möglichkeit, sich entweder selbst freizukaufen oder aufgrund ihrer Verdienste vom Herrn freigelassen zu werden. Für alle antiken Sklavengesellschaften gilt – soweit bekannt – der Grundsatz: Je größer die Nähe zum Besitzer, desto leichter entwickelten sich persönliche Beziehungen, die wiederum Einfluss hatten auf die Freilassungspraxis.

Ehe wir in diesem Zusammenhang ausführlicher auf Rom zu sprechen kommen, sei mit der berühmtesten Hetäre des klassischen Hellas ein weiteres griechisches Beispiel aus dem 4. Jahrhundert v. Chr. genannt. Neaira geriet als Findelkind zu Beginn des Jahrhunderts in die Fänge einer besonders erfolgreichen Bordellbetreiberin in Korinth, einer Freigelassenen übrigens. Die Stadt am Isthmos galt damals geradezu als Synonym für käuflichen Sex, quasi als die Reeperbahn der Ägäis. Neaira jedenfalls entwickelte sich aus Sicht ihrer Besitzerin prächtig. Schon in jungen Jahren hatte sie sich überregional einen herausragenden Ruf erworben, und ihre offenbar überaus angenehme Gesellschaft wurde in dramatischen und lyrischen Werken besungen. Zu den Stammkunden des Etablissements zählten bekannte Politiker, Dichter, Philosophen und Sportler. Hetären hatten den Kunden nicht nur sexuell zu Diensten zu sein, sie mussten auch geistig den Ansprüchen der Kunden auf gute Unterhaltung gewachsen sein. Neaira wurde, als sie in den Augen ihrer Herrin in ein kritisches Alter kam, von zwei Stammkunden für die horrende Summe von dreitausend Drachmen gekauft. Nach einiger Zeit konnte sie sich auch von diesen beiden lösen, was sie zweitausend Drachmen kostete. Neaira lebte einige Zeit mit einem reichen Athener zusammen, der sich gewissermaßen mit ihr als Edel-Prostituierter schmückte, flüchtete dann aber nach Megara in Boiotien. Dort ließ sie sich schließlich mit einem Athener namens Stephanos ein, der sie heiratete – und sie lebten glücklich bis ans Ende ihrer Tage ... Nein, so war es nicht, denn sonst wüssten wir nicht so viele Einzelheiten aus Neairas Lebenslauf. Statt eines Happy Ends gab es eine Klage gegen Stephanos, vorgetragen im Auftrag ihres früheren Gönners von niemand Geringerem als dem schon bekannten Apollodoros: Die Ehe mit einer Nicht-Bürgerin sei nicht statthaft, argumentierte er. Letztlich ging es jedoch um finanzielle Ansprüche, die schließlich in einem Schlichtungsverfahren geregelt wurden.

In der hellenistischen Epoche stieg die Zahl der hausgeborenen Sklaven im östlichen Mittelmeerraum erheblich. Das bedeutet, dass immer mehr Menschen gar nichts anderes kannten als den Stand der Knechtschaft. Während der fortwährenden Kriege auf dem Territorium des ehemaligen Alexander-Reiches gerierten sich viele Herrscher als Wohltäter, indem sie versklavte Griechen freikauften oder einer belagerten Stadt anboten, sich durch die Zahlung einer Summe vor der drohenden Knechtschaft zu bewahren. Diese musste höher liegen als der Erlös, der aus der Versklavung der Stadtbewohner winkte. Die Städte der Halbinsel Krim, das phönizische Tyros, Byzantion und Rhodos, später vor allem Delos entwickelten sich zu Drehscheiben des internationalen Slavenhandels. Gleichzeitig sorgte der Aufstieg Roms im westlichen Mittelmeer für eine stetig anschwellende Sklavenzufuhr nach Italien. Zwischen 200 und 60 v. Chr. importierte Rom, so wird geschätzt, bis zu hundertfünzigtausend Sklaven. Und in den zehn Jahren danach – während Caesars Feldzügen in Gallien – soll es noch einmal eine Million gewesen sein. Diese antike Angabe wird heute allerdings in Zweifel gezogen.

Die spätere römische Republik benötigte massenhaft Arbeitskräfte: für die Renommierbauten der prunksüchtigen Adelsfamilien, für die Produktion von Konsumgütern, für die Bewirtschaftung immer größerer Landgüter. Mitte des 1. Jahrhunderts v. Chr., so eine Hochrechnung, könnte der Anteil der Unfreien an der Bevölkerung Italiens bei einem Viertel gelegen haben, in einzelnen Städten wahrscheinlich sogar höher. Noch höher stieg die Quote auch später nie.

Die Römer gingen mit der Freilassung ihrer Sklaven großzügiger um als die Griechen. Der Makedonenkönig Philipp V. empfahl der Stadt Larissa, die unter dem rapiden Schwund von Bürgern litt, schon 219 v. Chr. das Beispiel Roms. Macht es wie die Römer, sagte Philipp, und gebt den Freigelassenen das Bürgerrecht. Aber so schlimm scheint es um die Stadt dann doch nicht gestanden zu haben, als dass sie sich dazu hätte durchringen können. Philipps Empfehlung verhallte ungehört.

Selbstverständlich war ein Sklavenleben auch in Rom keinen Deut besser als in Hellas. Hier wie dort hatten diejenigen die geringste Chance auf Freilassung, die auf Feldern und Weiden oder gar in Bergwerken schuften mussten. Ihnen blieb die Chance verwehrt, eine persönliche Beziehung zu ihrem Herrn aufzubauen. Die Neigung zu gewaltsamen Aufständen, von denen Rom einige erlebte – der Aufstand des Spartacus ist lediglich der bekannteste –, war hier am stärksten. Anders lagen die Dinge bei solchen Sklaven, die in den Haushalten lebten, bei Handwerkern arbeiteten oder in Büros die Schreibarbeit erledigten. Römische Bürger strebten nach zivilen und militärischen Ämtern, nicht nach dem Posten eines Sekretärs, Lehrers oder Buchhalters. Zwischen 60 und 20 v. Chr. versuchten die mächtigen Cliquen Roms, ihre Gefolgschaften dadurch künstlich zu vergrößern, dass sie viele ihrer Sklaven frei ließen. Bis zu zehntausend Menschen sollen damals jährlich aus der Knechtschaft entlassen worden sein, wodurch sich nicht nur die Sozialstruktur der römischen Gesellschaft veränderte, sondern der Bedarf an Sklaven wiederum in die Höhe schnellte. Kaiser Augustus reglementierte daher die Freilassungspraxis mehrfach, mit gravierenden Folgen: Die Zahl der Freilassungen sank, die Verweildauer im Zustand der Sklaverei verlängerte sich, die Zahl der hausgeborenen Sklaven nahm zu, die der Versklavungen an den Rändern des Imperiums dagegen ging zurück.

Die Freigelassenen *(liberti)* blieben dem ehemaligen Herrn auf Lebenszeit zu festgelegten Diensten verpflichtet. Zwar erhielten sie das römische Bürgerrecht, doch durften erst ihre Nachkommen öffentliche Ämter übernehmen. Die *liberti* spielten im Umfeld der kaiserlichen Familie eine immer größere Rolle. Kaiser Claudius stand angeblich vollständig unter der Kontrolle des Narcissus, eines Freigelassenen. Obwohl *liberti* eigentlich keine militärische Funktion übernehmen konnten, schickte Claudius 43 n. Chr. seinen Vertrauten Narcissus an den Ärmelkanal, als die römischen Legionen sich aus Angst vor dem Unbekannten weigerten, zwecks Eroberung nach Britannien überzusetzen. Narcissus brachte die Legionäre tatsächlich zur Räson. Als Privatsekretär des Kaisers verschaffte er sich nicht nur überragenden Einfluss, sondern vor allem auch ein riesiges Vermögen. Was ihn allerdings nicht davor schützte, den damals üblichen Tod eines Spitzenbeamten zu sterben: Claudius' zweite Gattin Agrippina ließ Narcissus beseitigen, kaum dass der alte Kaiser gestorben und mit Agrippinas Sohn Nero der neue Princeps gekürt war. Nach Tacitus geschah dies gegen den Willen des jungen Nero, „zu dessen noch verborgenen Lastern Narcissus mit seiner Habgier und Verschwendungssucht wunderbar passte".

Neros Berater Seneca übrigens, als einer der reichsten Männer Roms Besitzer zahlloser Sklaven, widersprach der Anschauung des Aristoteles, bei einem Sklaven handle es sich lediglich um ein „beseeltes Vermögensstück". Zwar ordneten auch die Römer ihre Sklaven im Hausstand den *res* zu, den Sachen, zusammen mit Grundstücken und dem Vieh. Doch während Aristoteles meint, der Sklave sei ein „lebendes Werkzeug und das Werkzeug ein lebloser Sklave", unterscheidet Seneca zwischen Körper und Geist eines Sklaven: „Der Körper ist unterworfen und zugeschrieben dem Herrn, der Geist freilich ist von eigenem Recht, denn er ist so frei und beweglich, dass er nicht einmal von dem Kerker, in dem er eingeschlossen ist, gehindert werden kann, sich seines Schwunges zu bedienen."

Schöne Worte. Doch auch der schwungvollste Geist eines Sklaven konnte nicht verhindern, dass zur Unterhaltung der römischen Gesellschaft während der überaus beliebten Spiele in den zahlreichen Arenen des Imperiums Tausende von Sklaven gekreuzigt, den wilden Tieren zum Fraß vorgeworfen oder auf andere bestialische Weise zu Tode gebracht wurden. Während Sklaven einerseits die römische Reichsbürokratie stellten, als Unternehmer oder Verwalter die Wirtschaft in

Gang hielten, Läden, Banken und Landgüter führten, ja selbst den Sklavenkauf ihrer Herren leiteten und damit für sich persönlich so viel Geld erwarben, dass sie sich ihre Freiheit kaufen konnten, blieb vielen Sklaven andererseits nur die Hoffnung auf ein Wunder, auf Flucht oder auf den Vorteil des weiblichen Geschlechts. Die Untersuchung zahlreicher griechischer und römischer Freilassungsurkunden zeigt: Frauen hatten eine größere Chance auf Freilassung als Männer. Das gilt sowohl für Hellas wie für Rom. Schon der klassische Komödiendichter Aristophanes (ca. 450–380 v. Chr.) lässt einen seiner Protagonisten zu einer nackten Flötenspielerin säuseln: „Doch wenn du artig und gefällig bist, kauf ich dich frei, sobald mein Sohn gestorben, und nehme dich zur Nebenfrau, süßes Schweinchen!“ In römischer Zeit kauften freigeborene Männer Sklavinnen frei, um sie zu heiraten. Dasselbe taten Freigelassene, die ihre Frauen und Kinder gleichsam in die Freiheit nachholten, sofern sie es sich leisten konnten. Der Herr konnte seinem Sklaven nämlich ein eigenes Vermögen zugestehen, das *peculium*. Dieses vermehrte sich beispielsweise durch persönliche Zuwendungen, Trinkgelder zufriedener Hausbesucher, durch eine Gewinnbeteiligung oder ein regelrechtes Arbeitsentgelt.

IRRTUM 14:

Religiöse Minderheiten wurden in der Antike rücksichtslos verfolgt

Rom, Anno Domini 64: Große Teile der Ewigen Stadt sind einem Feuer zum Opfer gefallen. War es Brandstiftung oder Leichtsinn? Wer will das entscheiden. Zehn von vierzehn Stadtteilen sind nach sechs Tagen Feuersbrunst teilweise oder ganz zerstört, zahlreiche Menschen den Flammen zum Opfer gefallen. Die Überlebenden erinnern sich an rabiate Gestalten, die das entschlossene Löschen behinderten, um ungestört plündern zu können. Von Auftraggebern wird gemunkelt und von ungeheuerlichem Verhalten Kaiser Neros. Während Rom in Schutt und Asche versank, soll der Princeps auf seiner Hausbühne aufgetreten und den Untergang Trojas besungen haben. So jedenfalls hielten es die zeitgenössischen Schriftsteller fest, auf die sich ein halbes Jahrhundert später der Historiker Tacitus beruft, wenn er schreibt: „Nero aber machte sich die Zerstörung seiner Vaterstadt zunutze, indem er sich einen Palast erbaute." Einen Palast, so prächtig und weitläufig, wie es zuvor noch keinen gegeben hatte. Natürlich werden die hässlichen Gerüchte über einen Hintermann der vermeintlichen Brandstiftung dadurch erst recht angeheizt. Da lässt Nero die Götter anrufen, auf dass sie sich mit der Stadt wieder versöhnten. Doch auch damit gelingt es ihm nicht, die Stimmen zum Schweigen zu bringen, die ihn als Drahtzieher der Brandkatastrophe bezeichnen. Tacitus fährt fort: „Und so schob Nero, um dieses Gerücht zu ersticken, die Schuld auf andere." Nämlich auf die „Christianer", wie sie im Volksmund hießen. Sie waren „durch ihr schändliches Gebaren" ohnehin verhasst. Diejenigen, die sich selbst als Christen bekennen, werden zuerst verhaftet. Sie nennen andere, so dass sich der Kreis der Verdächtigen schnell erweitert, „und sie wurden nicht nur des Verbrechens der Brandstiftung, sondern auch des Hasses gegen das Menschengeschlecht für schuldig befunden". Die Bestrafung fällt gründlich und über das übliche Maß hinaus grausam aus, wie Tacitus ausführt: „Man hüllte sie in Tierhäute und ließ sie von Hunden zerfleischen, oder sie wurden ans Kreuz geschlagen und für den Flammentod bestimmt, nach Tagesschluss als Beleuchtung für die Nacht verbrannt."

Kaiser Nero lässt die kleine christliche Gemeinde in Rom verfolgen, ohne dass sich nennenswerter Widerstand regt. Deren Mitglieder machen sich durch ihr merkwürdiges Verhalten ganz von allein verdächtig: Sie praktizieren ihren Glauben notgedrungen im Geheimen, sie huldigen nicht dem Kaiser, sie verhalten sich in der römischen Gesellschaft wie eine soziale Randgruppe. Schon Neros Vorgänger Claudius hatte im Jahre 49 „die Juden" aus Rom verjagen lassen, weil sie angeblich ständig Unruhe stifteten und die öffentliche Ordnung störten, aufgehetzt von einem gewissen „Chrestus". Zu dieser Zeit scheinen die Römer noch keinen Unterschied zwischen Juden und Judenchristen gemacht zu haben – die Anhänger Jesu galten als innerjüdische Sekte. Zur Zeit Neros hatte sich dies geändert: Nicht Juden ließ er als menschliche Fackeln ans Kreuz schlagen, sondern ausdrücklich nur diejenigen, die sich zu Christus bekannten, „der unter der Regierung des Tiberius durch den Prokurator Pontius Pilatus hingerichtet worden war" (Tacitus). Die religiöse Minderheit der Christen wurde allein auf Grund der Tatsache verfolgt, dass sie sich offen von der Staatsreligion abgrenzte.

Eine Verfolgungssituation, die alles andere als typisch ist für die Staatsgebilde des Altertums und ihre Eliten. Der antike Götterhimmel war vielmehr so geräumig, dass es beispielsweise einem Römer ein Leichtes war, griechische, keltische oder ägyptische Gottheiten entweder zu importieren oder sie mit den eigenen, vertrauten Göttern gleichzusetzen. Hören wir kurz bei Caesar hinein, der sich den Kult der von ihm unterworfenen Gallier sehr genau ansah: „Unter den Göttern verehren sie Merkur am meisten. (...) Auf Merkur folgen Apoll, Mars, Jupiter und Minerva. Der Glaube an diese Götter hat etwa denselben Inhalt wie bei den übrigen Völkern: Apoll vertreibt Krankheiten, Minerva lehrt die Anfangsgründe des Handwerks und der Künste, Jupiter hat die Herrschaft über die Himmelsbewohner, und Mars lenkt die Kriege." Was Caesar seinen Lesern nicht mitteilt, das sind die Originalnamen der gallischen Götter: Merkur steht für Teutates, Jupiter ist Taranis. Mit dem Kriegsgott Mars meint Caesar den gallischen Esus, und Apoll ist mit Belenus gleichzusetzen, während Minerva wahrscheinlich der Mondgöttin Belisama entspricht. Diejenigen Römer, die sich wie Caesar überhaupt für fremde Kulturen interessierten, beobachteten, welche Götter zu welchem Zweck angerufen und verehrt wurden und setzten sie, das heimische Lesepublikum im Blick, mit Jupiter, Merkur und Co. gleich.

Für dieses Verfahren hält die Forschung sogar einen Begriff bereit: *interpretatio Romana*, „römische Übertragung". Dass dabei auch Feinheiten und Unterschiede verwischt wurden – Esus zum Beispiel hatte viel mehr mit dem Handel als dem Krieg zu tun, der wiederum zu großen Teilen ins Ressort des Teutates fiel –, spielte für die Römer keine Rolle. So überliefert uns Caesar stets die spezifisch römische Sicht auf die Bräuche und Kulte der fremden Völker. Sofern wir über sie keine weiteren Quellen besitzen, zum Beispiel archäologische oder schriftliche Zeugnisse, bleiben wir auf die *interpretatio Romana* angewiesen. Eine Abwertung der fremden Religion war damit jedenfalls nicht verbunden, auch keine irgendwie geartete Grundlage für eine Verfolgung gegeben. Jedenfalls so lange nicht, wie sich die fremden Götter problemlos ins eigene Pantheon, also in den heimischen Götterhimmel importieren ließen.

Wie in so vielen anderen Bereichen der kulturellen Überlieferung können die Römer aber auch in dieser Hinsicht nicht das Copyright für sich beanspruchen. Schon Herodot, der Vater der Geschichtsschreibung, wandte im 5. Jahrhundert v. Chr. das soeben beschriebene Verfahren an. Herodot war mindestens so sehr Völkerkundler wie Historiker – er bereiste viele Schauplätze der von ihm beschriebenen weltgeschichtlichen Ereignisse, um sich ein eigenes Bild zu machen. Bisweilen allerdings verließ er sich auch aufs Hörensagen. So berichtet er zum Beispiel von den Massageten, die in der Gegend um den Aralsee zuhause waren, sie schlachteten, kochten und verspeisten diejenigen von ihnen, „die gar zu alt“, aber noch nicht krank seien: „Dies gilt ihnen als das glückseligste Ende.“ Hier stützt er sich offensichtlich auf Gewährsleute, nicht auf eigene Beobachtung. Dasselbe gilt für den massagetischen Götterhimmel, der anscheinend relativ dünn besiedelt ist: „Von den Göttern verehren sie allein den Helios, dem sie Pferde opfern.“

Anders sieht es in Ägypten aus, wo sich Herodot Zeit für eine gründliche Recherche nahm, „weil es mehr wunderbare Dinge und erstaunliche Werke enthält als jedes andere Land“. Für erwiesen hält Herodot aufgrund seiner ausführlichen Nachforschungen, dass „fast alle Namen der Götter den Hellenen aus Ägypten zugebracht“ wurden. Denn mit wenigen Ausnahmen wie Poseidon, Hera und den Dioskuren Castor und Pollux „sind die Namen aller übrigen Götter von Alters her bei den Ägyptern im Lande einheimisch“. Und nicht nur die Namen, wie Herodot anfügt, sondern auch viele kultische Bräuche. Die Ägypter mögen ihren obersten Gott Amun oder Ammon nennen, letztlich steckt doch Zeus dahinter. In Osiris erkennt Herodot den Dionysos und so geht die *interpretatio Graeca* munter weiter: „Isis ist der ägyptische Name für Demeter.“ Dahinter steht der Ansatz, dass letztlich für alle Menschen dieselben Götter walten. Es kommt nur darauf an, sie jeweils zu identifizieren und in die eigene Vorstellungswelt zu integrieren.

Gehen wir noch ein Stück weiter zurück in der Geschichte, bleiben aber bei Herodots Rekonstruktion der Ursachen für die weltgeschichtlich bedeutsame Auseinandersetzung zwischen Hellenen und Persern. Der Begründer der persischen Expansion, Kyros der Große (reg. ca. 558–30), richtete seine Religionspolitik stets an den Machtinteressen seines Reiches aus. Damit wurde er zum antiken Trendsetter. Was die Menschen in den eroberten Gebieten glaubten, welchen Göttern sie opferten, blieb ihnen überlassen. Von Verfolgung keine Spur, im Gegenteil: Um das mächtige Babylon unter seine Herrschaft zu bringen, kooperierte Kyros mit der Priesterschaft des Gottes Marduk, der beim eigenen Herrscher gerade wenig angesehen war. Nach der Eroberung achtete der Perser peinlich darauf, alle kultisch geforderten Formalitäten als babylonischer König einzuhalten, um ja keinen Zweifel an der Legitimität seiner Herrschaft aufkommen zu lassen.

Mit Babylon war im Jahre 539 v. Chr. auch Judäa in den Machtbereich des Kyros geraten. Im Alten Testament wird der Perserkönig wie ein Messias dafür gepriesen, dass er die Babylonische Gefangenschaft beendet und die Juden wieder in ihr Stammland zurückgelassen hat. Ein gutes halbes Jahrhundert zuvor nämlich hatte der babylonische Herrscher Nebukadnezar Jerusalem erobert, den Tempel zerstört und einige Tausend Angehörige der jüdischen Oberschicht den antiken Gepflogenheiten entsprechend nach Babylon deportiert. Dass Kyros darüber hinaus Geld bereitgestellt hat, um den Tempel wieder aufbauen zu lassen, wie das Alte Testament behauptet, hält die Forschung heute für weitgehend ausgeschlossen. Vermutlich handelt es sich um eine nachträgliche Interpretation.

Doch allein die Tatsache, dass Kyros mit dieser Wohltat in Verbindung gebracht wird, zeigt, dass die aktive Einbeziehung der Religions- in seine Machtpolitik ihre propagandistische Wirkung nicht verfehlte. Kyros' Bild in den Büchern des Alten Testamentes ist wie bei Herodot weichgezeichnet. Dabei kannte der Begründer des ersten Weltreiches der Geschichte durchaus keine Bedenken, bei Bedarf skrupellose Massaker unter Heeren oder der Zivilbevölkerung anzurichten. Und die religiöse Toleranz fand ihre Grenzen dort, wo die Loyalität der Untertanen in Zweifel gezogen wurde. Zumal die großen Tempel, gleich welchen Kultes, hatten sich dem persischen Fiskus unterzuordnen und ordentlich Steuern zu zahlen. Kyros' Sohn und Nachfolger Kambyses II. wird von Herodot gerade für seinen angeblichen Umgang mit dem religiösen Kult und Erbe eines fremden Volkes – in diesem Falle der Ägypter – als „wahnsinnig" bezeichnet. Demnach war der Perser frech in Tempelbereiche eingedrungen, die sonst nur Priester betreten durften und „verhöhnte ihre Bilder nicht bloß, sondern ließ sie auch verbrennen". Darum, fährt Herodot fort, „glaube ich, dass Kambyses mit schwerem Wahnsinn behaftet war. Sonst hätte er sich wohl nicht unterstanden, mit Heiligtümern und herkömmlichen Bräuchen seinen Spott zu treiben.“ Die Historiker bezweifeln heute allerdings, dass sich Kambyses derlei Verfehlungen schuldig gemacht hat und schieben die Nachricht einer ihm ungünstigen Überlieferung zu.

Auf Kambyses folgte Dareios I., der es religionspolitisch wie Kyros hielt. Er achtete die fremden Kulte, kannte aber keine Gnade bei Fehlverhalten. So ließ er nach dem Ionischen Aufstand (499–94) das dem Apoll geweihte große Heiligtum und Orakel von Didyma bei Milet zerstören – nicht ohne sich zuvor die immensen Schätze angeeignet zu haben –, weil dessen Priester die antipersische Revolte aktiv unterstützt hatten. Dareios’ Sohn Xerxes I. glaubte seine Sache besser gemacht zu haben, als er 480 v. Chr. auszog, Hellas als Ganzes in seinen Machtbereich einzugliedern. Die genauen Umstände sind umstritten, doch allem Anschein nach bestach Xerxes im Vorgriff auf seinen Feldzug die Priesterschaft des Orakels von Delphi. Entsprechend fielen die Sprüche der Pythia ganz in seinem Sinne aus, sobald ein griechischer Stadtstaat sich in Existenzangst nach Delphi wandte: Fliehen oder kooperieren – etwas anderes bleibt euch nicht übrig, bekamen sie zu hören. Wie auch immer es zu werten ist, dass schließlich eine Minderheit der Griechen die große Übermacht des persischen Heeres aus Hellas vertreiben konnte: Irgendein Gott musste seine Hand im Spiel gehabt haben. Dem delphischen Orakel jedenfalls schadete sein doppeltes Spiel nicht, ganz im Gegenteil: Ihm wurden nach dem Sieg über die Perser die schönsten Trophäen geweiht.

Der Mensch der griechisch-römischen Antike war im Allgemeinen sehr religiös. Seinen Himmel bevölkerten zahlreiche Götter mit menschlichen Zügen und allzu menschlichen Bedürfnissen. Man denke nur an die vielen amourösen Abenteuer eines Zeus, denen wir unter anderem den Namen Europa verdanken. Zwar waren sich die Menschen durchaus im Klaren darüber, dass sich Orakelsprüche kaufen ließen – Herodot selbst liefert dafür etliche Beispiele –, doch wurde ihr religiöser Gehalt nicht in Zweifel gezogen. Der Mensch schuldete den Göttern Opfer und Verehrung, was sich in regional unterschiedlichen kultischen Bräuchen ausdrückte. Im Gegenzug gewährten die

Götter den Menschen ihre Gunst und sorgten für die Aufrechterhaltung der öffentlichen Ordnung. Taten sie dies nicht, lag die Schuld bei den Menschen, die versehentlich oder gar in voller Absicht die schuldige Verehrung hatten vermissen lassen. Entsprechend wurden auch schon bei den alten Griechen Menschen wegen „Gottlosigkeit“ (Asebie) angeklagt und in den Tod getrieben. Sokrates ist das bekannteste, wenn auch nicht einzige Beispiel dafür. Religion war eben keine Privatsache des einzelnen, sondern eine Verpflichtung im Sinne des (Stadt-)Staates. Wer Anlass zu der Einschätzung gab, nicht oder nicht in der rechten Weise an die vom jeweiligen Gemeinwesen anerkannten Götter zu glauben, stellte sich selbst außerhalb der Gemeinschaft und musste bestraft werden, um die Götter zu versöhnen und Schaden von der Gemeinschaft abzuwenden. In der Praxis der klassischen Athener Gesellschaft traf der Asebie-Vorwurf Philosophen wie eben Sokrates oder Anaxagoras, aber auch den Bildhauer Phidias und die kluge Aspasia, die angeblich illegitime Frau des Staatsmannes Perikles. Sie übte nach Auffassung von dessen innenpolitischen Gegnern zu großen Einfluss auf die Athener Politik aus. So war die Anklage wegen Gottlosigkeit letztlich ein politisches Kampfmittel, um missliebige Konkurrenten auszuschalten. Ein Ansatz, der zunächst nichts mit der Verfolgung religiöser Minderheiten zu tun hat.

Im 2. Jahrhundert v. Chr. ging der hellenistische Seleukidenherrscher Antiochos IV. jedoch aktiv gegen das Judentum als Religion vor: Er verbot den Kult um Jahwe und ließ den Tempel von Jerusalem umgestalten zu einem Heiligtum des Zeus. Mitten in der Stadt gründete er eine Polis nach griechischem Muster. Was war nur in den hellenistischen Herrscher gefahren? Hatten ihn alle guten Götter verlassen? Das wissen wir nicht. Sicher ist jedoch, dass er in den Jahren nach 168 v. Chr. versuchte, seine Autorität in Syrien und den angrenzenden Gebieten zu festigen. Damals nämlich waren seine Großmachtpläne gescheitert, als er, kurz vor der Eroberung ganz Ägyptens stehend, von einem römischen Gesandten ultimativ dazu aufgefordert wurde, sich vom Nil zurückzuziehen. Antiochos fügte sich, weil er wusste, was ihm andernfalls von Seiten Roms drohte. Die Folgen dieser machtpolitischen Blamage bekamen unter anderem die orthodoxen

Juden zu spüren. In Jerusalem wollten Antiochos und seine Nachfolger nicht auf die kulturelle Wirkkraft der Hellenisierung warten, sondern forcierten den Prozess mit repressiven Maßnahmen. Dafür fanden sie zwar bei vielen anpassungswilligen Juden Unterstützung, doch die Schändung und Plünderung des Jerusalemer Tempels gab den orthodoxen Kräften Auftrieb. Unter Führung der Makkabäer gelang es in jahrzehntelangem Kampf nicht nur, den Tempel und Jerusalem zurückzuerobern, sondern die Makkabäer vermochten ein eigenes Königtum zu errichten, das erst im Jahr 63 v. Chr. vom römischen Feldherrn Pompeius beendet wurde. Eine Spätfolge von welthistorischer Tragweite, die Antiochos hinterließ, war die tiefe Abneigung weiter Teile der Bevölkerung Judäas gegen ein Arrangement mit der antiken Mehrheitskultur – mit jedem Schritt der Assimilation fürchtete man die Vernichtung der eigenen Identität.

Griechische Philosophen in der Tradition von Platon und Aristoteles suchten das Judentum wie jede andere Religion mit der Begrifflichkeit und der Vorstellungswelt ihrer eigenen Philosophie in Einklang zu bringen. So konnte der Tempelstaat als Verwirklichung des platonischen Ideals eines von Philosophen regierten Gemeinwesens gelten. Die jüdischen Priester eines Gottes ohne Kultbild wurden verglichen mit den Magiern der Perser oder mit den Brahmanen der Inder – beide waren, wie das Judentum, im Rahmen des Alexanderzuges ins griechische Blickfeld geraten. Dementsprechend galt ihnen Moses, der seinem Volk die Zehn Gebote überbracht hatte, als Gesetzgeber im Sinne des Spartaners Lykurg. Die gängige Haltung gegenüber den Juden war dagegen von Verachtung und diffamierenden Gerüchten geprägt. Sie bleiben, so hieß es, den öffentlichen Opfern fern, weil sie einen Eselsgott verehren und die Nachkommen ägyptischer Aussätziger sind.

Im weiteren Verlauf ihrer Geschichte lehnten sich radikale Juden noch mehrere Male gegen die Besatzungsmacht auf, die inzwischen Rom hieß und eine zwischen Repressalien und ausgestreckter Hand schwankende Provinzpolitik betrieb. Im Jüdischen Krieg (66–70), in der jüdischen Revolte von Nordafrika bis Mesopotamien unter Trajan (116–17) und im abschließenden zweiten Krieg, der etwas verharmlosend als Bar-Kochba-Aufstand bekannt ist (132–35), fielen Millionen, das Judentum wurde seiner geographischen und spirituellen Heimat beraubt. Aus der Provinz „Judaea" machten die Römer „Syria Palaestina". Die Zerstörung Jerusalems und des Tempels sowie die Zerstreuung der Bevölkerung Judäas in die Diaspora lässt sich indes weniger auf die religiöse Intoleranz der Römer zurückführen – so verbreitet antijüdische Vorurteile unter Römern auch waren, geschürt unter anderem durch die hasserfüllten Auseinandersetzungen zwischen Griechen, Ägyptern und den von beiden verabscheuten Juden in der ägyptischen Provinzhauptstadt Alexandria. Unmittelbarer Anlass der Katastrophe war vielmehr, dass radikalreligiöse jüdische Gruppen in einer Zeit der Endzeiterwartung die Machtfrage stellten und provoziert durch Machtdemonstrationen der Statthalter, später durch Hadrians neue Anläufe zur Hellenisierung des Orients gewaltsam gegen die Besatzung vorgingen, was die Römer mit brutaler Unterdrückung und Vernichtungsfeldzügen beantworteten. Den Juden im Rest des Imperiums geschah nichts – verfolgt wurden Rebellen, nicht Religionsanhänger.

Die aktive Verfolgung von Christen ist außer bei Nero auch für die Kaiser Valerian, Decius und Diokletian verbürgt. Verboten war nicht die persönliche religiöse Überzeugung, auch die Ausübung des Kultes war möglich, und Christengemeinden konnten sogar Vermögen erwerben. Wurde ein Christ allerdings, wie nicht selten geschehen, von dem berühmten bösen Nachbarn angezeigt, stellte ihn die Obrigkeit auf die Probe – in der Regel sollte er dem Kaiser opfern. Weigerte er sich, beging er eine Straftat und musste mit der Hinrichtung rechnen. Solche „Christenprozesse" gab es unter allen Kaisern, nicht nur zur Zeit der bekannten Christenverfolger.

So lange das Christentum keine „erlaubte Religion" *(religio licita)* war – das heißt bis ins 4. Jahrhundert –, lebten dessen Anhänger in latenter Lebensgefahr. Die Leute sollten glauben, was und an wen sie wollten, doch die staatliche Autorität verlangte vor allem in Krisenzeiten von jedem Einwohner des Imperiums, unabhängig von seinem persönlichen Glauben, das Opfer für den Kaiser und für die Staatsgötter, die schließlich das Reich beschützten. Wer dieses Opfer verweigerte, stellte sich aus Sicht der traditionellen Römer außerhalb der Gemeinschaft und trug damit direkt Verantwortung für negative Erscheinungen. Diese Interpretation machte Christen immer wieder zu Sündenböcken und damit zu Opfern von Verfolgung. Ende des 2. Jahrhunderts schreibt der christliche Autor Tertullian in Nordafrika dazu: „Wenn der Tiber die Mauern überflutet, wenn der Nil die Felder nicht flutet, wenn der Himmel stehen bleibt, wenn die Erde sich bewegt, wenn Hunger herrscht, wenn eine Krankheit wütet, heißt es sofort: ‚Die Christen vor den Löwen'."

177 n. Chr. etwa fiel in Lyon und Vienne eine unbekannte Zahl von Christen der Feindschaft ihrer Mitbürger zum Opfer. Sie wurden aus ihren Häusern getrieben, ihrer Habe beraubt und schließlich zur Aburteilung vor den römischen Statthalter geschafft. Der kam dem vermeintlichen Volkszorn entgegen und verurteilte die Christen – die römischen Bürger unter ihnen selbstverständlich erst nach Rückfrage bei Kaiser Marc Aurel in Rom – zum Tod im Amphitheater von Lyon, das gerade knapp an Akteuren war. Dort erinnert noch heute eine Gedenksäule an die Märtyrer.

Den Status einer zugelassenen Religion erreichte das Christentum schließlich unter Kaiser Galerius (305–11), einem der großen Verfolger. Kurz vor seinem Tod erließ er am 30. April 311 das sogenannte „Toleranzedikt". Darin geißelt er noch einmal die „Dummheit" der Christen, sich von dem Brauch ihrer eigenen Vorfahren abgewendet zu haben, doch muss er gleichzeitig einräumen, dass selbst die schwere Verfolgung, die er als Untergebener wie als Nachfolger des Diokletian über Jahre gewissenhaft exekutiert hatte, dieses Verhalten nicht zu ändern vermochte: „So haben wir es in unserer außerordentlichen Milde und beständigen Gewohnheit, sämtlichen Menschen zu verzeihen, für notwendig gehalten, auch diesen unsere freimütigste Nachsicht zu gewähren, damit sie wieder Christen sein und ihre Versammlungsstätten wieder aufbauen könnten, allerdings so, dass sie nichts gegen die öffentliche Ordnung unternehmen." Im Übrigen sei es ihre Pflicht, „zu ihrem Gott für unser Wohl, für das Wohl des Staates und für ihr eigenes zu beten, damit der Staat in jeder Hinsicht vor Schaden bewahrt bleibt und sie sicher in ihren Wohnungen leben können." Die jahrelangen Angebote der Christen, den Kaiser in ihre Gebete einzuschließen, so lange sie ihn nicht wie einen Gott verehren mussten, wurden also endlich erhört.

Zwei Jahre später einigten sich die Kaiser Konstantin und Licinius in Mailand darauf, das Edikt des Galerius zu bestätigen und zu erweitern. Im „Mailänder Toleranzedikt" heißt es: „Jedermann sollten seine Gedanken und Wünsche gewährt werden, so dass er in der Lage ist, geistliche Dinge so anzusehen, wie er selbst es will. Darum haben wir befohlen, dass es jedermann erlaubt ist, seinen Glauben zu haben und zu praktizieren, wie er will." Schon bald allerdings begann Konstantin – dessen Weg zum Christentum eines der meistdiskutierten Themen der Antike ist –, die Bischöfe und Gemeinden des christlichen Mainstreams gegenüber konkurrierenden Richtungen und der überkommenen Religiosität massiv zu begünstigen. In der Öffentlichkeit und angesichts einer Serie christlicher Kaiser war das Heidentum in der Defensive und schließlich auf dem Rückzug. Nach den vergeblichen Bemühungen Kaiser Julians zwischen 361 und 363, den alten Staatskult zu erneuern und das Christentum zurückzudrängen, erklärte Theodosius I. schon im Jahre 380 die katholische Glaubensrichtung zur allein anerkannten Religion. Derselbe Kaiser verbot 391 den Besuch von Tempeln und die Darbringung von Opfern, auch begrüßte er es, wenn Tempel in christliche Kirchen umgewandelt wurden. Im Zeichen religiöser Intoleranz der Gegenrichtung – nun drohte dem Reich der Zorn Gottes wegen der Nichtchristen und Häretiker, während diese zusätzlich mit ewiger Verdammnis zu rechnen hatten – setzte damit die Verfolgung von Christen anderer Glaubensrichtungen, vor allem der Arianer, und von Heiden ein.

IRRTUM 15:

Griechen und Perser waren Todfeinde

Im Mai 334 v. Chr. schlug das Schicksal zu. Es trug den Namen Alexander. Der dritte Alexander auf dem makedonischen Thron segelte über den Hellespont gen Asien. Noch ehe er festen Boden unter den Füßen hatte, schleuderte er einen Speer auf den anderen Erdteil. Eine starke Bildsprache: „Dieses Reich mache ich mir untertan", das wollte Alexander mit seinem Speerwurf deutlich machen. Und so kam es. Wenige Jahre später war das Perserreich gefallen, oder besser: Es hatte seinen Herrscher gewechselt und mit ihm die herrschende Schicht. Makedonen gaben jetzt den Ton an, ein Makedone thronte in den Palästen von Sardes bis Persepolis. Ein Makedone, der mit dem Gedanken der Rache nach Asien übergesetzt hatte: Rache für die Invasion Griechenlands 150 Jahre zuvor, Vergeltung für die Zerstörung der griechischen Heiligtümer durch Xerxes. Die Vergeltung fiel vollkommen aus. Doch streng genommen hat kein Grieche sie verübt, sondern ein Makedone. Noch dazu einer, dessen königlicher Vorfahr mit Namen Alexander I. zu Zeiten König Xerxes' auf der Seite der Perser gestanden hatte und nur gegen einigen Widerstand als „echter" Grieche durchgegangen war. Wenn man dann noch die Tatsache bedenkt, dass Alexander der Große sich als legitimer Nachfolger auf den Thron des von ihm besiegten Großkönigs Dareios III. setzte, schließt sich ein Kreis: Endlich herrschte der König der Könige auch über die Griechen des Mutterlandes – was Xerxes versagt geblieben war. Aber über solche Details sieht die Geschichte großzügig hinweg.

Seit der Mitte des 6. Jahrhunderts v. Chr. hatten Griechen Erfahrungen mit Persern gemacht. Kyros der Große, der Begründer des ersten Weltreichs der Geschichte, verleibte sich die hellenischen Städte an der kleinasiatischen Küste ein – eine nach der anderen, in teilweise langwierigem Kampf. Denn freiwillig wollten Kolophon, Priene, Teos, Magnesia und all die anderen nicht unter das „persische Joch“. Doch zu einem gemeinsamen Vorgehen konnten sie sich auch nicht entschließen, auch nicht auf den Rat des berühmten Naturphilosophen Thales von Milet hin. Zu unterschiedlich erschienen ihnen, den kleinen ionischen Stadtstaaten, die jeweiligen Interessen, als dass sie sich gegen die äußere Bedrohung entschlossen zusammenraufen hätten können. Die griechische Uneinigkeit, aber auch die hellenische Bestechlichkeit münzten die persischen Könige in den nächsten zwei Jahrhunderten noch häufig in politischen Erfolg um.

Die ersten fünf Jahrzehnte unter persischem Vorzeichen führten jedenfalls ökonomisch zu einem deutlichen Aufschwung und politisch zu ungewohnter Stabilität. Die Handel treibenden Küstenstädte profitierten von dem einheitlichen Wirtschafts- und Rechtsraum zwischen Ägäis und Indus, zwischen Schwarzem Meer und Nil. Über die ägäischen Hafenbecken Kleinasiens wurde der Handel zwischen Indien und Europa abgewickelt, hier begannen und endeten die großen Handelswege in den bzw. aus dem Osten. Kyros verlangte von seinen Vasallen militärische Gefolgschaft, mäßigen Tribut und die Anerkennung persischer Oberherrschaft. In vielen Städten installierte er freundlich gesinnte Statthalter – die Griechen nannten sie „Tyrannen“ –, die sich häufig auf eine reiche Grundbesitzerkaste stützten. Doch in Fragen des Kultes, der Sprache, der lokalen Traditionen oder des Geisteslebens mischte sich der Perserkönig nicht ein. Kyros’ Herrschaftstechnik bestand vielmehr darin, durch Anpassung an vorgefundene Strukturen die regionalen Potenziale in großem Umfang zum eigenen wirtschaftlichen und militärischen Vorteil auszuschöpfen. So konnten die Griechen ungehindert weiter ihre eigenen Münzen prägen, während die Perser noch gar kein Münzgeld kannten. Erst Kyros’ Nachnachfolger Dareios I. schuf eine eigene Münze, den „Dareikos“. Er orientierte sich in seinem Gewicht am milesischen Standard.

Kyros und seine Nachfolger interessierten sich aber nicht nur für das Geld der Griechen und deren Wirtschaftskraft. Das Geschick ionischer Handwerker und bildender Künstler hatte sich schnell bis in die persischen Herrschaftszentren von Pasargadai, Susa und Persepolis herumgesprochen. Griechische Bildhauer aus Ionien schufen in großen persischen Gartenanlagen – den sogenannten „Paradiesen" – Säulen, Skulpturen und Reliefs. Dies verraten Tontäfelchen aus der persischen Hofbürokratie. Als Dareios I. um 513 v. Chr. den Plan fasste, das lästige Nomadenvolk der Skythen direkt in dessen ukrainischer Heimat anzugreifen, bediente er sich griechischer Ingenieurskunst. Er beauftragte Mandrokles, einen Architekten des Inselstaats Samos, für den „König aller Länder" eine Schiffsbrücke über den Bosporus zu konstruieren. Sechshundert Schiffe wurden angeblich auf einer Länge von mehr als anderthalb Kilometern so zusammengebunden, dass Dareios' Heer samt Tross trockenen Fußes von Asien nach Europa übersetzen konnte.

Mandrokles, ein Grieche unter dem „Perserjoch", hatte deswegen alles andere als ein schlechtes Gewissen. Er steckte einen Teil seines Honorars in die Anfertigung eines Gemäldes. Es zeigte Dareios, wie er voll Zufriedenheit sein Heer beobachtet, während es auf Mandrokles' Wunderwerk die Meerenge überquert. Dareios' Sohn Xerxes war der zweite und letzte persische Herrscher, der europäischen Boden betrat. Seinen gescheiterten Feldzug von 480 v. Chr. bereitete er über Jahre generalstabsmäßig vor. Auch Xerxes ließ eine Schiffsbrücke bauen, diesmal über den Hellespont, und zwar gleich in doppelter Ausfertigung. Über die Herkunft der Baumeister erfahren wir zunächst nichts außer der Nachricht, dass ihnen beim ersten Versuch, als ein Sturm die Haltetaue zerriss, die Köpfe abgeschnitten wurden ... Xerxes ordnete einen zweiten Versuch an, und siehe da: Mit dem Griechen Harpalos als Baumeister hielten die Taue.

Unser heutiges Wissen über die politische und die Kulturgeschichte der Perser zur Zeit des klassischen Griechenlands beziehen wir nahezu ausschließlich aus hellenischen Quellen. Wir blicken also durch eine griechische Brille, wenn wir etwas über Gemeinsamkeiten und Gegensätze von Hellenen und Persern erfahren wollen. Herodot schrieb seine „Historien“ ausdrücklich mit dem Vorsatz aufzuzeigen, aus welchen Gründen „Hellenen und Barbaren gegeneinander in Krieg geraten sind“. Als Barbaren bezeichneten die Griechen damals alle Völker, die nicht wie sie selbst Hellenen waren und griechisch sprachen. Doch schon eine Generation später – während des Peloponnesischen Krieges – verwendeten die Athener den Terminus „Barbar“ als Kampfbegriff auch für innergriechische Feinde wie die Spartaner. So kam ein verächtlicher Unterton in die Bezeichnung. Zumal Herodot, als glühender Verehrer Athens, keinen Zweifel an seiner inneren Einstellung aufkommen ließ: Dass die Griechen unter athenischer Führung die entscheidende Seeschlacht vor Salamis gegen das riesige Aufgebot der Perser für sich entscheiden konnten, war nicht allein militärisch zu begründen. Auch ein gerüttelt Maß an kultureller und geistiger Überlegenheit habe sich darin ausgedrückt, so Herodot. Kämpften die Griechen doch um ihre Freiheit, worunter sie in erster Linie ihre politische Selbstbestimmung verstanden, während die Barbaren unter der Peitsche des persischen Despoten mehr aus Angst denn aus Überzeugung in den Krieg gezogen waren.

Doch so einfach lagen die Dinge selbst im Zeitalter der klassischen Polis nicht. Auch dafür gibt uns Herodot die schönsten Beispiele. Seit Kyros’ Tagen spielte das Persische Reich im östlichen Mittelmeerraum – und ganz sicher auch im Süden, Norden und Osten des von ihm direkt beherrschten Gebietes – die Rolle einer Hegemonialmacht, deren Einfluss weit über die Reichsgrenzen hinausging. Auch ohne Inbesitznahme des griechischen Mutterlandes bestimmten Dareios, Xerxes und ihre Nachfolger zwischen Makedonien im Norden und der Peloponnes im Süden den Lauf der Dinge. Entweder direkt durch kriegerische Aktionen oder indirekt zum Beispiel durch Scheckbuchdiplomatie.

Nehmen wir nur mal den schon erwähnten ersten Alexander von Makedonien (reg. 498–54) mit dem Beinamen „Philhellen“ („Freund der Griechen“). Herodot führt ihn mit einer äußerst perserfeindlichen Anekdote in die Geschichte ein: Nach dem gescheiterten Skythenfeldzug von 513 v. Chr. hielt sich Dareios in Europa an den Thrakern schadlos und machte sich das Gebiet zwischen dem Bosporus und dem Fluss Strymon untertan. Das genügte ihm aber nicht. Er schickte eine Delegation vornehmer Getreuer weiter westlich nach Makedonien, auf dass ihm auch der dortige König Amyntas Erde und Wasser zum Zeichen der Unterwerfung reiche. Was der auch anstandslos tat, schließlich wusste er, was ihm im Falle einer Weigerung blühte. Amyntas' Sohn Alexander jedoch scheint auf dieser Begegnung sein Image als Freund der Griechen und Feind der Perser aufgebaut zu haben. Laut Herodot, der die Geschichte wahrscheinlich am makedonischen Königshof selbst recherchiert hat, ließ Alexander die sieben Perser samt ihrem Gefolge meucheln, weil sie sich angeblich während eines Banketts zu ihren Ehren an makedonischen Frauen vergriffen hatten. Ein unglaublicher Vorfall, der normalerweise von den Persern als Kriegserklärung aufgefasst worden wäre. Doch Alexander „Philhellen" erzählte der Nachwelt, er habe die Großmacht beschwichtigt: mit „viel Geld und seiner Schwester Gygaia, die er dem Perser Bubares vermählte, dem Anführer der Perser, die nach den Vermissten forschen sollten. So wurde von ihrem Tode nicht mehr geredet."

Während des Ionischen Aufstands 499/98–94 lockerte Alexander, inzwischen König, die Bündnistreue zu Dareios wohl ein wenig. Doch Widerstand hatte auf Dauer keinen Sinn, weswegen wir Makedonien zur Zeit des Xerxes-Zuges (480/79) wieder in Treue fest zur Weltmacht Persien erleben. Nach der Seeschlacht bei Salamis erbot sich Alexander gar als persischer Diplomat und versuchte die Athener davon zu überzeugen, so wie er selbst die Seite zu wechseln und gemeinsam mit Xerxes gegen Sparta zu ziehen. Ohne Erfolg, wie wir wissen – so stellte er sich, als die Perser entscheidend geschlagen waren, genau rechtzeitig gegen die fliehenden Reste von deren Armee. Das Lavieren zwischen den Blöcken allerdings trug Alexander unter den Griechen niemand nach. Er bemühte sich nachhaltig, als Hellene anerkannt zu werden und wählte dafür die denkbar prominenteste Plattform: die Sportwettkämpfe von Olympia. Als die dortigen Kampfrichter die konstruierte Genealogie Alexanders anerkannten, die ihn als direkten Nachfahren des Herakles auswies, durfte er mit den anderen Hellenen um die Wette laufen – und als waschechter Grieche gewinnen.

Das Verhalten Makedoniens während der Perserkriege war alles andere als untypisch für die Mehrheit der hellenischen Staatenwelt. Untypisch verhielten sich eher die weniger als drei Dutzend Stadtstaaten, die sich unter Führung Spartas und Athens gegen die persische Invasion verschworen und hofften, den Lauf der Dinge aufhalten und umkehren zu können. Trotz des von Herodot immer wieder betonten Gegensatzes der Kulturen legt gerade er wiederholt Zeugnis davon ab, dass für jeden Griechen – ob Individuum oder Gemeinwesen – jederzeit die Option bestand, mit dem großen Bruder im Osten gemeinsame Sache zu machen. In allen Poleis, auch in Athen, betrieb eine perserfreundliche Fraktion das politische Geschäft der Großmacht. Besonders groß scheint die Schnittmenge zwischen adeligen Großgrundbesitzern, Oligarchen und Perserfreunden gewesen zu sein – zum Beispiel in Mittelgriechenland und in vielen Griechenstädten Kleinasiens. Über die Familie des Ex-Tyrannen Peisistratos beeinflusste Xerxes noch bis in die 480er Jahre hinein die athenische Innenpolitik. Und als er die von ihren Einwohnern verlassene Stadt kampflos erobert und zerstört hatte, versuchte er die mitgebrachten Peisistratiden wieder in ihre alte Funktion zu hieven. Die verlorene Seeschlacht bei Salamis allerdings machte ihm auch in dieser Hinsicht einen Strich durch die Rechnung.

Auf Seiten Xerxes' zogen mindestens ebenso viele Griechen in den Krieg gegen die paar widerborstigen Hellenen, wie ihm als Kämpfer gegenüberstanden. Das griechische Kontingent stand bei Xerxes beständig unter dem Generalverdacht der Unzuverlässigkeit, den die Gegner nach Kräften befeuerten. Unter Verdacht standen bei Xerxes allerdings auch andere traditionell aufmüpfige Völkerschaften wie etwa die Ägypter. Bei nachgewiesenem Wohlverhalten ließ sich der „König aller Länder" jedoch nicht lumpen. Herodot selbst berichtet von zahlreichen ionischen Schiffsführern, die von Xerxes wegen ihrer Tapferkeit vor Salamis mit Geld und Land belohnt wurden. Dasselbe traf auf die große Schar von Oligarchen zu, die dem Perserheer die Tore zu ihren Städten öffneten. Sie alle fanden sich später als Grundherren auf kleinasiatischem Boden wieder. Ausgerechnet die beiden Feldherren, die vor Salamis und bei Plataiai den Traum des

Xerxes von der Einverleibung Griechenlands platzen ließen, stehen wenige Jahre später auf der Seite des ehemaligen Todfeindes.

Der strahlende Sieger von Salamis hieß Themistokles. Er hatte die Athener schon Jahre vor der persischen Invasion auf Linie gebracht: Baut eine Flotte! Und sie bauten eine. Die größte, die das griechische Mutterland bis dahin gesehen hatte. Unter maßgeblicher Führung des Themistokles und dank seines strategischen Geschicks konnte so 480 v. Chr. die persische Expansion gestoppt und Xerxes zurückgeschlagen werden. Noch kein anderes Volk hatte dem „König aller Länder" so klar seine Grenzen aufgezeigt. Kaum fünfzehn Jahre später taucht ebendieser Themistokles am Hof des Xerxes in Susa auf und bittet um politisches Asyl. Auf den Thron hatte sich gerade erst Xerxes' Sohn Artaxerxes I. geputscht. Der lässt sich in seiner Entscheidung mitnichten von Rachegefühlen leiten: Themistokles erhält sogar eine Gutsherrschaft am Mäander zu Lehen und verbringt seine letzten Tage als treuer, gut versorgter Untertan des persischen Königs. Das ist ungefähr so, als hätte sich der kubanische Revolutionär Fidel Castro in den 1970er Jahren nach Washington durchgeschlagen und wäre von US-Präsident Richard Nixon mit dem Gouverneursamt von Florida betraut worden …

Themistokles hatte allen Grund, Europa zu verlassen. Seine athenischen Landsleute, aber auch die Spartaner trachteten ihm nach dem Leben. Nicht nur, dass er über Jahre hinweg den Athenern mit den ewigen Prahlereien über seine unsterblichen Verdienste auf die Nerven gefallen war. Das allein hätte wohl noch nicht zur Todesstrafe geführt. Als Sparta jedoch den einstigen Regenten Pausanias, den Sieger von Plataiai über das Landheer des Xerxes (479 v. Chr.), wegen angeblichen Hochverrats anklagte, erhob es denselben Vorwurf gegen Themistokles. Wobei Pausanias schon sehr früh in Ungnade gefallen war – allzu offensichtlich hatte er sich vom spartanischen Lebensstil entfernt. Er kleide sich persisch, hieß es, habe sich in Byzantion und später in der Troas, also im persischen Machtbereich, eine eigene Herrschaft aufgebaut und betreibe Geheimdiplomatie mit dem Großkönig – in Kooperation mit Themistokles. Wiederholt musste Pausanias sich in der Heimat vor Gericht verantworten. Er flüchtete sich schließlich in das Asyl eines Tempels. Dort ließ man ihn dann verhungern.

In Lehrbüchern zur griechischen Geschichte endet die Zeit der sogenannten Perserkriege in aller Regel mit Salamis und Plataiai. Dabei geht völlig unter, dass Griechen und Perser weitere gut drei Jahrzehnte gegeneinander Krieg führten. Schauplätze großer Schlachten waren das Gebiet um den Bosporus, Zypern, Ägypten und die Südküste Kleinasiens. Erst zur Mitte des 5. Jahrhunderts scheint die neue ägäische Großmacht Athen mit dem östlichen Weltreich eine Art von Interessenausgleich gefunden zu haben – die Echtheit des „Kallias-Friedens" ist allerdings bis heute umstritten –, erst jetzt haben sich die meisten hellenischen Poleis des kleinasiatischen Festlands von der persischen Herrschaft befreit. Sie tauschten das persische Joch gegen die athenische Vorherrschaft, die sich in politischer wie finanzieller Hinsicht als mindestens ebenso drückend herausstellte. Als Athen schließlich mitten im Peloponnesischen Krieg einen aufständischen Potentaten im kleinasiatischen Karien unterstützen zu müssen glaubte, erklärte der Großkönig – er hieß jetzt Dareios II. – den Kallias-Frieden für gebrochen. Umgehend begann er, von den ionischen Städten den seit drei Jahrzehnten „rückständigen" Tribut einzufordern. Im Übrigen investierte Dareios riesige Summen in den Aufbau einer spartanischen Flotte. Als Dividende dieses Engagements durfte Dareios' Nachfolger Artaxerxes II. den vollständigen Sieg Spartas über Athen im Peloponnesischen Krieg verbuchen (404 v. Chr.). Ungefähr zur selben Zeit begingen die Spartaner freilich zwei Ungeschicklichkeiten: Zum einen unterstützten sie des Großkönigs Bruder Kyros bei seinem schließlich gescheiterten Putschversuch – der „Zug der 10 000" griechischen Söldner ging durch Xenophons literarische Verewigung in die Weltgeschichte ein („Anabasis") –, zum anderen hatten sie sich in der Ägäis zur Schutzmacht der Ionier aufgeworfen und damit elementare Interessen Persiens verletzt. Jetzt bediente sich die persische Seite eines Atheners, nämlich der schillernden Figur des Konon, um der von ihr selbst gepäppelten spartanischen Flotte den Garaus zu machen (394 v. Chr.). Nach einem weiteren halben Jahrzehnt hatte Artaxerxes die Griechen endlich, wo er sie haben wollte. Im „Königsfrieden" von

387 v. Chr. diktierte er seine Bedingungen: Die griechischen Städte Asiens gehörten ihm! Doch damit nicht genug: Die Griechenstädte im Mutterland sollen autonom sein, kleine wie große. Wer dies nicht akzeptiert und etwa ein starkes Bündnis formiert, muss mit Krieg rechnen. Artaxerxes II. (reg. 405–359) trieb damit den persischen Einfluss in Griechenland ganz ohne Invasionsarmee auf den Höhepunkt.

Artaxerxes ließ sich in medizinischen Fragen vom griechischen Arzt Ktesias von Knidos beraten. Dieser Ktesias vergalt den Persern seine fürstliche Anstellung mit einer Anekdotensammlung aus dem Inneren der höfischen Welt, geschrieben aus der Schlüssellochperspektive. Nicht sehr zuverlässig, was die Fakten betrifft, aber für ein sensationshungriges Publikum äußerst unterhaltsam. Ktesias' bunte Schilderungen von Haremsintrigen und blutigen Palastfehden prägten das Bild seiner Landsleute vom „dekadenten" persischen Königshof und wirken im Verein mit anderen perserfeindlichen Schriften dieser Epoche bis heute nach. So geriet aus dem Blickfeld, dass Artaxerxes II. gemessen an seinen machtpolitischen Ansprüchen über Jahrzehnte erfolgreich blieb. Zwar schafften es die Athener, sich über den Zweiten Attischen Seebund erneut eine maritime Machtbasis aufzubauen, doch den Primat der Perser in Asien tasteten sie nicht mehr an. Mehrere griechische Friedenskonferenzen der nächsten Jahrzehnte fanden unter dem Protektorat der persischen Garantiemacht statt. Regionale Bündnisse und Gegenbündnisse ließen sich mit Hilfe persischen Goldes schmieden und sprengen. Die Vorherrschaft Thebens in Hellas in den 360er Jahren gründete geradezu auf den alten Verbindungen zwischen dem lokalen Adel und dem Hof von Susa. Zwischen 371 und 367 gelang es dieser Allianz, Athen und Sparta endgültig ihrer militärischen Vormachtstellung zu berauben.

Nicht Todfeindschaft bestimmte also das Verhältnis der Hellenen zum persischen Großreich, sondern die je eigenen machtpolitischen Interessen. Dem Großkönig lag vornehmlich daran, seinen asiatischen Machtbereich politisch wie vor allem ökonomisch unter Kontrolle zu behalten und auf dem griechischen Festland die Bildung einer allzu starken feindlichen Allianz zu verhindern. Die griechischen Stadtstaaten ihrerseits taten, was sie seit Jahrhunderten getan hatten:

Sie bekämpften sich gegenseitig, mal mit, mal ohne persische Hilfe. Erst dem Makedonen Philipp II. und seinem Sohn Alexander gelang es, Griechenland unter eine einzige Faust zu zwingen und zu einem gemeinsamen Krieg gegen das Persische Reich zu bewegen, in dem Hunderttausende griechische Einwohner, Söldner und Kaufleute mehr denn je eine wichtige Rolle spielten. Aber das ist wieder eine andere Geschichte.

IRRTUM 16:

Der Limes war eine undurchlässige Grenze

Tiberius Claudius Euphrates macht in Tuch. Sein Geschäft besteht indes nicht darin, irgendwelche Allerweltsstoffe zu importieren und an den gewöhnlichen Römer zu verscherbeln – Euphrates handelt mit teuren Purpurstoffen, und zwar en gros. Nur feinste Ware taugt für die Kundschaft des vornehmen Kaufmanns in seinem Stammsitz Augsburg *(Augusta Vindelicorum)*. Hier, in der wichtigsten Stadt der Provinz Raetia auf der Alpennordseite und damit in unmittelbarer Nachbarschaft zum *barbaricum*, dem von Germanen besiedelten nichtrömischen Gebiet, sieht der Großhändler einen goldenen Boden für sein Geschäft. Offenbar zu Recht.

Wir wissen nicht genau, wann Euphrates lebte und seine Geschäfte betrieb. Der Name deutet auf einen Freigelassenen mit Herkunft aus Mesopotamien, dem Zweistromland. Womöglich wurde er von einem Mitglied der Kaiserfamilie im 1. Jahrhundert aus dem Sklavenstand in die Freiheit entlassen und widmete sich dann dem Großhandel entlang der nördlichen Grenzen des Römischen Reiches. In Augsburg gehörte der Händler mit Migrationshintergrund laut seinem dort gefundenen Grabstein zu einem besonders ehrwürdigen Kollegium, das für den örtlichen Kaiserkult zuständig war. Gut möglich, dass die Ware, die Euphrates importierte und weiterverkaufte, ihren Ursprung im Nahen Osten hatte. Der Purpurfarbstoff beispielsweise wurde traditionell in den phönizischen Küstenstädten gewonnen, im heutigen Libanon; die gefärbte Wolle wurde vielleicht in Mesopotamien weiterverarbeitet, und die fertigen Stoffe wurden schließlich über die alten Handelsstraßen Kleinasiens auf Maultieren nach Europa gebracht. Auf dem weiteren Weg nach Augsburg könnten die guten Stücke den größten Teil der Strecke auf dem „nassen Limes“ unterwegs gewesen sein: auf der Donau nämlich, an Bord schwer bewachter römischer Lastkähne, bis kurz hinter Regensburg immer in Sichtweite freier germanischer Stämme. Wer einen so aufwändigen Transport in Kauf nimmt, muss sehr sicher sein, dass sich sein Geschäft lohnt.

Die Provinz Raetien und der Handelsplatz Augsburg boten dafür ganz offenbar die Gewähr. Neben Trier gehörte Augsburg in der frühen und mittleren Kaiserzeit zu den Zentren des internationalen Tuchhandels. Beide Städte sind römischen Ursprungs und noch vor der Zeitenwende gegründet worden. Gegen Ende des 1. Jahrhunderts dehnten die Römer unter Kaiser Domitian ihren Herrschaftsbereich in Südwestdeutschland tiefer ins rechtsrheinische Vorfeld aus, so dass eine Stadt wie Augsburg von der Landbrücke zwischen der oberen Donau und der Mainmündung bei *Mogontiacum*/Mainz nur profitieren konnte: Die Transportwege in den germanischen und gallischen Westen sowie nach Britannien verkürzten sich dadurch erheblich. Mainz, die Hauptstadt der Provinz Obergermanien, und Augsburg trennten nun statt 640 nur noch 360 Kilometer – ein Segen für Groß- und Fernhändler wie Tiberius Claudius Euphrates.

Ob unser Mann auch mit dem freien Germanien Handelskontakte pflegte, muss offen bleiben. Möglicherweise fehlte im Gebiet jenseits des Limes die Kaufkraft für die edlen, purpurverzierten Stoffe. Doch warum sollten Angehörige der germanischen Oberschicht – die Stammesoberhäupter der Chatten, Markomannen oder Hermunduren etwa – nicht scharf gewesen sein auf textilen römischen Luxus, wenn sie sich doch auch das teure Tafelgeschirr aus römischer Produktion leisteten?

Der Limes jedenfalls stellte für den Waren- und Personenverkehr keine unüberwindliche Grenze dar, weder in der einen noch in der anderen Richtung, obwohl es die Germanen schwerer hatten, auf die römische Seite zu kommen und hier Geschäfte zu machen als umgekehrt. Im kollektiven historischen Gedächtnis der Deutschen ist der

Limes heute abgespeichert als schwer bewachte Grenzlinie, die das Römische Reich scharf trennte vom feindlich gesinnten germanischen Ausland. Die moderne Vorstellung assoziiert mit dem Begriff „Limes" Holzpalisaden, Mauern, Wälle, Wachttürme und Kastelle, dazu eine Vielzahl römischer Legionäre in genagelten Sandalen mit Schild, Schwert und Brustpanzer, stets auf der Hut und jederzeit gefechtsbereit. Nicht alles daran ist falsch.

Der Obergermanisch-Rätische Limes als militärisch bewachte und mit Sperranlagen ausgebaute römische Demarkationslinie zwischen Taunus, Schwäbischer Alb und südlichem Mittelfranken bestand ungefähr zwischen 100 und 260. Nach dieser Zeit räumten die Römer alle vorgeschobenen Posten, Kastelle und Lager und zogen sich auf den leichter zu kontrollierenden „nassen Limes" zurück, die Linie Rhein–Bodensee–Iller–Donau, die in etwa schon im 1. Jahrhundert gehalten worden war. Den Anspruch auf die *Germania libera* als römische Einflusssphäre, das heißt auf alles germanisch besiedelte Gebiet zwischen Rhein und Elbe, Nordsee und Alpen, gaben die Kaiser damit allerdings ausdrücklich nicht auf – Limes hin oder her.

In den gut hundertsechzig Jahren seines Bestehens erlebte der Obergermanisch-Rätische Limes eine Reihe von Verschiebungen und Verwandlungen. Entgegen der landläufigen Interpretation der Grenzanlage als Sperrzaun geht die Forschung heute teilweise so weit, den Limes als „Membran" zu bezeichnen, an welcher ein „osmotischer Austausch" von Menschen, Waren und Ideen in beide Richtungen bestanden habe. Beides scheint überzeichnet. So wenig wie der Limes von seiner Anlage her Schutz gegen einen organisierten Angriff größerer Verbände bot, so wenig wahrscheinlich ist die Annahme, es habe einen gleichberechtigten Grenzverkehr gegeben. Irgendwo zwischen diesen beiden Extremen dürfte die historische Wahrheit liegen.

Mit Hilfe von *limites* hatte schon Julius Caesar nördlich der Alpen und rechts des Rheins Kriege geführt. Der dichte Urwald Germaniens ließ der römischen Armee gar keine andere Wahl, als mittels dieser Schneisen Aufmarschwege anzulegen und den einheimischen Gegner um seinen größten strategischen Vorteil zu bringen: die Ortskenntnis. Als Kaiser Domitian (reg. 81–96) in den Jahren 83 bis 85 nordöstlich von Mainz die Chatten bekämpfte und dabei die Wetterau und den Taunus für Rom erschloss, hielt er sich an das bewährte Prinzip. Der Kriegsteilnehmer und Militärschriftsteller Sextus Julius Frontinus berichtet: „Als die Germanen nach ihrer Gewohnheit aus Bergwäldern und dunklen Schlupfwinkeln wiederholt unsere Truppen überfielen und einen sicheren Rückzug in die Tiefe der Wälder hatten, ließ der Imperator Caesar Domitianus Schneisen *(limites)* in einer Länge von 120 Meilen anlegen. Er änderte durch diese Maßnahme nicht nur die militärische Lage, sondern unterwarf auch Feinde, deren Zufluchtsorte er freigelegt hatte."

Entlang der Waldschneisen boten die zu beiden Seiten aufgeschichteten Baumstämme wirksamen Schutz gegen die gefürchteten Guerilla-Angriffe der Germanen. Das auf diese Weise dazugewonnene Gebiet sicherte bereits Domitian durch einige Kastelle im Hinterland militärisch ab. Der planmäßige Grenzausbau begann erst unter Kaiser Trajan (reg. 98–117). In regelmäßigen Abständen ließ er Wachttürme errichten, zunächst aus Holz, später in massiver Steinbauweise. Die Turmbesatzungen überblickten die Schneisen und konnten durch optische und akustische Zeichen wie Feuer, Rauch oder Fanfarenstöße untereinander Kontakt aufnehmen. Entlang der Turmlinie führte ein Patrouillenweg – diese Militärstraße war der Limes im ursprünglichen Sinne von „Feldrain". Jedem Streckenabschnitt wurde im Hinterland ein Kastell mit Blickkontakt zur Postenkette zugeordnet. Spätestens zu Zeiten Kaiser Hadrians (reg. 117–138) schloss eine hölzerne Palisade aus drei Meter hohen gespaltenen Eichenpfählen die grüne Grenze. Die Stämme waren mit der glatten Seite nach außen in den Boden gerammt und auf der Innenseite mit Querriegeln verstärkt. Wall und Graben wurden teils vor, teils hinter der Palisade als zusätzliche Hindernisse angelegt. An manchen Stellen des Obergermanisch-Rätischen Limes wurde darauf verzichtet.

In Rätien ersetzte im letzten Drittel des 2. Jahrhunderts eine drei bis vier Meter hohe und über einen Meter breite massive Steinmauer die Holzpalisaden, während die verrotteten Palisaden in Obergermanien nicht mehr ersetzt wurden. Wall und Graben mussten als Annäherungshindernis reichen. Jener Imperator, der in Germanien als erster römisches Reichsgebiet auf über fünfhundert Kilometern Länge mit Hilfe von Eichenpfählen eingezäunt hatte, ließ im Norden Britanniens den später sogenannten Hadrianswall errichten: eine hundertdreizehn Kilometer lange Steinmauer quer über die Insel. Der Obergermanisch-Rätische Limes und der Hadrianswall stehen heute auf der UNESCO-Liste des besonders schützenswerten Kulturerbes der Menschheit. Welchen Sinn hatte die Grenzanlage nun aber? Warum griffen die Römer in Germanien zum ersten und neben Britannien einzigen Mal zu dem defensiv wirkenden Mittel einer festen Einfriedung ihres Territoriums? In Afrika und Syrien finden sich zwar ebenfalls Wälle, Gräben und Militärstraßen an den äußeren Rändern der römisch beherrschten Welt, an kleineren Abschnitten auch Mauern, doch in der Regel begnügte sich die Weltmacht dort, wo keine natürlichen Grenzen wie Flüsse oder Gebirge vorhanden waren, mit einer zwar dichten, aber ansonsten unbefestigten Kette von Kastellen. Und selbst dann war damit nicht etwa eine starre Grenze markiert – das wirtschaftlich permanent genutzte Gebiet reichte oft weit über die militärisch gesicherte Zone hinaus. Rechts des Niederrheins etwa weidete das Vieh der Provinzarmee gegenüber den Legionslagern, während noch tiefer im „freien Germanien", im Sieger- und im Sauerland, römische Bergwerke aktiv waren. Starker römischer Einfluss zwang die meisten direkten Nachbarvölker in eine Abhängigkeit vom Imperium, die vom Provinzstatus oft nicht weit entfernt war.

Um eine Vorstellung von der visuellen Wirkung des Limes zu bekommen, versetzen wir uns am besten in einen freien Germanen. Er tritt aus dem heimischen Wald auf die künstliche Schneise und sieht vor sich eine hölzerne Mauer, übermannshoch, ohne Ende nach irgendeiner Seite. Von Horizont zu Horizont reicht die Palisade, optisch aufgelockert nur durch die vielen Wachttürme. Der Germane begreift: Hinter dem Zaun beginnt der römische Machtbereich. Wenn ich dort hinein will, muss ich mich an einen offiziellen Grenzübergang begeben. Übersteige ich die Barriere oder zerstöre sie gar, verletze ich das römische Hausrecht und muss mit Verfolgung und Strafe rechnen. So wie ich in meinem eigenen Dorf den Nachbarn verjagen würde, der ungefragt mein Haus betritt.

Rom hat seine Grenze mitten in Germanien damit deutlich sichtbar abgesteckt und erwartet von der Außenwelt, sich beim Zutritt seinen Regeln zu unterwerfen. Was aus germanischer Sicht von jenseits des Limes als Demütigung aufgefasst worden sein könnte, dürfte diesseits des Zauns eher auf Zustimmung gestoßen sein. Die deutlich sichtbare Grenzanlage schuf zusammen mit der massiven römischen Militärpräsenz ein hohes Maß an gefühlter und tatsächlicher Sicherheit. Nehmen wir zum Beispiel den eingangs erwähnten Textilgroßhändler Euphrates aus Augsburg. Gleichbleibend stabile Rahmenbedingungen waren für sein Geschäft das A und O, an oberster Stelle stand die Sicherheit des Warentransports. Der internationale Handel spielte sich auf den grenznahen Fernstraßen sowie auf Grenzflüssen wie Rhein und Donau ab. Mauern und Palisaden, Wachttürme und Grenzpatrouillen garantierten in hohem Maße Schutz vor Überfällen kleinerer Gruppen aus dem freien Germanien. Tatsächlich wissen wir, dass die Zahl der Raubzüge zurückging, nachdem die Palisade errichtet worden war. Die Gefahr, beim illegalen Grenzübergang oder bei der Rückkehr gestellt zu werden, wurde sehr groß.

Nächstes Thema: die Rechtssicherheit. Im Schutz des Limes entfaltete sich eine Provinzialgesellschaft, die einheitlichen Regeln unterworfen war in einem einheitlichen Wirtschaftsraum mit gemeinsamer Währung. Davon profitierten nicht allein die Bewohner mit römischem Bürgerrecht, unter dem Schutz Roms zu leben hieß auch für die einheimische Bevölkerung, die Segnungen der römischen Zivilisation und Wirtschaftsweise zu adaptieren und zu genießen. Die rasche Romanisierung der germanischen Provinzen ist eine archäologisch nachweisbare Tatsache – der Limes diente also weniger als antigermanischer Schutzwall im Sinne eines Eisernen Vorhangs.

Organisierten Einfällen größerer Stammesverbände konnten die Grenztruppen nicht auf Dauer standhalten. Doch mehr als hundertfünfzig Jahre erfüllte das künstliche Hindernis seinen Zweck als militärische Machtdemonstration und psychologische Trennlinie: auf der einen Seite das bäuerlich-dörflich strukturierte freie Germanien mit seiner Produktion für den Eigenverbrauch oder den Export begehrter Artikel Richtung Rom, organisiert auf Stammesebene; auf der anderen der Anschluss an die weite Welt, an entwickelte Wirtschaft, Überschussproduktion, ausgebaute Verkehrsinfrastruktur und zivilisatorische Errungenschaften wie Straßenbau, Fernhandel, Theater, Schule, Gladiatorenkämpfe und andere.

Den Unterschied zwischen ihrer und der römischen Welt konnten die Germanen selbst erleben, sofern sie sich der Prozedur der Grenzkontrolle unterzogen. Waffen durften sie nicht mitnehmen in die römische Provinz. Eingeführte Waren mussten verzollt werden. Gern gekauft wurde auf römischer Seite beispielsweise Bernstein, aber auch Pelze aus Germanien waren beliebt. Skurril: Angeblich schmückten Römerinnen ihre Frisur gern mit blonden germanischen Strähnen. Als Handelsgut am Limes nachgewiesen sind auch Sklaven. Bis weit ins 2. Jahrhundert hinein gelang es Rom, mit den unmittelbar am Limes siedelnden freien Stämmen Kooperationsverträge abzuschließen oder beim Tod von deren Anführern zum eigenen Nutzen in Nachfolgefragen einzugreifen, womit eine Art Pufferzone zum beiderseitigen Vorteil geschaffen war.

Die Luxusware eines Euphrates kann durchaus den Weg nach Germanien gefunden haben. Abgewickelt wurde der Handel dann aber von den regionalen oder lokalen Abnehmern des Augsburger Großhändlers. Sie fuhren mit ihren Karren ins Germanengebiet, setzten ihre Ware ab und brachten auf dem Rückweg eventuell Pelze und Bernstein mit. Römisches Geld zirkulierte auch jenseits des Limes, wie viele Funde zeigen, und Produkte aus römischer Manufaktur hatten auch weit im Landesinneren ihre Liebhaber. Im fränkischen Dottenheim zwischen Neustadt/Aisch und Bad Windsheim wurde römische Keramik aus dem 2. Jahrhundert gefunden. Die Krüge stammten aus Produktionsstätten des Rhein-Main-Gebietes. Römische Ware findet sich aber auch in Skandinavien, wo nun wirklich kein Legionär jemals seinen Fuß hinsetzte.

Entlang dem Limes entwickelten sich überall dort, wo wenige Kilometer hinter der Grenze Kastelle errichtet worden waren, sogenannte *vici*, Lagerdörfer. Sie wuchsen zu beiden Seiten der Straße und bildeten die Keimzelle vieler noch heute bestehender Siedlungen. Hier wohnten zunächst Angehörige der Soldaten, später ließen sich Handwerker, Händler und Dienstleister aller Art vom Frisör bis zum Freudenhaus an den Ausfallstraßen des Kastells nieder. Ihre wirtschaftliche Grundlage fanden sie in der Garnison. Zwischen fünfhundert und tausend Soldaten schoben hier und in der Umgebung normalerweise Dienst. Sie stammten aus aller Herren Länder, rekrutierten sich aber nicht aus römischen Legionären, sondern waren Auxiliare, Hilfstruppen, ursprünglich aufgestellt in grenznahen römisch besetzten Gebieten. Nach fünfundzwanzig Jahren Dienst in der Armee hatten sie Anspruch auf das römische Bürgerrecht, das sich automatisch auf ihre Nachkommenschaft übertrug. So wurden Römer „gemacht".

Allgemein wird angenommen, dass sich zahlreiche Veteranen in der Nähe ihrer ehemaligen Garnison als Landwirte, Handwerker oder Händler niederließen. Roms Landvermesser teilten die neuen Gebiete in Parzellen auf und wiesen sie zugewanderten oder einheimischen Provinzialen zur Bewirtschaftung zu. So entstanden allein auf dem Gebiet von Baden-Württemberg bis zu fünftausend Landgüter des Typs *villa rustica*. Die Produkte dieser Gutshöfe landeten auf den Märkten der Provinz. Jedes Lagerdorf hatte seinen eigenen Marktplatz. Die Armee deckte hier zum Teil ihren Bedarf an Grundnahrungsmitteln und Nachschub, der gigantisch war. Massen- und Luxusgüter aus anderen Teilen des Reiches ergänzten den militärischen Bedarf, fanden ihren Weg aber auch in die Speiseräume der rätischen und obergermanischen Bevölkerung: Keramik und Tischgerät aus dem gesamten nördlichen Mittelmeerraum von der trendigen Öllampe bis zum Silbergeschirr, Olivenöl aus Spanien, italienische Fischsauce, exotische Gewürze, frische Austern aus Gallien ... In diesem Sinne konnte der Limes auch als Wohlstandsgrenze erfahren werden.

Der Dienst im Kastell und auf den Wachttürmen war für gewöhnlich langweilig, dafür aber sehr gut bezahlt. Die hohe Kaufkraft der Soldaten lockte Handwerker und Kaufleute in ihre Nähe. In den *vici* fand die Truppe alles, was das Herz begehrte, von der militärischen Ausrüstung – die man als Soldat selbst bezahlen musste – über das passende Schuhwerk und das nötige Tongeschirr bis zum Bier in gemütlicher Runde. Den meisten Kastellen angegliedert waren überdies bescheidene Thermen und häufig genug auch ein kleines Amphitheater. So musste der gemeine Soldat selbst in den entferntesten Ecken des Reiches weder auf die hygienischen Annehmlichkeiten römischer Lebensart noch auf die spektakulären Darbietungen in der Arena verzichten. Ebenso wenig wurde ihm die Ausübung seines religiösen Kultes verwehrt, vorausgesetzt, die Religion war von Staats wegen zugelassen. So fanden sich bei Ausgrabungen Statuen, Votivtafeln, Kultbilder und Tempel unterschiedlichster Gottheiten von Jupiter Dolichenus über den Sonnengott Mithras bis – jenseits der Legalität – zu Jesus Christus. Wenn man so will, begegnete der freie Germane auf seiner Tour durch die romanisierte Provinz hinter dem Limes einer multiethnischen, multikulturellen Gesellschaft auf wirtschaftlich hohem Niveau. Das weckte Begehrlichkeiten.

Bereits erwähnt wurden die Raubzüge kleiner Gruppen. Ihr Ziel waren reiche Reisende oder die Verlockungen der Landgüter. Dank der künstlichen Hindernisse und der intensiven Bewachung blieben Eindringlinge am Limes nicht lange unentdeckt. Aufgabe der Wachtturmbesatzungen war es nicht, sich in Kampfhandlungen verwickeln zu lassen, vielmehr meldeten Postenläufer den Vorgang im nächstgelegenen Kastell. Reiter rückten aus, versuchten die Räuber aufzuspüren und beim Plündern zu stören. Derweil setzten sich Fußsoldaten in Marsch zur Grenzlinie und erwarteten dort die zurückkehrenden Übeltäter. Hier schnappte dann die Falle zu. Wer sich erwischen ließ, wurde behandelt wie ein Kriegsgefangener. Bei gravierenden Vorkommnissen zögerte die Armee auch nicht, die nächstgelegenen germanischen Siedlungen anzugreifen und als Vergeltungsmaßnahme einfach niederzubrennen. Aus römischer Sicht war damit die Ordnung wiederhergestellt. Parallel dazu zerschlugen die Kaiser in wiederholten Feldzügen jedes größere politische Gebilde, das sich vor den römischen Grenzen zu bilden anschickte.

Beutegut aus Raubzügen ins Römergebiet findet sich noch tief im Germanenland. In Mainfranken beispielsweise wurden zahlreiche Metallgegenstände aus römischer Produktion ausgegraben, die auf das 3. Jahrhundert datiert und als Beutestücke gedeutet werden. Die Datierung ist kein Zufall. Die Handelsmöglichkeiten mit dem Imperium und das ungeheuer fruchtbare Provinzgebiet zogen die Stämme aus den

Tiefen des Barbaricums geradezu magnetisch an und führten über die Jahrzehnte zu immer dichterer Bevölkerung in den grenznahen Gebieten, zu immer mehr Reibereien zwischen den einzelnen Gruppen und damit auch zu immer größer werdenden und mit römischer Waffentechnik ausgestatteten politisch-militärischen Interessensverbänden auf germanischer Seite. Seit der Mitte des 2. Jahrhunderts machten sich Veränderungen bemerkbar: Zwischen 167 und 180 war Rom in zwei verlustreiche Kriege gegen ganze Gruppen von Stämmen verwickelt, die meisten davon Germanen. Die Feinde drangen bis nach Oberitalien vor, Städte wie Augsburg sahen sich bedroht und begannen Mauern zu errichten. Wirkliche Ruhe kehrte seitdem nicht mehr ein.

Probleme an der persischen Reichsgrenze, aber vor allem auch die Machtkämpfe zwischen den offiziellen Kaisern und den von einzelnen Truppenteilen ausgerufenen Usurpatoren führten ab dem zweiten Drittel des 3. Jahrhunderts immer wieder zum Abzug größerer Armeeteile aus Obergermanien und Rätien. Wo Kastelle verlassen wurden, entwickelten sich häufig auch die zugehörigen Siedlungen zurück. Die Gutshöfe fanden dann weniger Abnehmer für ihre Produkte, und die allgemeine wirtschaftliche und militärische Unsicherheit bewog viele Unternehmer zur Aufgabe und Abwanderung, zumindest hinter die schützenden Mauern der größeren Städte.

Den Germanen blieb das durchaus nicht verborgen – ihre Raubzüge bis tief in die Provinzen nahmen in dieser Zeit dramatisch zu. Der Limes als militärisch bewachte Grenze ließ sich auch mit verändertem Konzept nicht mehr lange halten. Spätestens seit dem Jahr 260 gelten die rechtsrheinischen Gebiete als aufgegeben, und Rom zog sich militärisch auf eine Flussgrenze an Rhein, Iller und Donau zurück. Machtpolitisch hielten die Kaiser noch bis ins 4. Jahrhundert an ihrem Anspruch auf die einst besetzten Gebiete fest. Nachdruck verleihen konnten sie diesem Anspruch indessen nicht mehr. Der Druck, der vor allem von den nach Westen wandernden Hunnen in der asiatischen Steppe ausging und zunehmend Mitteleuropa erreichte, zwang die Germanen nun dazu, ihre Zukunft auf römischem Reichsgebiet zu suchen. Der Limes stand dem schon lange nicht mehr im Wege.

IRRTUM 17:

Caesar eroberte Britannien

Kaiser Claudius feierte im Jahre 44 n. Chr. in Rom einen Triumph. Auf dem zugehörigen Triumphbogen ließ der Nachfolger des Caligula den Anlass verewigen, der ihm den Triumphzug eingebracht hatte. Dort ist zu lesen, Claudius sei „der Erste, der Barbarenvölker jenseits des Ozeans unter römische Herrschaft brachte". Damit nicht genug der durchaus üblichen Selbstdarstellung: Auf Goldmünzen des Claudius ist der Triumphbogen mit der Aufschrift DE BRITANN abgebildet, den der Princeps als Reiterstatue in triumphaler Pose krönt. Genauso hätte er auf einem Elefanten sitzen können.

Aber der Reihe nach: Warum eigentlich lässt sich Kaiser Claudius als Eroberer von Britannien feiern, wo doch Caesar, der inzwischen vergöttlichte Julius, schon knapp hundert Jahre zuvor die Insel für Rom unterjocht hatte? Oder stimmt das etwa nicht? In dem Bericht über das Jahr 55 v. Chr. an den Senat hatte Caesar, Prokonsul der beiden gallischen Provinzen, neben der Liquidation der germanischen Stämme der Tencterer und Usipeter am Rhein auch den Feldzug in Britannien als großen Erfolg im Sinne Roms dargestellt. Als Ausdruck seiner Zufriedenheit mit Caesars Taten ordnete der Senat daraufhin ein zwanzigtägiges Dankfest an. Im Jahr darauf betrat Caesar erneut britannischen Boden, feierte militärische Erfolge und erlegte den dortigen Stämmen sogar Steuern auf. Waren diese Erfolge ein Jahrhundert später einfach vergessen?

Vergessen sicher nicht, denn für bleibende Erinnerung hatte der göttliche Julius mit seinem 51 v. Chr. veröffentlichten Kommentar zum Gallischen Krieg selbst gesorgt. Die beiden Feldzüge über den Kanal nach Britannien stellten für ihn gewissermaßen ein Nebenprodukt dar. In diesem Sinne jedenfalls skizzierte Caesar seine Beweggründe, den Kanal zu überqueren: „Obwohl sich der Sommer dem Ende zuneigte und der Winter in dieser Gegend sehr früh beginnt, da Gallien in den nördlichen Breiten liegt, wollte Caesar unbedingt nach Britannien aufbrechen, weil er immer wieder sah, dass in fast allen gallischen Kriegen die Feinde von dort mit Hilfstruppen unterstützt wurden." Ein solches Verhalten kann Caesar natürlich nicht zulassen. Im Übrigen, fügt er gleich an, sind die Menschen in Britannien wie auch das Land selbst dem Rest der zivilisierten Welt eher unbekannt: „Außer Handelsleuten ist niemand sonst so verwegen, die Bewohner dieser Insel aufzusuchen, und selbst diese kennen nur die Küste und die Gegend, die Gallien gegenüber liegt." Daher sei es von Vorteil, wenn er auf der Insel lande, „die Menschen dort genauer kennenlernte und Informationen über die Gegend, die Häfen und die übrigen Landungsmöglichkeiten sammelte." Na klar: Caesar als Expeditionsreisender im Stile eines antiken Alexander von Humboldt, der aus rein wissenschaftlich-aufklärerischem Interesse Land und Leute erforschen will. Das nahm ihm sicher schon damals sein Schwiegersohn, politischer Partner und schärfster Konkurrent Pompeius nicht ab. Im Gegenteil. Pompeius gründete sein Ansehen neben seinen militärischen Erfolgen in Asien vor allem auf den Ruf, für Rom unbekannte Welten im fernen Osten erschlossen zu haben. Dieses Beispiel vor Augen, daran besteht in der Wissenschaft heute kein Zweifel, lenkte Caesar seinen Blick auf die Insel jenseits des Ärmelkanals. Was Pompeius im Osten gelang, würde er im Westen übertreffen. Doch es kam anders.

Der griechische Historiker Plutarch schreibt 150 Jahre später: „Der Feldzug gegen Britannien trägt den Stempel hohen und kühnen Unternehmungsgeistes ... Als erster wagte sich Caesar mit einer Kriegsflotte aufs Westmeer hinaus und segelte mit einer Armee über den Atlantischen Ozean gegen eine Insel, an die man wegen ihrer Größe nicht glauben wollte, so dass zahlreiche Gelehrte sich ihretwegen erbittert befehdeten." Tatsächlich studierte Caesar die bis dahin bekannten Schriften über Britannien und bestellte, weil er aus den Büchern nicht recht klug wurde, „von überall her Handelsleute zu sich ein", wie er selbst berichtet, um mehr zu erfahren über Bevölkerungsdichte, Art der britannischen Kriegsführung und über Häfen, die für seine Flotte geeignet wären. Schließlich sprach sich sein Plan über den Kanal hinweg herum, und einige Stämme schickten Gesandte an den Römer. Dazu Caesar: „Sie sagten ihm die Stellung von Geiseln zu und wollten sich der Herrschaft des römischen Volkes unterwerfen."

Mit anderen Worten: Der mächtige Römer hatte sich nach vier Jahren Feldzug in Gallien auf der Insel einen Ruf wie Donnerhall erworben, und einige von den besonneneren Völkern hielten es für besser, sich diesen Warlord von vornherein vom Leibe zu halten. Die Stellung von Geiseln im Verein mit der Unterwerfung unter die römische Herrschaft war Caesars übliche Forderung an jeden Volksstamm, dem er begegnete oder der in der Nachbarschaft seiner Provinz Gallien lebte. In seinen Augen rechtfertigte schon die Weigerung, seinen Forderungen nachzukommen, einen Angriff. Ihm als Vertreter Roms hatten sich alle zu unterwerfen. Wer dies nicht tat, bekam die unerbittliche Härte des römischen Strafgerichts zu spüren – bis hin zur totalen physischen Vernichtung. In diesem Sinne forderte er den von ihm selbst eingesetzten König des gallischen Stammes der Atrebaten, Commius, auf, „die Stämme aufzusuchen, die er erreichen könne, und ihnen nahezulegen, sich unter den Schutz des römischen Volkes zu stellen". Gleichzeitig sollte er die baldige Ankunft Caesars in Britannien verkünden. Ein Feldzug mit Ansage gewissermaßen.

Die Inselvölker indes dachten offenbar nicht im geringsten daran, Caesar den roten Teppich auszulegen. Stattdessen bereiteten sie ihm und den zwei Legionen, mit denen er im letzten Augustdrittel 55 v. Chr. übersetzte, einen heißen Empfang. Der erste Landungsversuch bei Dover scheiterte auf der ganzen Linie: „Auf allen Anhöhen waren bewaffnete feindliche Truppen aufgestellt." Caesar sah schnell, dass seine Legionäre auf dem schmalen Streifen Land vor den weißen Klippen ein gutes Ziel für feindliche Wurfgeschosse abgegeben hätten. Daher lichtete er die Anker, segelte einige Kilometer weiter und startete einen neuen Anlauf, vermutlich an der Ostküste von Kent, „in der Nähe einer unbewaldeten und ebenen Stelle". Wie im Märchen von Hase und Igel waren „die Barbaren" jedoch auch schon wieder da. Und wie: Die schweren römischen Kriegsschiffe mussten im tieferen Wasser ankern, so dass die Legionäre gezwungen waren, mit ihren schweren Waffen ans Ufer zu schwimmen.

Dort, in seichtem Gewässer, wurden sie von den Einheimischen erwartet: „Sie schleuderten kühn ihre Wurfgeschosse und trieben ihre Pferde an, die an diese Kampfesweise gewöhnt waren." Jeder Legionär, der zumindest Boden unter die Füße bekam, musste damit rechnen, einen Schwertstreich oder Lanzenstoß abzubekommen: „Das alles versetzte unsere Soldaten in Panik." Sie zögerten, die Schiffe zu verlassen, und zeigten keine rechte Begeisterung, in den sicheren Tod zu ziehen. Doch Caesar wäre nicht er selbst, hätte er nicht auch aus dieser scheinbar ausweglosen Situation einen Erfolg gemacht. Zu Hilfe kam ihm ein Zufall. Der Adlerträger der zehnten Legion beschwor lautstark die Götter, der Aktion einen guten Ausgang zu gewähren. Im Vertrauen darauf rief er: „Springt herab, Kameraden, wenn ihr den Adler nicht den Feinden ausliefern wollt. Ich jedenfalls werde meine Pflicht gegen den Staat und gegen den Feldherrn erfüllen." Kaum hatten die Worte seinen Mund verlassen, sprang er vom Schiff „und trug den Adler gegen die Feinde voran". Hollywood könnte diese Form des Hurrapatriotismus nicht schöner inszenieren.

Es kam, wie es kommen musste: Caesars Soldaten gewannen allmählich die Oberhand und schlugen die Feinde in die Flucht. Leider hatten die Schiffe, welche die Reiterei übersetzen sollten, aufgrund ungünstiger Winde ihren Weg nicht gefunden, so dass die Römer die Britannier nicht verfolgen konnten. „Dies war das einzige, was zum bewährten Kriegsglück Caesars fehlte." Doch schon bald entwickelten sich die Dinge so, wie Julius es gewohnt war: Die Feinde hockten sich zusammen, erkannten angesichts zweier römischer Legionen – etwa zehntausend Mann – ihre hoffnungslose Unterlegenheit und baten Caesar um Frieden: mit Geiseln und allem, was er sonst noch wünsche. So jedenfalls überliefert es Caesar der geneigten Leserschaft in Rom.

Jetzt tauchte auch Commius wieder auf. Den Atrebaten hatten die widerspenstigen Britannier bei seiner Ankunft auf der Insel schnurstracks in Fesseln gelegt. Nun entschuldigten sie sich dafür. Caesar schimpfte noch ein wenig mit ihnen, weil sie „ohne Ursache mit dem Krieg begonnen hätten, obwohl sie vorher aus freien Stücken Gesandtschaften aufs Festland geschickt hätten, um ihn um Frieden zu bitten." Doch in all seiner Güte war er bereit, „ihnen zu verzeihen", wenn sie denn die erforderlichen Geiseln beibrächten.

Aus Caesars Bericht wird nicht ganz deutlich, mit welchen Absichten außer Ruhmsucht er seine Legionen noch so spät im Sommer nach Britannien führte. Denn eigentlich sollte, wie er selbst schreibt, das Winterlager in Gallien eingenommen werden. Auf einen längeren Aufenthalt waren die Römer nicht vorbereitet. Zudem zerstörten die saisontypischen Stürme Ende August und Anfang September zahlreiche vor Anker liegende Kriegs- und Transportschiffe – ein weiteres Detail, mit dem der große Stratege nicht gerechnet hatte. Die Lage am Stützpunkt wurde immer prekärer. Noch immer ließ die Reiterei auf sich warten. Caesar schickte eine Legion in die Umgebung, um von den Feldern Getreide zu stehlen. Kaum hatten die Soldaten ihre Waffen gegen Sicheln eingetauscht, griffen die Feinde aus dem Hinterhalt an. Dabei stifteten sie mit ihren Streitwagen unter den Römern erhebliche Verwirrung. Nur mit Mühe gelang es Caesar, die Legionäre wieder herauszuhauen.

Nun sammelten die Inselbewohner weitere Kräfte und rückten zur Entscheidungsschlacht auf das römische Lager vor. Erneut konnte Caesar den Angriff zurückschlagen. Zur Vergeltung ließ er seine Legionäre „alle Gehöfte weit und breit in Brand" setzen. Die Britannier „baten" nun wieder um Frieden und erklärten sich bereit, doppelt so viele Geiseln wie zuvor zu stellen. Damit gab sich der Feldherr zufrieden, denn inzwischen hatte er es eilig: Die Flotte war soweit wiederhergestellt, dass die Rückfahrt gelingen konnte. Ende September, also quasi auf den letzten Drücker, schiffte Caesar seine Legionen ein und kehrte nach Gallien zurück. Nur zwei Stämme schickten später die versprochenen Geiseln. Lapidar schreibt Caesar: „Die übrigen unterließen es."

Dieses war der erste Streich, der zweite folgte im nächsten Jahr – besser vorbereitet zwar, doch im Ergebnis kaum erfolgreicher. Bis in den Sommer 54 v. Chr. hinein ließ Caesar sechshundert neue Schiffe bauen: niedriger, breiter und damit in den windigen atlantischen Gewässern manövrierfähiger und leichter an Land zu ziehen. Die Vorbereitungen schlugen Wellen bis nach Rom. Junge Adelige kamen nach Gallien und boten Caesar an, ihn zu begleiten. Auch zahlreiche Kaufleute erblickten ihre Chance im zweiten Britannien-Feldzug. Sie reihten ihre Boote in die römische Armada ein. Anfang August – wiederum hatten Stürme eine frühere Abfahrt verhindert – tauchten eines Morgens achthundert römische Schiffe vor der Küste Britanniens auf. Dieses Mal wagten es die Einheimischen nicht, sich einer solchen Übermacht entgegenzustellen. Auch scheuten sie die offene Feldschlacht, attackierten Caesars Heer aber immer wieder mit ihren äußerst wendigen Streitwagen und brachten die Römer so erneut in Bedrängnis. Nach ihren überfallartigen Attacken zogen sich die Britannier blitzschnell in die befestigten Wälder zurück: „Nur in kleinen Abteilungen kamen sie zum Kampf aus den Wäldern hervor, um unsere Soldaten davon abzuhalten, in die Festung einzudringen." Kaum war es gelungen, die Wälder einzunehmen, kam die nächste Hiobsbotschaft: Erneut hatte ein schwerer Sturm die Schiffe an der Küste schwer beschädigt. Zehn Tage kostete es, die Flotte einigermaßen wiederherzustellen. Dann erst konnte sich Caesar wieder seiner eigentlichen Tätigkeit zuwenden: der Eroberung fremden Territoriums.

Diesmal stieß er unter schweren Kämpfen gegen verbündete britannische Stämme bis zur Themse vor. Diese hatten sich unter den Oberbefehl des Cassivelaunus begeben, der nördlich der Themse seine Machtbasis besaß. Doch einige Stämme, die offenbar mit Cassivelaunus in Fehde lagen, unterstellten sich Caesars Schutz, lieferten ihm Geiseln und Getreide. Caesar gelang es wohl, die Themse zu überqueren und das Hauptquartier des gegnerischen Oberbefehlshabers auszuräuchern. Er ließ seine Soldaten noch ein wenig brandschatzend durchs Land ziehen, bis er die Nachricht erhielt, dass einige Britannier auf Geheiß des Cassivelaunus das Schiffslager angegriffen hatten. Zwar wurden diese zurückgeschlagen, und der britannische Heerführer sandte angeblich Gesandte mit einer Art Unterwerfungsbotschaft, doch Caesar sah ein, dass hier nichts mehr für ihn zu holen war: „Caesar hatte beschlossen“, schreibt er, „auf dem Festland ins Winterlager zu gehen, weil in Gallien immer wieder plötzlich Unruhen ausbrachen.“ Ein Caesar zieht sich aber nicht einfach so zurück: „Er setzte fest, was Britannien von nun an jährlich dem römischen Volk an Steuern zahlen sollte.“ Gleichzeitig „untersagte er Cassivelaunus scharf“, den ihm nicht hörigen Stämmen Schaden zuzufügen. Dann, um den 20. September 54 v. Chr., überquerte er mit Mann und Maus den Kanal nach Gallien und setzte nie mehr einen Fuß auf die Insel. Wie Caesar die Einhaltung seiner Anordnungen überprüfte, ist ebensowenig überliefert wie die Antwort auf die Frage, ob Rom zwischen 54 v. Chr. und 43 n. Chr. von Britannien jemals eine Steuerzahlung erhielt.

Caesars britannisches Abenteuer war gemessen an dem hehren Ziel des Gewinns fremden Territoriums für das römische Gemeinwesen ein Schlag ins Wasser. Seinen Ruhm haben die Ausflüge auf die Insel indessen nicht geschmälert, eher erreichte das Ansehen des Juliers neue Höhen.

Fast hundert Jahre später, um 42 n. Chr., floh offenbar ein britannischer König namens Verica nach Rom und bat dort um Hilfe gegen seine Widersacher auf der Insel. Allem Anschein nach gab er sich als Sohn des Commius aus, jenes Atrebaten, den Caesar einst als Vermittler nach Britannien geschickt hatte. Jenes Commius auch, der bald darauf von den Römern abgefallen war und mit wechselndem Erfolg auf gallischem Boden sein eigenes Süppchen gekocht hatte, um schließlich mit Sack und Pack zu seiner Verwandtschaft auf die Insel zu fliehen, um dort ein neues Atrebatenreich aufzubauen. Münzfunde zeigen, dass Commius' Nachfahren durchaus Sinn für Römisches hatten: „Verica Rex – Commi F(ilius)“ ließ der Stammesführer prägen, „König Verica, Sohn des Commius“. Die Römer, auch Caesar, wussten natürlich um die Bodenschätze jenseits des Kanals, vor allem Zinn und Eisen waren seit Jahrhunderten heiß begehrt. Augustus soll mehrfach über eine Invasion nachgedacht haben. Caligula ließ bereits ein Heer in Marsch setzen, pfiff es dann aber kurzfristig wieder zurück. So blieb es seinem Nachfolger Claudius vorbehalten, sich die Eroberung Britanniens als Orden an den Brustpanzer zu heften. Und hier kommt auch bald der eingangs erwähnte Elefant ins Spiel.

Claudius schickte den Senator und Feldherrn Aulus Plautius mit vier Legionen und vielen Hilfstruppen – alles in allem bis zu vierzigtausend Mann – an den Ärmelkanal. Doch obwohl bekannt war, dass Caesar denselben Weg gegangen war, zögerten die Legionen, sich auf einen Feldzug „außerhalb der bekannten Welt" zu begeben – bei den römischen Interventionen im Nordseeraum während der letzten Jahrzehnte waren reichlich Legionäre ertrunken, da sich die Lernkurve ihrer Kommandeure in puncto Gezeiten als so flach wie das Wattenmeer erwies. Erst dem eigens angereisten Privatsekretär des Claudius gelang es, das Ehrgefühl der Soldaten am Ärmelkanal anzustacheln und sie zum Aufbruch zu bewegen. Da die Inselbewohner nicht mit einem Angriff gerechnet hatten, trafen die Römer zunächst kaum auf Widerstand. Doch bald schon hatten sich die Britannier organisiert und traten den Invasoren mit Macht entgegen. Aulus Plautius kämpfte sich wie einst Caesar bis zur Themse vor, wo er anhielt und, wie zuvor ausgemacht, nach Rom um „Hilfe" schickte. Claudius höchstselbst schiffte sich über Ostia nach Gallien ein, durchquerte das heutige Frankreich und tauchte alsbald bei der Truppe auf – mit Elefanten im Schlepptau. Während die Römer seit den Zeiten, als der epirotische König Pyrrhos in Unteritalien eingefallen war (280–75), ihre Erfahrungen mit Kriegselefanten gemacht hatten, war der Anblick der riesigen Rüsseltiere für die Britannier eher ungewohnt. Ob es an diesem ungewöhnlichen „Kriegsgerät" lag, dass Claudius an der Spitze seines Heeres so schnell die Festung Camulodunum – das heutige Colchester – einnehmen konnte? Wir wissen es nicht. Der einzige erhalten gebliebene Bericht über die ersten Jahre der römischen Britannien-Expedition stammt aus der Feder des Cassius Dio (ca. 163–229), und der schreibt gerade über dieses interessante Detail nichts. Dafür versäumt er nicht mitzuteilen, dass Claudius nach gerade mal sechzehn Tagen Britannien wieder verließ und sich beeilte, in Rom einen Triumph zu feiern. Den Ehrentitel „Britannicus", die Inschrift auf dem Triumphbogen und die propagandistische Münzprägung DE BRITANN verdankt er also, wenn man die Episode zuspitzen möchte, einem etwa zweiwöchigen Ausflug auf dem Rücken eines Elefanten.

Vielleicht ahnte der Imperator, wie schwer es noch werden würde, die Insel wirklich zu erobern und zu halten. Ende 47 n. Chr. war ein Gebiet unterworfen, dessen Grenze eine Linie von Exeter im Südwesten bis Lincoln im Nordosten bildete. Weitere fünf Jahre benötigten die Römer, um die walisischen Bergstämme einigermaßen in den Griff zu bekommen. 60/61 n. Chr. gefährdete ein ernst zu nehmender Aufstand unter Führung der Königin Boudicca das bis dahin Erreichte. Boudicca avancierte in Britannien zu einer Art Nationalheldin. Den römischen Vormarsch konnte allerdings auch sie nicht aufhalten. Der Widerstand wurde brutal gebrochen.

Roms Feldzeichen am weitesten nach Norden trug zwischen 78 und 84 n. Chr. der Statthalter Julius Agricola. Über seine Feldzüge wissen wir deswegen so genau Bescheid, weil kein Geringerer als Tacitus sie in einer Biografie („Agricola“) dokumentiert hat. Agricola war nämlich Tacitus' Schwiegervater. Während seiner Statthalterschaft erreichte er das schottische Hochland und errichtete dort nach der berühmten, aber nicht genau lokalisierbaren Schlacht am Mons Graupius das Legionslager Inchtuthil. Zwei Straßen in den Süden und eine Kette von fünf Kastellen folgten. Doch nach wenigen Jahren zeigte sich, dass diese Vorposten auf Dauer nicht zu halten waren. Und da in den schottischen Bergen auch keine Bodenschätze vermutet wurden, zog sich Rom alsbald ungefähr auf die Linie zurück, entlang derer Kaiser Hadrian dreißig Jahre später den nach ihm benannten Wall bauen ließ. Tacitus kommentiert den Rückzug zum Auftakt seiner Historien mit den Worten: „Bezwungen war Britannien und sofort wieder aufgegeben.“

Das war natürlich nicht wenig übertrieben. Immerhin hielten sich die Römer wacker bis um das Jahr 410 n. Chr. auf der Insel. Von dort aus versuchten sogar einige Statthalter, sich zum römischen Kaiser aufzuschwingen. Zu Beginn des 5. Jahrhunderts, als sämtliche regulären Truppen aufs bedrohte Festland abgezogen wurden, setzt der archäologisch nachweisbare Niedergang der römischen Kultur in Britannien ein. Die prächtigen Landhäuser wurden verlassen und zerstört. Niemand stoppte den Verfall der Stadtmauern; Amphitheater und Thermen blieben ungenutzt. Keiner mehr kümmerte sich in den Städten um die Foren. Auf dem Forum von *Londinium* (London), einer römischen Gründung, stand damals immerhin die größte Basilika nördlich der Alpen. Neue römische Münzen erreichten die Insel nicht mehr. Hortfunde mit Gold- und Silbermünzen, mit wertvollem Geschirr und kostbarem Glas zeigen, wie gefährlich die Zeiten geworden waren: Man deponierte seine Schätze sicherheitshalber im Boden, hoffend, sie später wieder hervorholen zu können. Die Gefahr kam in Gestalt der Jüten, Angeln und Sachsen, die von Germanien aus die britannische Ostküste überfielen. Dies spielte aber auch den Pikten und Skoten in die Hände, die den Hadrianswall zu überrennen begannen. Die Zeiten wurden also nicht besser. Sie wurden zunächst einmal schlechter.

IRRTUM 18:

Alexander der Große eroberte die ganze damals bekannte Welt

Natürlich weiß heute jeder, der sich halbwegs für antike Geschichte interessiert, dass sich Alexander der Große (356–323) eben nicht die ganze damals bekannte Welt untertan machte. Seine Herrschaft trat der Makedonenkönig schon im Alter von zwanzig Jahren an, und zwei Sommer später machte er sich bereits auf nach Asien, um im Namen aller Griechen Rache zu üben an den Persern für den verheerenden Feldzug des Xerxes gegen Hellas 150 Jahre zuvor. Dies gelang durchschlagend, und das Reich der Perser stürzte in sich zusammen. Alexander setzte sich anstelle von Dareios III. auf den Thron und griff als „König von Asien" sogar bis nach Indien aus, in Gegenden, die noch kein Grieche vor ihm betreten, geschweige denn erobert hatte. Aber Weltherrschaft? Alexander wurde ja nicht einmal dreiunddreißig Jahre alt, und doch hielt sich die Legende von seinem weltumspannenden Reich viele Jahrhunderte lang.

Alexanders wichtigster Biograph Arrian (ca. 85–145), raunt von durch den frühen Tod vereitelten Plänen des Makedonenkönigs, nach dem Osten der damals bekannten Welt auch den Westen zu erobern. Für antike Hörer durchaus vorstellbar, umso mehr, als schon während des Alexanderzuges Legenden über den jungen, in jeder Beziehung ungewöhnlichen König und seine wunderbaren Taten in Umlauf kamen – bis nach Griechenland und darüber hinaus. Alexander nahm als erster europäischer Herrscher, von dem wir wissen, Historiographen mit auf seinen Feldzug. Seinen Nachruhm wollte er auf gar keinen Fall dem Zufall überlassen. Alexanders Beispiel machte Schule. Hannibal heuerte im 3. Jahrhundert v. Chr. zu diesem Zweck zwei Griechen an, und der Zerstörer Karthagos, Scipio der Jüngere, wählte im 2. Jahrhundert v. Chr. den ebenfalls griechischen Historiker Polybios als PR-Mann. Zuverlässig und regelmäßig gelangten Berichte über Alexanders Erfolge in den Weiten Asiens in den Westen. Aufzeichnungen machten auch einige Weggefährten des Makedonen, wie etwa sein Leibwächter Ptolemaios, der spätere König von Ägypten und Begründer der ptolemäischen Dynastie. Er publizierte sie einige Jahre nach Alexanders Tod. Der König korrespondierte auf dem Kriegspfad mit seinem akademischen Lehrer Aristoteles – der Schriftwechsel wurde veröffentlicht, ist aber weitgehend verloren. Außerdem war in der Antike ein Schriftwechsel Alexanders mit seiner Mutter bekannt. Ob authentisch oder nicht – fürs Lesepublikum spielte das keine Rolle.

Zusammen mit weiteren Augenzeugenberichten, die sich mal mehr, mal weniger an die Fakten hielten, wucherte schon bald ein regelrechtes Geflecht an Geschichten und Anekdoten um den sagenhaften Alexanderzug. Mit der Autorität des Augenzeugen beschreibt etwa Ptolemaios zwei sprechende Schlangen, denen Alexander seine Rückkehr aus der Wüstenoase Siwa zu verdanken habe. Ein anderer Kriegsteilnehmer schildert den Besuch der Amazonenkönigin bei Alexander und berichtet von Indern, die bis zu hundertdreißig Jahre alt werden, ohne dass man es ihnen ansieht. Das ist aber noch nichts gegen die Waldmenschen mit den nach hinten zeigenden Zehen, die ein anderer gesehen haben will.

Einige Soldaten beschrieben tellergroße Spinnen, die in rasend schnellem Tempo über den Wüstensand sprinten und mit einem riesigen Satz Kamele anfallen. Sie injizieren den Tieren mit einem Biss ein lähmendes Gift und fressen sich dann in aller Ruhe durchs Fleisch – bei lebendigem Leib. Die Kamelspinne bedrohte aber auch die Krieger, weswegen diese verständlicherweise um den verdienten Nachtschlaf gebracht wurden. Aber halt, an dieser Stelle ein klärendes Wort: Die

Episode von der Kamelspinne ist modernen Ursprungs. US-Soldaten begegneten ihr im Jahre 2004 im Irak, und ganz so schrecklich ist sie in Wahrheit gar nicht. Aber die Geschichte illustriert trefflich die fremde Welt der Wunder, welcher sich die nach Zehntausenden zählenden griechischen und makedonischen Soldaten samt ihrem Tross aus Sklaven, Handwerkern, Ingenieuren, Frauen und Kindern ausgesetzt sahen. Angeführt wurden sie von einem Feldherrn-König, der wie die Umgebung immer wunderlicher wurde, je weiter der Zug nach Osten ging. Doch was immer dieser Alexander sich in den Kopf setzte – es gelang. Man muss nicht erst die Geschichten aus Tausendundeiner Nacht bemühen, um sich vorzustellen, wie Realität und Fantasie auch im 4. Jahrhundert v. Chr. eine Liaison eingingen.

Schon in der Antike entstanden daher neben eher faktenorientierten Biographien Alexanders zahlreiche märchenhafte Schilderungen. Die Wissenschaft spricht heute vom „Alexander-Roman". Dieser gelangte in verschiedenen Ausformungen von der Antike ins Mittelalter, avancierte in Europa zum meistgelesenen Buch neben der Bibel und inspirierte bildende Künstler und Dichter vom Rang eines Johann Wolfgang von Goethe, der fantastische Alexander-Motive zum Beispiel im „West-Östlichen Divan" erwähnt. Aber auch die großen Gelehrten und Erzähler des islamischen Mittelalters kannten ihren Alexander – von Aserbaidschan bis Afghanistan, von Ägypten bis in den Kaukasus. Wo auch immer der Makedone seinen Fuß hinsetzte, blieb die Erinnerung an ihn lebendig. Sogar in Weltgegenden, die Alexander nicht einmal von der Ferne gesehen hat. Nicht selten wuchs sich der Schein einer Erinnerung zu schaurig-schönen Märchen aus. Sie machten aus ihm nicht nur einen Christen, ehe es Christus gab, sondern auch einen gläubigen Juden und einen aufrechten Streiter für den Islam, zum Wegbereiter des Propheten Mohammed.

Im Arabischen heißt Alexander Iskander oder Iskandar. Die Anfangsbuchstaben seines Namens wurden nämlich fälschlicherweise als der Artikel *al* interpretiert. In der 18. Sure des Korans erscheint Alexander als „der Zwiegehörnte" in einer Episode, in der Mohammed auf Fragen von nicht genannten Personen antworten soll. Der Beiname rührt vermutlich von den weit verbreiteten Münzen des Diadochen Lysimachos vom Beginn des 3. Jahrhunderts v. Chr. her. Diese zeigen Alexander mit Hörnern am Kopf als Erinnerung an seinen Besuch im Heiligtum und Orakel des Amun-Re/Ammon in der ägyptischen Oase Siwa. Der Gott wurde dort in der Gestalt eines Widders verehrt. Der Erzengel Gabriel legt dem Propheten die richtigen Antworten in den Mund. Eine Frage betrifft „den mit den zwei Hörnern". Gabriel holt etwas aus und rät Mohammed, Folgendes zu sagen: „Wir hatten ihm auf der Erde Macht gegeben und ihm zu allem einen Weg eröffnet. Da machte er sich auf den Weg." Er erreichte den Ort, an dem die Sonne aufgeht – den äußersten Osten – und den, an dem sie untergeht – den äußersten Westen.

In einer hochmittelalterlichen Version des arabischen Alexander-Romans gelangt unser Held auf der Suche nach dem Lebenselixier, das ihm Unsterblichkeit verleiht, zum Nordpol – in anderen Fassungen verfehlt er ihn. Gattin Roxane schafft es hier, Alexander zum Islam zu bekehren. Daraufhin tritt er eine Reise um die Erdscheibe an, zunächst auf dem Wasser, dann in der Luft. Im Osten erreicht er den Baum Evas, im Westen die Stelle, an welcher die Himmelskugel gedreht wird. Nach dem Besuch vom Grab Adams auf der Insel Ceylon stirbt Alexander. Wie gewünscht erhält er seine letzte Ruhestätte in Jerusalem.

Auch im Alten Testament wird Alexander prominent erwähnt, nämlich in den Prophezeiungen Daniels, des jüdischen Pagen im Palast des babylonischen Königs Nebukadnezar zu Beginn des 6. Jahrhunderts v. Chr. Daniel deutet einen Traum des Königs und begründet so die Tradition von den vier Weltreichen: Auf Babylon folgen die Meder, diese werden von den Persern erobert und letztere vom Reich der Makedonen verdrängt, ehe dieses vom Messias zerstört wird. Genau so kam es. Jedenfalls fast. Die Prophetie stammt nämlich nicht schon aus dem 6. Jahrhundert – das wäre dann ein echtes Wunder gewesen –, sondern aus dem Jahr 164 v. Chr. und hatte damals einen handfesten politischen Hintergrund: Mit ihr wollten die jüdischen Makkabäer den Untergang des Seleukiden-Reiches Antiochos' IV. herbeiprophezeien. Der hatte ihnen die Ausübung ihres Kultes im Tempel von Jerusalem verboten. Tatsächlich gingen die Seleukiden unter, wenn auch erst später und vermutlich auch nicht aufgrund des Eingreifens des Messias. Deswegen fasst das Matthäus-Evangelium die benachbarten Meder und Perser zu einem einzigen Weltreich zusammen und fügt an Daniels Original-Prophezeiung das Römische Reich an, so dass wieder die Zahl vier erreicht wird. Weissagung und Geschichte sind somit auf wunderbare Weise versöhnt. Alexander, das nur nebenbei, hauchte sein Leben übrigens im Palast des Nebukadnezar in Babylon aus.

Die byzantinische Version des Alexander-Romans christianisiert den Makedonen ungeniert. Vielleicht sollte hier eingefügt werden, dass der Mensch der Antike kein Gefühl für die zeitliche Abfolge früherer Ereignisse hatte und schon gar nicht für die zeitliche Dimension als solche. Der Mythos galt als reale Geschichte, auch und gerade Alexander, der sein Geschlecht väterlicherseits von Herakles herleitete und mütterlicherseits von Achill. Beide sind Halbgötter. Was uns Heutigen als skurril und extrem unwahrscheinlich erscheint, stieß im Altertum und auch später durchaus auf gläubiges Interesse. So reitet der mittelalterliche Alexander auf seinem Lieblingspferd Bukephalas wie ein Imperator in Rom ein, wird von den Römern mit dem Mantel Salomos und den Waffen des Priamos beschenkt – Rom führte seine sagenhafte Gründung ja auf den trojanischen Prinzen Aeneas zurück, Sohn des Priamos –, und im Apollo-Tempel überreichen sie ihm die Schriftrolle mit der erwähnten Daniel-Prophetie. Als christlich-byzantinischer Kaiser zieht er schließlich nach Westen – unter anderem nach Britannien – und regelt dort als weiser Weltenherrscher die politischen Angelegenheiten.

In der lateinischen Version besucht Alexander die Säulen des Herakles, wie die Straße von Gibraltar damals genannt wurde. Seither wissen wir auch, wie diese Säulen beschaffen sind: zwölf Ellen hoch, zwei Ellen dick, die eine aus Silber, die andere aus Gold. Eine islamische Chronik aus dem 17. Jahrhundert versetzt Alexander/Iskandar in den Malayischen Archipel, wo er Könige besiegt, begnadigt, zum Islam bekehrt und durch eine weitreichende Heiratspolitik sogar verwandtschaftliche Beziehungen mit dem Kaiser von China eingeht. Von einer Eroberung Chinas durch Alexander berichten äthiopische und arabische Dichtungen. Auch die persische Tradition will den Makedonen partout als Eroberer Chinas sehen. Sogar noch jenseits davon sei er auf dem Ozean gesegelt und habe die Wakwak-Inseln erreicht, womit Japan gemeint ist. Dort bewunderte er jene Bäume, auf welchen Männer und Frauen wie Früchte wachsen. Davon existiert sogar ein Bild: eine Miniatur aus dem 17. Jahrhundert, die ein antikes indisches Epos aus der Zeit um 300 n. Chr. illustriert.

Wenn das alles nicht wahr sein sollte, so ist es wenigstens gut erfunden. Kein Wunder also, wenn der Alexander-Roman in allen seinen Varianten und dazuerfundenen Briefen im Mittelalter weltweit zum Bestseller avancierte. Das Ende der Welt zu erreichen – Alexander hätte nichts dagegen gehabt. Er strebte immer weiter fort, fand kein Ende seines Kriegszuges. Erst die massive Weigerung seiner Truppen jenseits des Indus, sich noch einmal von ihrem geliebten König emotional erpressen zu lassen, bewog ihn zur Umkehr. Den Ganges hätte er schon gern noch gesehen, heißt es. Und von dort war es bestimmt nicht mehr weit zu jenem Ozean, der die Welt umfließt. Alexander sollte es nicht erfahren.

Der große Forschungsreisende des 19. Jahrhunderts, Alexander von Humboldt, bezeichnete den Asienfeldzug seines Namensvetters einmal als „im eigentlichen Sinne des Worts eine wissenschaftliche Expedition“, denn Alexander hatte nicht nur Hofschreiber in seinen Tross aufgenommen, sondern auch Landvermesser, Naturwissenschaftler, Künstler und Philosophen. Regelmäßig berichtete er seinem Lehrer Aristoteles über neue Entdeckungen, bat ihn, eine Liste aller Tiere zusammenzustellen, „damit kein Geschöpf unbekannt bleibe“, und fütterte ihn mit seinen Beobachtungen. Die griechische Geschichtsschreibung verwendet für Alexanders Entdeckerlust den Begriff *pothos* – Sehnsucht, Verlangen. Der *pothos* trieb Alexander an, in unbekannte Länder vorzustoßen, die dortige Geographie, fremde Lebewesen und die Lebensweise der Menschen kennenzulernen. Er experimentierte mit Erdöl und testete die Wirkung von Heilkräutern. Das Verlangen, mehr zu erfahren über die Vorgänge in der Natur, brachte Alexander dazu, junge Hirsche zu beringen, damit er sehen konnte, wie alt sie wurden. Nach dem Beschluss umzukehren erkundete der König persönlich das Delta des Indus. Beide Mündungsarme befuhr er bis zum Meer hinab und wagte sich auch über das Delta hinaus. Er schickte seinen Admiral Nearchos an der Küste entlang westwärts zurück in den Persischen Golf. Dies hatte zuvor noch niemand unternommen. Am liebsten wäre er selbst um Afrika herumgefahren. Die Umsegelung Afrikas indes hatten um das Jahr 600 v. Chr. phönizische Seeleute im Auftrag des Pharaos Necho vollbracht. Sie brauchten drei Jahre, bis sie, vom Roten Meer nach Süden aufbrechend, durch die Säulen des Herakles nach Ägypten zurückkehrten. Herodot, der uns das berichtet, verwirft diese Erzählung aber sogleich als wüste Phantasie. Die Phönizier hatten nämlich behauptet, „sie hätten, als sie Libyen [Afrika] umfuhren, die Sonne zur Rechten gehabt. Dieses mag ihnen ein anderer glauben, ich glaube es nicht.“ Freilich ist gerade diese Beobachtung der Beweis für die Richtigkeit der Behauptung, Afrika umfahren zu haben: Auf der südlichen Halbkugel wandert die Sonne über den nördlichen Himmel. Auf der Fahrt nach Westen steht die Sonne also „rechts“.

Alexander hatte eine ganze Bibliothek mit auf seinen Asienzug genommen – Herodot indes war nicht darunter. Das ist zum Beispiel daran zu erkennen, dass Alexander die Lage des Schwarzen Meeres in Bezug zum Kaspischen Meer nicht klar war, ebenso wenig der Verlauf der Flüsse Syr-Darja und Amu-Darja (antik: Oxos und Jaxartes), deren Lage zueinander und zu den Meeren. Den Syr-Darja nördlich von Samarkand verwechselte er mit dem Don im Norden, den Hindukusch im heutigen Afghanistan mit dem Kaukasus. Herodot hatte das Kaspische Meer bereits als Binnensee erkannt. Doch Alexander trug sich bis zuletzt mit dem Gedanken, eine Expedition zu starten mit dem Auftrag, den Zugang zum erdumspannenden Ozean durchs Kaspische Meer zu finden. Die Erfahrung, vom Indus bis zum Ganges eine viel größere Entfernung zurücklegen zu müssen als gedacht, blieb Alexander und seinen Soldaten zwar erspart, doch auf dem achtwöchigen Marsch durch die Wüste zwischen dem Indus-Delta und der Straße von Hormuz am Eingang zum Persischen Golf verlor das Heer des Makedonen durch Erschöpfung und Verdursten rund zwei Drittel seiner Stärke.

Alexander wurde in Ägypten wie ein Pharao empfangen und verehrt. Dort gründete er Alexandria – eine von dutzenden Stadtgründungen, die seinen Namen erhielten –, das sich rasch zu einer der wichtigsten Metropolen des Altertums entwickelte. Es stand in einer Reihe mit Rom, Karthago und später Konstantinopel. Schon hier in Ägypten ließ sich der junge König im Jahr 331 nicht davon abbringen, auf einem gefährlichen Weg mitten durch die Wüste zu ziehen, um das Heiligtum des Amun-Re – auch Ammon genannt und von den Griechen mit Zeus gleichgesetzt – in der Oase Siwa zu besuchen. Wie einst sein Ahnherr Herakles. Wie diesem bescheinigten auch ihm die Priester, ein Sohn des Zeus zu sein. Alexander nahm es als Bestätigung dessen, was er bereits geahnt hatte. Weniger als das Äußerste wäre für seine Persönlichkeit auch in dieser Hinsicht nicht angemessen gewesen.

Als Alexander im Sommer des Jahres 323 in Babylon starb, reichte sein unmittelbarer politischer Einfluss vom Balkan über Kleinasien und das Zweistromland bis an die östlichen Grenzen des heutigen Pakistans. Spuren hinterließ er außerdem in Usbekistan, Tadschikistan und Afghanistan. Er setzte seinen Fuß in heute so geläufige Städte wie Kabul, Kundus, Kandahar und Haiderabad. Das sagenhafte Babylon am Euphrat erkor der Makedone, der sich schon längst als König von Asien fühlte, zu seiner neuen Residenz. Weit weg von den alten Königsstädten in Makedonien. Die persischen Residenzen Susa, Persepolis und Ekbatana hatte er gestürmt, besetzt, geplündert und teilweise zerstört. Welcher Grieche vor ihm hätte daran auch nur zu denken gewagt? Alexander wurde kaum dreiunddreißig Jahre alt, und doch hatte er längst das Denken in Völkerschaften hinter sich gelassen. Er ließ tausende junge Perser in griechischer Sprache unterrichten. Tausenden Soldaten gebot er, in der legendären Massenhochzeit von Susa persische Frauen zu heiraten. Der Gegensatz zwischen Persern und Griechen – er sollte keiner mehr sein im Reich des Alexander. Er selbst sah sich in der Nachfolge der Perser-Könige. Das drückte er auch in seiner Kleidung aus, einer Mischung aus makedonischer und persischer Königstracht, doch gelang es ihm nicht, das persische Hofzeremoniell einschließlich Fußfall dauerhaft bei den Griechen durchzusetzen. Die ehemaligen Untertanen des Großkönigs hatten damit weniger Probleme.

Alexanders unmittelbare Zukunftspläne richteten sich wohl zunächst auf Arabien in unmittelbarer Nachbarschaft zu Babylon. Nicht ausgeschlossen ist, dass er es darauf angelegt hat, entlang der afrikanischen Nordküste die Säulen des Herakles zu erreichen, den westlichsten Punkt der damals bekannten Landmasse, hinter dem der Ozean liegt, der ja bekanntlich kreisförmig die Erdscheibe umfließt. Ungefähr zur selben Zeit, um 322 v. Chr., unternahm Pytheas von Massilia (Marseille) eine ausgedehnte Forschungsreise, die dem *pothos* des Alexander alle Ehre gemacht hätte. Pytheas brach wahrscheinlich in Südspanien auf, durchquerte die Straße von Gibraltar und fuhr entlang der portugiesischen Küste nach Norden in Richtung Zinn-Inseln, das heißt nach Britannien. Er umrundete Britannien, vermaß dessen Küstenlänge und setzte seine Fahrt nach Norden fort. Welche Insel er mit Thule gemeint haben könnte – Pytheas nennt sie den Ort, „wo die Sonne schläft" –, war schon in der Antike umstritten. Jedenfalls beschrieb er als erster das Packeis des Nordpolarmeeres, die Erscheinung des Polarlichts und die Mitternachtssonne. Vermutlich gelangte er sogar bis in die Ostsee, wo er Bernstein kennenlernte. Pytheas erkannte diesen als fossiles Harz.

All diese Beobachtungen tauchen in fantastischer Form im Alexander-Roman auf. Insbesondere Pytheas' Behauptung, er sei ans „Ende der Welt" gelangt, passt perfekt zum Streben Alexanders, die Endpunkte der bekannten Welt zu erreichen und sich untertan zu machen. Zur Zeit seines Todes schickten sich die Römer gerade an, die italische Halbinsel nach und nach in ihr Herrschaftsgebiet einzugliedern. Angesichts der traditionell engen Verbindungen der unteritalischen Griechenstädte zum Mutterland und nach Kleinasien erscheint es keineswegs unwahrscheinlich, dass Alexander von der römischen Expansion unterrichtet war. Zumal ihn noch in seinen letzten Wochen und Tagen Delegationen aus aller Herren Länder erreichten, die ihm Geschenke brachten und seine Freundschaft suchten. Darunter sollen auch Lukaner, Bruttier und Etrusker gewesen sein. Sie erlebten Roms Machtanspruch damals hautnah und konnten sich ausrechnen, wann ihr eigenes Territorium davon betroffen sein würde. Näher lag Alexander wohl die Frage, wie er mit Karthago zu verfahren hätte, wenn er erst einmal die Küstenstraße von Alexandria bis zu den Säulen des Herakles bauen würde. Das zumindest stand angeblich auf seiner Agenda. Die beherrschende Seemacht des westlichen Mittelmeers war von einem anderen Kaliber als das damals noch relativ kleine Rom. Doch alle Spekulation bleibt müßig. Was gewesen wäre, wenn ..., werden wir nie erfahren – die Römer freilich wussten es ganz genau: Natürlich hätten sie im militärischen Direktvergleich gewonnen! Nur eines ist sicher: Alexander beherrschte zwar einen großen Teil der Welt, doch den Zeitgenossen war bewusst, dass bis zur wirklichen Weltherrschaft noch ein weiter Weg zurückzulegen gewesen wäre. Diesen ging dann der Alexander-Roman.

IRRTUM 19:

Mit dem letzten weströmischen Kaiser endete die Antike

Im Jahre 1263 seit der sagenhaften Gründung Roms (753 v. Chr.) – nach christlicher Zählung im Jahr 510 – lebte auf dem weitläufigen Gut *castellum Lucullanum* am Golf von Neapel ein Mann mittleren Alters, der sich auffallend oft mit Eugippius, dem Abt des örtlichen Klosters, unterhielt. Um diese Zeit arbeitete Abt Eugippius an einer Schrift, mit welcher er einem Heiligen namens Severin ein Denkmal setzte. Dieser gottesfürchtige Mann, ursprünglich wohl ein hoher römischer Zivilbeamter, hatte seit 467 anderthalb Jahrzehnte lang verzweifelt versucht, den romanisierten Bewohnern der Provinz Noricum zwischen Passau, Wien und Salzburg gegen die ständigen Überfälle der benachbarten Germanenstämme beizustehen. Letztlich vergebens. Severin starb im Jahr 482. Sechs Jahre später zwang ein Bruder des Königs von Italien die romtreue Bevölkerung zur Umsiedlung auf die Apenninenhalbinsel. Heim ins Reich sozusagen, aber in welches?

Vielleicht hat sich Eugippius ja gerade darüber mit seinem Freund unterhalten. Der Mann mit Namen Romulus mag seine eigenen Ansichten über den aktuellen Zustand des Römischen Reiches gehabt haben, zumal des westlichen Teils. Als Teenager hatte Romulus selbst ein gutes Jahr lang dieses Reich als Kaiser beherrscht. *Per idem tempus, quo Romanum constabat imperium,* schreibt Eugippius an einer Stelle seiner Heiligenvita: „Zu der Zeit, als das Römische Reich noch bestand.“ Mit anderen Worten: Aus Eugippius’ Sicht hatte das Römische Reich zu Beginn des sechsten nachchristlichen Jahrhunderts aufgehört zu bestehen. Der letzte weströmische Kaiser Romulus – aufgrund seiner Jugend und Machtlosigkeit schon von den Zeitgenossen als *Augustulus*, „Kaiserlein“, verspottet – verbrachte seinen Lebensabend, von dem wir nicht wissen, wie lange er dauerte, bei Neapel. Der westliche Teil des Römischen Reiches war schließlich unter dem Druck der germanischen Invasionsarmeen und – damit zusammenhängend – wegen der kaum mehr vorhandenen wirtschaftlichen Basis zusammengebrochen. Der germanische Heerführer Odoaker hatte Romulus im September 476 für abgesetzt erklärt, die Herrschaftsinsignien zum oströmischen Augustus nach Konstantinopel geschickt und in seinem Begleitschreiben kategorisch festgehalten: Das war’s, im Westen wird kein Kaiser mehr benötigt! Fortan führte Odoaker den Titel *rex Italiae* – König von Italien. Der Kaiser in Konstantinopel verlieh ihm immerhin den Ehrentitel *patricius* und erkannte ihn damit als Höchstrangigen im Westen an.

Rom ohne Kaiser, das ist das Ende der Antike, der Beginn des Mittelalters. Diese Auffassung herrschte in der Geschichtswissenschaft noch mindestens bis zum Beginn des 20. Jahrhunderts vor. Und in den Klassenzimmern der Schulen noch viel länger. Klare Epochengrenzen machen die Einteilung von Unterrichtsstoff so schön fassbar. Wer heute auf der Straße eine Umfrage machte, wann denn die Antike geendet und das Mittelalter begonnen habe, wird eine hohe Trefferzahl für die Antwort „um 500 mit dem Ende des Weströmischen Reiches“ erhalten. Verlebte Romulus also seinen Vorruhestand schon im Mittelalter? Lange Zeit ging die historische Forschung davon aus, dass mit Romulus’ Absetzung nicht nur ein Staatsgebilde zugrunde gegangen war, sondern eine ganze Epoche. Mit dem West-Kaiser, so diese Lesart, sei das Weströmische Reich verschwunden und damit die Kontinuität der Antike als Epoche unterbrochen gewesen. Tatsächlich wurde das Jahr 476 schon wenige Jahrzehnte später nicht nur von Eugippius als Zäsur betrachtet. Kaiserlose Zeiten und germanische Heerführer als starke Männer Westroms hatte es im Jahrhundert vor Romulus’ Sturz zwar immer wieder gegeben, doch noch nie hatte ein

Interregnum so lange gedauert wie diesmal. In gewisser Weise endete es erst am Weihnachtstag des Jahres 800, als sich der Frankenkönig Karl (der Große) in Rom zum Kaiser krönen ließ. Niemand stellt heute jedoch in Abrede, dass der große Karl tatsächlich schon ins Mittelalter gehört.

Um einschätzen zu können, was gegen Ende des 5. Jahrhunderts mit Westrom geschah und wie sich der Wechsel an der Spitze auf dessen Bewohner auswirkte, lohnt noch einmal ein Blick in die Vita des hl. Severin. „Zu der Zeit, als das Römische Reich noch bestand", schreibt er, wurden die in den Städten Noricums stationierten römischen Grenzsoldaten, die den Limes zu bewachen hatten, „aus öffentlichen Mitteln unterhalten", das heißt, sie bekamen ihren Sold aus der Staatskasse bezahlt. Das deutet auf eine funktionierende Verwaltung, bewachte Transportwege und Ordnung in der Truppe. Eugippius' Formulierungen lassen keinen Schluss darüber zu, zu welchem Zeitpunkt genau diese Ordnung gewissermaßen über die Donau ging, denn an diesem Fluss spielt sich Severins Geschichte ab. Er berichtet lediglich, dass die Soldaten irgendwann nicht mehr aus öffentlichen Mitteln unterhalten wurden. Mit dem Limes verschwanden schließlich auch dessen Bewacher: „Nur in Batavis [Passau] hielt noch eine Truppenabteilung durch, so gut es ging."

Weil Eugippius nun den heiligen Severin in Aktion treten lässt, muss sich die folgende Episode irgendwann zwischen 467 und 482 zugetragen haben. „Ein paar Männer" aus der Passauer Besatzung machten sich auf den Weg nach Italien, „um für ihre Kameraden den letzten Sold herbeizuholen". Weit kamen sie jedoch nicht. „Unterwegs" wurden sie „von Barbaren" getötet. Ihre Leichen wurden „durch die Strömung des Flusses an Land gespült". Severin hatte ihr Schicksal vorhergesehen, berichtet Eugippius. Für ihn ein weiterer Beweis für Severins enge Verbindung zu Gott, für uns ein klarer Hinweis auf die damalige Lage in Noricum und auf Severins Einsicht in die Situation der Provinz. Die römische Zivil- und Militärverwaltung war am Ende. Die Bevölkerung war den Überfällen der Germanenstämme von jenseits der Donau weitgehend schutzlos ausgeliefert. Der *rex Italiae* Odoaker holte die Provinzrömer daher zu ihrem eigenen Schutz in sein Reich. Wenige Jahre später ging die Herrschaft in die Hände des Gotenführers Theoderich über. Dieser hatte Odoaker im Auftrag des oströmischen Kaisers bekämpft und im Jahr 493 schließlich ermordet. Theoderich blieb König von Italien bis zu seinem Tod 526 und wurde im mittelalterlichen Nibelungenlied als „Dietrich von Bern“ verewigt. Somit ist Theoderich eigentlich ein Held des Mittelalters. Und gemäß der früheren Interpretation vom Ende der Antike herrschten die Goten bereits in einem mittelalterlichen Italien. Trotzdem gilt die gotische Episode heute in der historischen Forschung als Teil der Antike.

Unstrittig ist, dass die Frage nach der Existenz des (West-)Römischen Reiches allein nicht mehr ausreicht zur Festlegung einer Epochengrenze, zumal gar nicht sicher ist, ob überhaupt von einem Ende Westroms gesprochen werden kann. Wie erwähnt, bemühte sich schon Odoaker, der als Heerführer in Diensten Roms stand, in Konstantinopel um seine Anerkennung als De-facto-Herrscher. Der Gote Theoderich war als Geisel am oströmischen Kaiserhof aufgewachsen und hatte bis zu seinem Zug nach Italien nicht nur die römische Verwaltung kennengelernt und höchste militärische Ämter bekleidet, sondern sogar als Konsul amtiert. Der Geschichtsschreiber Prokop bezeichnet Theoderich später als einen Mann, der in allem ein wahrer Kaiser gewesen sei – nur nicht dem Titel nach. Der Gote hätte vielleicht sogar die Möglichkeit gehabt, einen neuen Kaiser im Westen auf den Thron zu setzen, denn angeblich erhielt er um das Jahr 498 die von Odoaker in den Osten geschickten Insignien der Herrschaft zurück. Doch er ließ es bleiben. Offenbar genügte es ihm, als unumschränkter Herrscher Italiens anerkannt zu sein.

Sowohl Odoaker als auch Theoderich bedienten sich bei der Verwaltung ihres Reiches der römischen Bürokratie. Wenn beide auch nicht in Rom, sondern in Ravenna residierten, blieben die senatorischen Familien am Tiber höchst einflussreich. Wichtig waren sie schon allein für die Bezahlung der teuren Spiele in Zirkus und Arena, vor allem der Wagenrennen, die sich ungebrochener Beliebtheit erfreuten. Beide Herrscher ernannten, wenn auch mit Lücken, weiterhin Konsuln, nach welchen wie seit alters die Jahre gezählt wurden. Diese Tradition wurde im Westen erst 534 (Flavius Decius Paulinus), im Osten 541 (Flavius Anicius Faustus Albinus Basilius) aufgegeben. Im Jahr 476 verlor Westrom zwar seinen Kopf, doch der Torso funktionierte offenbar zumindest in politischer Hinsicht ganz gut. Ein Bewusstsein dafür, dass etwas verschwunden war, entwickelte sich aber – wenn man den zitierten Worten des Eugippius glauben darf – in den Köpfen der Zeitgenossen trotzdem. Der Niedergang kam nicht mit einem Schlag, sondern schleichend. An den Rändern früher als im Zentrum. Auch davon legt die Heiligenvita des Severin Zeugnis ab. Eugippius schildert das segensreiche Wirken Severins als Wohltäter der Menschen in der Provinz Noricum.

Dabei schreibt er Severin diverse Wundertaten zu, die natürlich nötig waren, um einen gewöhnlichen Mann in den Stand eines Heiligen zu erheben. Die Leser erfahren aber gleichsam nebenbei, wie eine Provinz am Rande des römischen Machtbereichs ganz allmählich zerfiel. Zunächst sind Zivil- und Militärverwaltung noch vorhanden, doch der Druck der germanischen Nachbarn von jenseits der Donau nimmt zu. Dann bricht der militärische Schutz zusammen, weil aus Italien weder Geld noch sonstige Unterstützung kommen. Die Noriker geraten in immer größere Not, ziehen sich vom flachen Land zurück, befestigen ihre Städte und leiden aufgrund der ausbleibenden Nahrungsmittelimporte sogar Hunger. Odoaker unternimmt noch einmal einen Feldzug gegen die feindlichen Nachbarn, aber schließlich lässt er Noricum von seinem Bruder evakuieren: „Hunuwulf befahl auf Anordnung seines Bruders allen Romanen, nach Italien zu gehen. So wurden alle Bewohner wie aus dem Haus der ägyptischen Knechtschaft herausgeführt aus den Ausplünderungen durch die Barbaren“, erzählt Eugippius.

Noch viel früher hatte Rom Britannien fallen lassen. Um 410 schrieb Kaiser Honorius den Britanniern, er habe keine Möglichkeit mehr, sie gegen die Angriffe der Angeln, Sachsen, Pikten und anderen Völkerschaften zu verteidigen. Der archäologische Befund stützt die These, wonach im Lauf der ersten Hälfte des 5. Jahrhunderts die Vorherrschaft der Römer, die Dominanz der römisch geprägten Lebens- und Wirtschaftsweise abrupt endete. Münzen, Keramik, Häuser, Baustil – nach nahezu vierhundert Jahren ging das römische Erbe in den Wirren kämpferischer Auseinandersetzungen unter. Wahrscheinlich ist der Verdrängungsprozess ähnlich abgelaufen wie in Noricum, verbunden mit viel Zerstörung und brutaler Gewalt, alles andere als friedlich und geräuschlos. Wie problematisch eine starre, aber „bequeme" Epochengrenze ist, lässt sich an diesem Beispiel gut ablesen. Denn während in Italien noch fast siebzig Jahre lang ein antiker Kaiser herrschte, entwickelte sich in Britannien unter dem Schatten jahrzehntelanger Kriege die mittelalterliche Sage von König Artus und seiner Tafelrunde.

Die spanischen Provinzen und der größte Teil Galliens waren schon nicht mehr Teil des Imperiums, als Romulus in Ravenna noch ein Jahr das Kaiserlein zu spielen hatte. Romulus war noch lange nicht geboren, da dienten die Iberische Halbinsel und die gallischen Provinzen jahrzehntelang als Kriegsschauplatz durchziehender Völker: der Vandalen, Alanen, Sueben, Hunnen, Goten, Burgunder, Franken und vieler anderer, die uns in der mittelalterlichen Geschichte wieder begegnen und die ihren Platz im gelobten Land, dem Römischen Reich, suchten.

Der westgotische König Eurich nutzte 468 die Gunst der Stunde, seinen eigenen Herrschaftsbereich auf Kosten Roms entscheidend zu erweitern. In diesem Jahr war der letzte gemeinsame Feldzug von Ost und West grandios gescheitert. Mit einer riesigen, äußerst kostspieligen Flotte hatten beide Reichsteile versucht, Nordafrika von den Vandalen zurückzuerobern, doch das Unternehmen versank buchstäblich im Chaos. Eurich erkannte, dass der Westkaiser – wer auch immer gerade auf dem Thron saß, das Karussell drehte sich jetzt immer schneller – nun auf längere Sicht keine Kraft mehr haben würde, seiner Expansion Widerstand zu leisten. So bekämpfte er von seiner Basis Aquitanien aus zuerst die mit Rom verbündeten Bretonen, vertrieb diese und machte die Loire zu westgotischem Herrschaftsgebiet. Dann wandte er sich nach Süden und Südosten. Die provinzialrömische Bevölkerung wehrte sich verzweifelt, wie wir dank der guten Quellenlage wissen. Doch nach einigen Jahren war ihr Widerstand gebrochen, die wichtigen Städte Clermont-Ferrand, Arles und Marseille waren erobert, und die Römer ergaben sich auch hier ihrem Schicksal: als Funktionselite des westgotischen Reiches. Römisches Recht, römisches Steuersystem, römische Beamte – für die Zeitgenossen änderte sich am Rahmen der Herrschaft zunächst nicht allzuviel.

Zu der Zeit, als Odoaker in Ravenna Romulus mit einer hohen Apanage aufs kaiserliche Altenteil schickte, hatte Eurich fast die gesamte Iberische Halbinsel und den größten Teil Galliens unter seine Kontrolle gebracht. Dem Ostgoten Theoderich in Ravenna gelang es später durch geschickte Heiratspolitik, seine Herrschaft auf den westgotischen Machtbereich auszudehnen. Er nahm auch Fühlung mit den Franken auf, die Gallien von Norden her aufrollten und dabei die letzten Reste römischer Herrlichkeit beseitigten. Doch das Bündnis mit den Franken hielt nicht lange: Als Theoderich 526 starb, standen diese kurz vor den Pyrenäen. Den Westgoten, die im Wesentlichen auf Spanien zurückgeworfen waren, blieb eine Landbrücke zwischen Barcelona und Arles, während die Burgunder weiter das Rhônetal beherrschten. Nach früherer Lesart befinden wir uns jetzt eigentlich schon im Mittelalter, nach moderner Interpretation aber noch in der Spätantike.

Noch immer verwaltete der jeweilige Potentat in Ravenna den westlichen Reichsteil im Auftrag Konstantinopels, jedenfalls aus Sicht des oströmischen Kaisers. Der östliche Mittelmeerraum hatte die Völkerwanderung und die damit einhergehenden Kriege vergleichsweise unbeschadet überstanden. Man leistete sich Palastintrigen, Gegenkaiser und allerlei Aufstände. Doch bei alledem blieb das Kaisertum ebenso erhalten wie das Lateinische als offizielle Reichssprache, obwohl die meisten Menschen im Ostreich – die sich jetzt gern „Rhomaioi", Römer, nannten – griechischer Zunge waren. Mit Kaiser Justinian (reg. 527–65) betrat nun jemand die spätantike (oder frühmittelalterliche?) Bühne, der sich nicht nur der Rückeroberung verloren gegangener Reichsteile verschrieben hatte, sondern auch der Wiederherstellung des universalen Machtanspruchs des römischen Kaisers in Staat und Religion. Anfangs gelang Justinian einiges: Im Osten besänftigte er den alten persischen Feind mit Geld, als Kriege jahrelang erfolglos blieben. In Nordafrika glückte ihm, was 468 misslungen war: die Rückeroberung der afrikanischen Provinzen für das Römische Reich. Zwar erlangten diese nie mehr den Reichtum und die Romanitas vergangener Zeiten – zudem bildeten die unterlegenen und enteigneten Vandalen nun einen Unruheherd –, doch der Prestigegewinn war beträchtlich. Gleich danach schickte Justinian seine Feldherren nach Italien: Der Kampf gegen die Goten dauerte viele Jahre, doch um 554 konnte der Kaiser mit Fug und Recht behaupten, das römische Kernland fürs Imperium zurückgeholt zu haben. Auf die Ernennung eines Westkaisers verzichtete er dennoch. In Spanien gelangen nur kleinere Landgewinne an der Ost- und Südküste. Gallien wurde nicht einmal betreten. Ein unbestreitbarer Erfolg Justinians ist die bis in die frühe Neuzeit wirkende Sammlung von römischen Gesetzen, der *Codex Justinianus*, später umbenannt in *Corpus Iuris Civilis*. Für immer mit Justinians Namen verbunden bleiben prächtige Kirchenbauten, vor allen die *Hagia Sophia* in Konstantinopel.

Mit seinem Bestreben, als weltliches und kirchliches Oberhaupt die Einheit der Kirche herzustellen und die verschiedenen Richtungen zu versöhnen, scheiterte Justinian jedoch. Auch sein aufgeblähtes Reich zerfiel binnen weniger Jahrzehnte. 568 hielten die Langobarden in Italien Einzug und ließen sich nicht mehr vertreiben. Im Osten überrannten die Araber nach 622 Ägypten und Syrien und bedrohten Byzanz. In Nordafrika starteten sie ihren Siegeszug gen Westen, der erst 732 von den Franken in Südfrankreich gestoppt werden konnte. Im Verlauf des 7. Jahrhunderts schmolz das Byzantinische Reich, in dem nun offiziell Griechisch gesprochen wurde, auf den Balkan, Kleinasien, die großen Mittelmeerinseln und einige Exklaven wie Rom und Neapel zusammen. Willkommen im Mittelalter, jetzt also doch. Dafür sind einige Gründe anzuführen.

Die Rekonstruktion der politischen Geschichte der Spätantike wird begleitet von der archäologischen Forschung. Sie fördert zum Beispiel zutage, dass der Fernhandel im Mittelmeerraum und darüber hinaus seit dem Ende des 4. Jahrhunderts kontinuierlich zurückging. Damals setzte die Krise ein, von der sich Westrom nie mehr erholte. Wir sahen bereits, wie die Bevölkerung unter den ständigen Kriegen zu leiden hatte – die Wirtschaftsleistung blieb davon nicht unberührt. Nicht nur der Handel ging zurück, auch die Qualität der hergestellten Keramik litt erheblich. Archäologen schätzen, dass erst wieder im Hochmittelalter vergleichbar hochwertige Keramik auf den Markt kam. Ähnliches gilt für das internationale Handelsnetz. Die Krise der Spätantike läutete vor allem im Westen den wirtschaftlichen Niedergang ganzer Regionen ein. Selbstbewusste Herrscher wie der Frankenkönig Chlodwig oder der Burgunder Sigismund prägten im frühen 6. Jahrhundert Münzen mit dem Bildnis des jeweiligen Ost-Kaisers und erkannten damit demonstrativ dessen Oberhoheit an. Noch Karl der Große bemühte sich um eine dynastische Verbindung mit Byzanz, und mit seiner Kaiserkrönung stellte er sich in die Tradition des untergegangenen Römischen Reiches.

Karl konnte im Unterschied zu den meisten antik-römischen Kaisern nicht lesen und schreiben. Ihm stand auch keine romanisierte Beamtenschaft mehr zur Verfügung. Eines der wesentlichen Kennzeichen der Antike nämlich, der Zugang auch und gerade der zivilen Eliten zu umfassender Bildung, die Beherrschung des Lesens und Schreibens in breiteren Bevölkerungsschichten, die Kenntnis der klassischen lateinischen und griechischen Literatur, war verloren gegangen. Als Kulturträger traten nun verstärkt Mönche in Erscheinung. Ihnen und ihrer unendlich geduldigen Kopierarbeit in der Abgeschiedenheit der Klöster ist der Erhalt wenigstens eines Teils der antiken Schriften zu verdanken. Aus den dabei entstandenen *codices*, Büchern aus Pergamentblättern, die seit dem Ende des 4. Jahrhunderts die Papyrusrollen als Speichermedium ablösten, lässt sich herauslesen, wie sich der Wandel von der spätantiken zur mittelalterlichen Welt vollzogen haben könnte. Sie erzählen von neuen Machthabern ebenso wie von geänderten Sozialstrukturen. Sie geben Einblick in Handlungsmotive und die gewandelte Weltsicht der politischen Akteure. Dies zu vertiefen ist aber nicht Aufgabe eines Buches über die Antike.

Epochengrenzen werden von Historikern gesetzt, um Geschichte zu ordnen und Entwicklungen einen Rahmen zu geben. Von Zeitgenossen werden sie nicht als Zäsur wahrgenommen. Die Wissenschaft wird sich aufgrund besserer Einsicht vermutlich nie auf ein Datum für das Ende der Antike und den Beginn des Mittelalters festlegen. Zumal die Entwicklungen in den verschiedenen Teilen des ehemaligen Römischen Reiches höchst unterschiedlich verliefen. So ist die früher so beliebte Frage „noch Antike oder schon Mittelalter“ für die Beurteilung der Ereignisse letztlich nicht mehr so wichtig.

Relativ sicher wird man sagen können, dass für die meisten Menschen die Welt um das Jahr 600 komplett anders aussah als zweihundert Jahre zuvor. Es dauerte bis zum 14. Jahrhundert, dass der italienische Dichter und Philosoph Francesco Petrarca einen Begriff in die Welt setzte, der Karriere machte. Petrarca machte damit bewusst, dass eine Welt untergegangen war und ein neues Zeitalter bevorstand: die Renaissance, die „Wiedergeburt“ der Antike. Die Zeit dazwischen bezeichnete er der Einfachheit halber als *medium aevum* – Mittelalter.

IRRTUM 20:

Die Antike erstrahlte in glänzend weißem Marmor

„Edle Einfalt, stille Größe“: Dieses Diktum, vor rund zweihundertfünfzig Jahren formuliert, gemünzt auf antike Architektur und Kunst, entfaltete im kollektiven Bewusstsein der Nachwelt überwältigende Wirkung. Sie hält bis heute an. Johann Joachim Winckelmann (1717–1768) hatte mit diesen Worten ausgedrückt, wie er die bildende Kunst der griechisch-römischen Antike sah: als schön, als vollendet und als marmorweiß. Winckelmann schrieb in den 1760er Jahren das grundlegende Werk „Geschichte der Kunst des Alterthums“ – es wurde zur Bibel der modernen Archäologie und der Kunstgeschichte der Antike. Zum ersten Mal, so der Archäologe Tonio Hölscher, „wurde Kunst als solche zum Gegenstand von Geschichte gemacht“. Dabei hatte es in der Antike eine Vorstellung von „Kunst als solcher“ nie gegeben. Nicht um ihrer selbst willen wurden Götterbilder, Kampf- oder Alltagsszenen dargestellt, sie hatten vielmehr eine spezifische Funktion für die Betrachter. Im Gegensatz zu Winckelmanns Vorstellung von farbloser Schlichtheit stellt die aktuelle Forschung kategorisch fest: „Jene, die als Begründer europäischer Kultur gelten, pflegten nach dem heutigen Kenntnisstand einen in unseren Augen irritierenden Hang zur Buntheit“ (Ulrike Koch-Brinkmann und Vinzenz Brinkmann). Die Erforschung der Farbigkeit antiker Bildwerke, die seit rund zwanzig Jahren von der Archäologen-Gruppe um das Ehepaar Koch-Brinkmann vorangetrieben wird, erweist die antike Kunst geradezu als Vorwegnahme der Pop-Art: knallbunt und plakativ.

Wenn das stimmt, stellt sich die Frage, wie wir so lange dem Topos von „edler Einfalt, stiller Größe" huldigen konnten? Schon Winckelmann hätte es besser wissen können: Als Oberaufseher über die Altertümer in und um Rom, als eifriger Besucher und Förderer der Ausgrabungen von Pompeji und Herculaneum hatte er täglich Kontakt mit den Schöpfungen antiker Kunst. Er klassifizierte sie, ordnete sie ein, be- und verurteilte sie und entwickelte ein Konzept von Aufstieg, Höhepunkt und Fall antiker Kunst. Wobei er, beeinflusst von Schriftgut und Bildhauerei der Renaissance, in der klassischen griechischen Epoche die höchste Stufe abendländischer Bildkunst erkannte. Was Winckelmann übrigens auch sah, aber nicht wahrhaben wollte, waren gut sichtbare Farbpigmente auf Marmor, Naturstein und Bronze.

Hier eine letzte Warnung vor dem Weiterlesen: Wer sich einmal darauf einlässt, die Antike in bunten Farben zu denken, der wird sich sehr schnell dabei ertappen, dass er nicht nur Skulpturen, Tempel und Häuser in den Farbtopf taucht. Plötzlich laufen vor dem inneren Auge auf den Straßen Athens, Roms und Konstantinopels auch Menschen in farbenfrohen Gewändern herum, in Tuniken mit roten, grünen oder blauen Borten. Sie tragen Chitons und Togen mit farblich abgesetzten Tier-, Pflanzen- und Mäandermustern, flanieren auf den römischen Foren mit ihren grellrot ausgemalten oder auf goldglänzender Bronze verewigten Inschriften unter den blauen Augen der goldblonden Statue des Augustus, der sein rotes Manteltuch lässig um seinen buntgeschmückten Muskelpanzer wickelt.

Eines der berühmtesten Beispiele moderner Farbrekonstruktion sind die Giebelskulpturen des Aphaia-Tempels von der Insel Aigina. Jeder, der schon einmal die Glyptothek am Münchner Königsplatz besucht hat, kennt die Figurengruppe. Der Tempel und sein Schmuck sind in der Zeit der Perserkriege entstanden, am Übergang von der archaischen zur klassischen Zeit (ca. 490–480). Weiß strahlt der Marmor uns entgegen. Das klassisch geschulte Auge setzt die Göttin Athena, die nackten Krieger und den Bogenschützen mit skythischer Mütze instinktiv vor einen weißen Hintergrund in den Giebel des weißen Tempeldaches, das von weißen Marmorsäulen gestützt wird. Doch mit der antiken Realität hat das alles nichts zu tun – schon die Ausgräber zu Beginn des 19. Jahrhunderts dokumentierten Farbreste auf dem polierten Marmor: Rot an den Helmbüschen und für das Blut an den Wunden, am Giebelboden und an den Halterungen der Skulpturen. An den Helmen der Aigineten sowie an der Giebelrückwand fanden sich blaue Farbspuren. Auch den Überresten des Tempels konnten die Archäologen farbige Muster zuweisen. Von Anfang an also war bekannt, dass hier Farbe im Spiel gewesen sein muss. Während der nächsten hundert Jahre entstanden unterschiedliche Farbrekonstruktionen als Zeichnungen, aber auch als Gipsmodell.

Zuletzt hat Vinzenz Brinkmann unter anderem die Figur des sogenannten „Paris“, den Bogenschützen, neu „eingekleidet“. Der Sohn des Königs Priamos von Troja, Räuber der schönen Helena, kniet auf dem rechten Bein, das linke ist halb ausgestreckt und ruht auf der Ferse, der Fuß ist angezogen. Paris hält den Bogen in der ausgestreckten linken Hand, während die Rechte die Sehne mit einem aufgelegten Pfeil spannt. Gleich lässt er los und trifft seinen Gegner vermutlich tödlich. Paris’ Muskulatur am Oberschenkel, sein athletischer Oberkörper zeichnen sich deutlich ab. Doch dieser Paris war nie nackt. Ein Wulst über dem Fußknöchel macht klar: Dieser Mann trägt Hosen. Auf dem Kopf sitzt eine Mütze skythischer oder persischer Art. Der Saum am Handgelenk deutet ein Obergewand an. Aber wie sahen die Kleidungsstücke aus? Und was trug Paris außerdem noch?

Eine schier unglaubliche Farb- und Musterpalette brachten die modernen Untersuchungsmethoden ans Licht. Paris trug eine ärmellose Weste über einem Pullover. Die Armausschnitte sind lediglich durch ihre andere Farbfassung erkennbar, die auch zeigt, dass die Weste – vielleicht handelte es sich beim realen Vorbild auch um einen Lederpanzer – aus zwei Teilen bestand. Erkennbar ist dies an einem breiten Zierband, das an den Schnittkanten entlangläuft: an der Öffnung am Vorderteil, am Halsausschnitt und an den beiden Rückenteilen, die von einer Mittelnaht zusammengehalten werden. Natürlich sieht man das mit bloßem Auge heute nicht mehr, ebenso wenig das grellbunte Rautenmuster auf den Ärmeln des Pullovers. Auch die charakteristische Mütze trug ein farbiges Ornament: eine siebenblättrige Palmette.

Die Figuren – mehrere Meter über dem Boden am Giebel befestigt und damit dem Blick des Betrachters nur aus beträchtlicher Distanz zugänglich – sind äußerst detailreich verziert. Weniger als drei Zentimeter in der Größe messen der Löwe und der Greif, die auf der Weste verstreut ihr Unwesen treiben. Im Saumband der Weste findet sich gar ein noch kleinerer Löwe. Raffiniert auch das Rautenmuster auf den Hosenbeinen: Die umlaufenden Rauten sind nicht nur so exakt berechnet, dass ihre Spitzen stets genau aufeinandertreffen, der antike Künstler hat sogar die Dehnung des Beinkleids, die Krümmung im Knie und damit auch die des Musters einberechnet und entsprechend gezeichnet.

Und die Farben? Pigmente von Rot, Blau und gelbem Ocker lassen sich noch heute auf den Aigineten feststellen. Weitere Skulpturen-Fragmente, die in den 1960er Jahren der Erde im ehemaligen Aphaia-Tempel entrissen wurden, trugen Spuren von Azuritblau, Malachitgrün, Ocker- und Zinnoberrot sowie von braunem Ocker und von Vergoldung. Eine fast identische Farbpalette lässt sich für Figuren nachweisen, die auf der Akropolis in Athen gefunden wurden. Es handelt sich dabei um Plastiken, die zur selben Zeit – nämlich vor der Zerstörung der Akropolis durch die Perser im Jahr 480 v. Chr. – entstanden sein müssen. Auch hier ist ein Krieger in skythisch-persischer Tracht ausgegraben worden, dessen Beine in langen Hosen mit Rautenmustern stecken. In der Bildsprache der klassischen Antike standen die Rauten für den geschuppten Panzer der Perser, wie ihn schon Herodot in seiner Schilderung der Perserkriege beschrieben hat. Der Fachbegriff bei der Erforschung der Farbigkeit von Architektur und Skulptur im Altertum heißt „antike Polychromie" – die Vergangenheit ist vielfarbig. Spätestens seit den 1960er Jahren stützt sich die Forschung auf naturwissenschaftliche Methoden und kommt weitgehend ohne Berührung mit den empfindlichen Objekten aus. Farbreste, die vor hundert oder zweihundert Jahren noch mühelos mit dem menschlichen Auge zu erkennen waren, sind heute vielfach verblasst. Doch die Fortschritte der Technik holen sie zumindest teilweise wieder zurück. Dasselbe gilt für zarteste Ritzungen auf Stein und Marmor, die zunächst nicht als solche wahrgenommen wurden.

Vinzenz Brinkmann, Archäologe an der Ruhr-Universität Bochum und Leiter der Antikensammlung des Liebieg-Hauses in Frankfurt am Main, gehört mit seiner Frau, der Münchner Archäologin Ulrike Koch-Brinkmann, zu den führenden Köpfen in Fragen antiker Polychromie. Mit Hilfe der Mikroskopie und spezieller Röntgenmethoden untersuchen sie Farbpigmente auf ihre Zusammensetzung. Gebündeltes Streiflicht hilft dabei, auf den Statuen die Vorritzungen und Markierungen sichtbar zu machen, mit denen der Maler sich zum Beispiel ein Muster erarbeitet hat. Kurzwelliges UV-Licht erzeugt ein sogenanntes Fluoreszenzbild der Oberfläche von Stein wie von Marmor. Darauf zu erkennen sind unterschiedliche Helligkeitswerte des Materials, aus denen Rückschlüsse gezogen werden können auf verlorene Farbfassungen.

Plinius der Ältere (ca. 23–79) berichtet in seiner „Naturgeschichte" genauestens über die antiken Maler, Bildhauer und Architekten sowie über die von ihnen verwendeten Materialien – von Stein über Marmor bis hin zu den unterschiedlichsten Metallen und Farben. Dazu gehört beispielsweise Zinnober *(cinnabaris)*, ein Quecksilbersulfid mit orangerotem Farbton. Es wurde in Istrien und Andalusien abgebaut und war sehr teuer, aber auch sehr begehrt. Für Rottöne standen außerdem weitverbreitete und daher wesentlich preiswertere rote Farberden mit hohem Eisengehalt zur Verfügung. Gelber und gelbbrauner Ocker, in der Natur reichlich vorhanden, wurde schon in der Höhlenmalerei der Jungsteinzeit verwendet. Grünes Malachit und blaues Azurit wurden als Nebenprodukte in den berühmten Silberminen von Laureion an der Südspitze Attikas abgebaut. Ägyptisch Blau hatte sich schon im 3. Jahrtausend im Pharaonenreich am Nil durchgesetzt. Es ist eine Verbindung aus Kalk, Quarzsand und Kupfererz. Kräftige Gelb- und Orangetöne gelangen am besten mit Arsengelb, dessen Abbau in anatolischen Minen so gefährlich war, dass laut dem Geografen Strabon (ca. 63. v. Chr.–23 n. Chr.) wegen der hohen Sterblichkeitsrate dort nur Häftlinge zum Einsatz kamen. Schließlich wurden auch Schwarz und Weiß eingesetzt, letzteres bestand aus Blei- oder Kalkweiß. Um Schwarz zu erzeugen, wurde Ruß von verbrannten Knochen und von Rebzweigen aufgefangen. Blattgold und silberfarbene Zinnfolien ließen eine Skulptur aus Stein in edelstem Metall erscheinen. Angesichts dieser Fülle von nachgewiesenen Möglichkeiten, antike Statuen, aber auch Baukörper farblich zu gestalten, von denen hier nur wenige aufgezählt sind, erscheint die Vorstellung, reinweiße Skulptur und Architektur sei Ausdruck höchster künstlerischer Vollkommenheit, geradezu farb- und phantasielos.

Farbig erstrahlten auch die Prachtbauten der persischen Großkönige Dareios, Xerxes und ihrer Nachfolger. Was heute wie grauer Stein aussieht in den Ruinenfeldern der Königsstädte Persepolis, Pasargadai und Susa, leuchtete einst blau und golden in der iranischen Sonne. Schon vor vierhundert Jahren entdeckten Forschungsreisende Spuren von Blattgold in königlichen Inschriften. Der viel reisende Schriftsteller James Buckingham verfasste 1829 folgenden Augenzeugenbericht: „Die Figuren von Persepolis waren auch bemalt, vor allem in einem Blau, wie es aus Ägypten bekannt ist.“ Sechzig Jahre später wird in Susa das berühmte farbig bemalte und glasierte Ziegelrelief gefunden. Es zeigt eine Gruppe königlicher Leibgardisten. Die Arbeit aus der Zeit um 510 v. Chr. ist von babylonischer Handwerkskunst beeinflusst, wie man heute weiß. Auch an der Fassade des Grabmals von Dareios I. sind inzwischen Farbreste nachgewiesen worden. Im Zuge der Ausgrabungen in Persepolis wurden übrigens wiederholt Tongefäße mit Farbklumpen ans Tageslicht befördert. Archäologen interpretieren dieses Phänomen als eine Art rituellen Akt: Der Maler „bestattet“ die Farbreste an Ort und Stelle direkt vor den Gebäuden und erbittet so göttlichen Schutz – vielleicht für ebendiese Gebäude.

Viele Fundstücke traten nach ihrer Entdeckung den Weg in die großen Museen des Abendlandes an. Die farbigen Reliefplatten von Susa beispielsweise sind heute im Louvre zu Paris zu bewundern. Ein riesiger Stierkopf aus Persepolis wanderte 1935 nach Chicago aus, wo er erst einmal gründlich gereinigt wurde. Farbspuren sind auf seiner Oberfläche seither nicht mehr zu finden, wohl aber auf dem Pendant, das an seinem ursprünglichen Aufstellungsort verblieben ist. Antikensammlungen, die keine Originale der farbigen Perserkunst bekommen konnten, mussten sich mit Gipsabgüssen begnügen – ganz in weiß. Diese beeinflussten wiederum das öffentliche Bewusstsein: Dareios und Co. residierten demnach in farblosen Monumentalbauten.

Die Wiederentdeckung der Farbigkeit antiker Skulpturen liefert über das schiere Faktum hinaus weitere Erkenntnisse: Plötzlich lassen sich ganz neue Kleidungsstücke definieren, die im Kanon der antiken Mode noch gar nicht enthalten waren. Ein Beispiel ist die als „Peploskore" bekannt gewordene Figur, die 1886 aus dem „Perserschutt" auf der Athener Akropolis ausgegraben wurde und deren Entstehung damit in die Zeit vor 480 v. Chr. fällt. Der Polychromie-Forscher Vinzenz Brinkmann kommt zu dem Schluss, dass das Mädchen *(kore)* gar nicht den üblichen, über die Schulter geworfenen Peplos trägt, sondern neben dem Chiton eine knöchellange Weste, einen kurzen Überwurf und ein mit Tierbildern verziertes, eng anliegendes Gewand. Demzufolge handelte es sich auch nicht um ein Mädchen, sondern eventuell um eine Göttin im Festgewand. Vielleicht stellte die Figur Athena dar oder Artemis. Das Gewand ist seiner Form nach der Herrschermode des Orients entlehnt. Der Kleiderschrank der Göttin aus dem Perserschutt öffnet sich aber nur dem, der die Farbigkeit antiker Statuen und Gebäude akzeptiert.

Das Wissen um die antike Polychromie war gleichsam mit den Objekten versunken, dabei lag es literarisch gesehen eigentlich immer offen zutage. Plinius lässt den berühmten Athener Bildhauer Praxiteles (ca. 390–320) auf die Frage, welche seiner Marmorskulpturen ihm am besten gefallen, mit dem Satz antworten: „Diejenigen, an die Nikias Hand angelegt hat." Jener Nikias arbeitete als Maler in einer Werkstatt mit Praxiteles. Bemalte Skulpturen erwähnen auch Platon, Euripides und Plutarch. Farbig gefasst müssen wir uns auch die antiken Tempel vorstellen: Giebel, Friese, Figurenschmuck, Dekorationsmalerei. Man muss gar nicht so weit gehen wie der Erbauer der Dresdner Oper, Gottfried Semper, der in seiner Rekonstruktionszeichnung den Athener Parthenon – den berühmtesten Tempel der Antike – komplett farbig erscheinen lässt. Diese „totale" Polychromie wird von der modernen Forschung nicht gestützt.

Die Augen der vielen auf uns gekommenen Statuen und Büsten waren also nicht leer. Im Gegenteil: Sie schauten unsere Vorfahren an.

Iris und Pupille waren zwar nicht plastisch ausgebildet, dafür aber deutlich aufgemalt, ebenso Wimpern, Brauen, Haupt- und Schamhaar. Nackte Haut zeigten die Statuen jede Menge, doch auch diese war großteils farbig gefasst: die Frauen etwas heller als die Männer, denn die Griechinnen, vor allem in Athen, bewegten sich wenig an der frischen Luft, sie bekamen also nicht so viel Sonne ab. Farbe wurde von den antiken Künstlern aber nicht allein zur naturgetreuen Wiedergabe des bemalten Gegenstandes eingesetzt, sie hatte vor allem eine ästhetische Funktion. Geschickt eingesetzte Farbigkeit konnte zum Beispiel in Kampfszenen wie auf dem „Alexander-Sarkophag" des sidonischen Königs Abdalonymos (um 320 v. Chr.) die wichtigsten Akteure hervorheben, Hintergründe erhellen und die dargestellten Gestalten eindeutig zuzuordnen helfen.

Heute wissen wir, dass Johann Joachim Winckelmann und seinem Diktum von „edler Einfalt, stiller Größe" in gewisser Weise Unrecht getan worden ist, denn die jüngere Forschung muss einräumen, dass Winckelmann in seinen späteren Jahren die Existenz von Farbe auf den Marmorskulpturen der Antike selbst eingestand. Er lebte in der Zeit des Klassizismus, der von der Kunst der Renaissance geprägt war, die sich der „Wiedergeburt der Antike" verschrieben hatte. Entsprechend schufen Renaissance-Künstler wie Michelangelo ihre Werke in Anlehnung an die antike Kunst so, wie sie sie kannten: marmorweiß. Doch zu Zeiten Winckelmanns, als immer mehr antike Plastik und Architektur mit teilweise deutlichen Farbresten auftauchte, konnte das Bild von der farblosen Antike nicht mehr aufrechterhalten werden. Während des gesamten 19. Jahrhunderts tobten in Fachkreisen die Diskussionen: Die Vertreter der „totalen Polychromie" sahen nun alles bunt, während die entgegengesetzte Richtung jede Farbe auf antikem Stein kategorisch ablehnte. Zwischen diesen Extremen tummelten sich viele weitere Meinungen. Da die blauen und roten Pigmente häufig am besten erhalten und daher mit bloßem Auge gut zu erkennen waren, wurde auch die Zweifarbigkeit der alten Statuen und Tempel ernsthaft ins Feld geführt. Im 20. Jahrhundert gewann die puristische Auffassung die Oberhand, welche die Vielfarbigkeit ablehnte, obwohl weiterhin an der antiken Polychromie geforscht wurde. Nach dem Zweiten

Weltkrieg schließlich galt das Hauptaugenmerk der Kunsthistoriker nicht mehr der Farbe, sondern der Erforschung der formalen Entwicklung antiker Kunst. Noch heute werden umfangreiche Darstellungen zur griechisch-römischen Archäologie veröffentlicht, in denen der Begriff Polychromie nicht einmal vorkommt. Naturwissenschaftliche Methoden werden zur Erforschung der Farbigkeit antiker Marmorskulpturen erst seit den 1960er Jahren eingesetzt.

Das naturwissenschaftliche Doerner-Institut der Staatlichen Gemäldesammlungen München experimentierte mit Figuren aus der Glyptothek. Mit Hilfe der UV-Fluoreszenz-Methode konnten die Wissenschaftler unterschiedliche Farbfassungen auf Filmmaterial sichtbar machen. Sie nutzten dabei eine schon früher in den USA gemachte Entdeckung: Die Fluoreszenz von Marmor verliert mit der Zeit an Intensität. Ältere Marmoroberflächen erscheinen anders als jüngere. Auf dieser Erkenntnis baute eine Forschergruppe um Volkmar von Graefe auf und arbeitet Vinzenz Brinkmann aktuell an einem neuen Verständnis antiker Polychromie. Diese Arbeit schließt inzwischen auch die farbige Rekonstruktion ausgewählter Skulpturen ein, wobei sich die Farben und Muster je nach Erkenntnisfortschritt auch einmal ändern. Brinkmann: „An den Betrachter kann nur die dringende Aufforderung gerichtet werden, sich vorurteilsfrei auf die Farbigkeit antiker Skulptur einzulassen." Wer bei der Betrachtung des quietschbunten „Paris" erschrickt, erliegt seinen hergebrachten Sehgewohnheiten, meint der Archäologe. „Wir müssen erst wieder lernen, die Farbigkeit der Skulptur als Kunstform zu akzeptieren." Ein antiker Betrachter – via Zeitmaschine aus dem Altertum in die Neuzeit katapultiert – würde sich beim Anblick marmor- oder gipsweißer Skulpturen mindestens ebenso wundern wie wir, wenn wir plötzlich einer lebensechten Farbfassung der Büste Kaiser Caligulas gegenüberstünden.

Weiterführende Literatur

Allgemeines zur Antike

Archäologisches Landesmuseum Baden-Württemberg: Imperium Romanum. Roms Provinzen an Neckar, Rhein und Donau, Stuttgart 2005

BENGTSON, Hermann: Griechische Geschichte. Von den Anfängen bis in die römische Kaiserzeit, München ^{5}1977

BLEICKEN, Jochen: Die athenische Demokratie, Paderborn ^{4}1995

BRINGMANN, Klaus: Römische Geschichte. Von den Anfängen bis zur Spätantike, München ^{10}2008

DERS.: Kleine Kulturgeschichte der Antike, München 2011

DEMANDT, Alexander: Die Spätantike. Römische Geschichte von Diocletian bis Justinian 284–565 n. Chr., München ^{2}2007

HEATHER, Peter: Der Untergang des römischen Weltreichs, Hamburg ^{2}2011

KÖNIG, Ingemar: Caput Mundi. Rom – Weltstadt der Antike, Darmstadt 2009

MEIER, Christian: Caesar, München ^{5}2002

PIEPENBRINK, Karen: Antike und Christentum, Darmstadt ^{2}2010

STEIN-HÖLKESKAMP, Elke/HÖLKESKAMP, Karl-Joachim (Hg.): Erinnerungsorte der Antike. Die römische Welt, München 2006

DIES. (Hg.): Die griechische Welt. Erinnerungsorte der Antike, München 2010

WIESEHÖFER, Josef: Das Frühe Persien. Geschichte eines antiken Weltreichs, München ^{4}2009

WELWEI, Karl-Wilhelm: Das klassische Athen. Demokratie und Machtpolitik im 5. und 4. Jahrhundert, Darmstadt 1999

DERS.: Sparta. Aufstieg und Niedergang einer antiken Großmacht, Stuttgart 2004

Zu Einzelthemen

BLANCK, Horst: Einführung in das Privatleben der Griechen und Römer, Darmstadt 1996

BÖHME-SCHÖNBERGER, Astrid: Kleidung und Schmuck in Rom und den Provinzen, Stuttgart 1997

BRINKMANN, Vinzenz/SCHOLL, Andreas (Hg.): Bunte Götter. Die Farbigkeit antiker Skulptur. München 2010

BRÖDNER, ERIKA: Die römischen Thermen und das antike Badewesen. Eine kulturhistorische Betrachtung, Darmstadt ^{2}1992

CECH, Brigitte: Technik in der Antike, Darmstadt ^{3}2012

DEMANDT, Alexander: Das Privatleben der römischen Kaiser, München 1996

DERS.: Alexander der Große. Leben und Legende, München 2009

FISCHER, Josef: Die Perserkriege, Darmstadt 2012

FLAIG, Egon: Weltgeschichte der Sklaverei, München 2009
GRASER, Ulrich: Griechen besiegen Perser bei Salamis! Stuttgart 2011
HOBBS, Richard/JACKSON, Ralph: Das Römische Britannien, Stuttgart 2011
HOLLIGER, Christian: Culinaria Romana. So aßen und tranken die alten Römer, Brugg 1996
HOPKINS, Keith/BEARD, Mary: Das Kolosseum, Stuttgart 2010
JUNKELMANN, Marcus: Das Spiel mit dem Tod. So kämpften Roms Gladiatoren, Mainz 2000
KLEE, Margot: Grenzen des Imperiums. Leben am römischen Limes, Stuttgart 2006
KNAPP, Robert: Römer im Schatten der Geschichte. Gladiatoren, Prostituierte, Soldaten: Männer und Frauen im Römischen Reich, Stuttgart ^{4}2012
MEIJER, Fik: Gladiatoren. Das Spiel um Leben und Tod, Düsseldorf 2004
MOSCHEK, Wolfgang: Der Limes. Grenze des Imperium Romanum, Darmstadt 2010
NEUDECKER, Richard: Die Pracht der Latrine. Zum Wandel öffentlicher Bedürfnisanstalten in der kaiserzeitlichen Stadt, München 1994
NEUMANN, Günter/UNTERMANN, Jürgen (Hg.): Die Sprachen im römischen Reich der Kaiserzeit, Köln/Bonn 1980
PAOLUCCI, Fabrizio: Gladiatoren. Leben für Triumph und Tod, Berlin 2007
POLLARD, Nigel/BERRY, Joanne: Die Legionen Roms, Stuttgart 2012
REINSBERG, Carola: Ehe, Hetärentum und Knabenliebe im antiken Griechenland, München ^{2}1993
SCHAREIKA, Helmut: Weizenbrei und Pfauenzunge: Die alten Römer bitten zu Tisch, Stuttgart 2007
SCHUMACHER, Leonhard: Sklaverei in der Antike. Alltag und Schicksal der Unfreien, München 2001
SIEBLER, Michael: Olympia. Ort der Spiele, Ort der Götter, Stuttgart 2004
SIEMS, Andreas Karsten (Hg.): Sexualität und Erotik in der Antike, Darmstadt ^{2}1994
WARD-PERKINS, Bryan: Der Untergang des Römischen Reiches und das Ende der Zivilisation, Darmstadt 2007
WEEBER, Karl-Wilhelm: Nachtleben im alten Rom, Darmstadt ^{3}2011
ZAIDMANN, Bruit/SCHMITT PANTEL, Pauline: Die Religion der Griechen, Kult und Mythos, München 1994

Internetressourcen

http://www.antike-tischkultur.de/
www.wikipedia.de

Register

Personenregister

Ortsregister

Sachregister